育网聚智

北京房山苏庄三里党建引领
社区社会治理探索与实践

邵雪松◎主编

·北京·

图书在版编目（CIP）数据

育网聚智：北京房山苏庄三里党建引领社区社会治理探索与实践 / 邵雪松主编.—北京：科学技术文献出版社，2022.3
ISBN 978-7-5189-6092-7

Ⅰ.①育… Ⅱ.①邵… Ⅲ.①社区管理—研究—房山区 Ⅳ.① D669.3

中国版本图书馆 CIP 数据核字（2019）第 204502 号

育网聚智：北京房山苏庄三里党建引领社区社会治理探索与实践

策划编辑：李 蕊　责任编辑：李 晴　王 培　责任校对：文 浩　责任出版：张志平

出 版 者	科学技术文献出版社
地　　　址	北京市复兴路15号　邮编　100038
编 务 部	（010）58882938，58882087（传真）
发 行 部	（010）58882868，58882870（传真）
邮 购 部	（010）58882873
官方网址	www.stdp.com.cn
发 行 者	科学技术文献出版社发行　全国各地新华书店经销
印 刷 者	北京地大彩印有限公司
版　　　次	2022年3月第1版　2022年3月第1次印刷
开　　　本	710×1000　1/16
字　　　数	284千
印　　　张	21.25
书　　　号	ISBN 978-7-5189-6092-7
定　　　价	86.00元

版权所有　违法必究

购买本社图书，凡字迹不清、缺页、倒页、脱页者，本社发行部负责调换

编 委 会

编委会主任：米忠诚　杨兆军
副 主 任：王海艳
委　　　员：邵雪松　刘艳辉　臧小洁　康曼　蔡晶　杨雪
　　　　　　邵　春　王　永　李冬辉　陈爽　李玉英　马成奎
　　　　　　范明军　白素玲　池云涛　徐上崴
总 策 划：马成奎
顾　　　问：张　伟　刘　水　颜景河　谭　泽　林宗源　赵思敬
　　　　　　任群先

主　　　编：邵雪松
副 主 编：刘艳辉
编　　　务：康曼

社区简介

苏庄三里社区成立于2009年6月,是村转居的社区,区域面积0.9平方千米,建筑面积约17.5万平方米,现有住宅楼30栋,居民3011户,人口近6000人。社区党委委员9名,下设6个党支部,现有党员169名;居民代表61名,楼门长164名。辖区内现有1个写字楼、3所学校、1所幼儿园、3家医院,学校康乐体育场与社区居民共享。轻轨房山线苏庄站位于辖区内,社区商铺遍布,商业兴旺,交通发达。

苏庄三里社区通过实施"育网式"工作法,强健了基层党组织,并通过党建引领,推动了社区治理创新,有力提升了社区建设水平。成立了社区文联和苏庄书画院,拥有广场舞、交谊舞、合唱队、模特队、戏曲艺术团等13支文体队伍,定期开展活动;成立了北京市优秀人民调解品牌——"许顺"人民调解工作室,服务区内外居民;实行"塔式"绿色养老特色服务,成立"安馨之家"居家养老服务驿站、创办"安馨学堂",服务社区"一老一小";成立"12345蓝盾"治安志愿者服务队,开展全年常态化治安服务;成立"慧雅"妇女之家,带"靓"半边天;建立房山区第一家社区飞行模拟体验厅,为居民普及科学知识;社区有室外文化广场、文化大舞台、室内图书室、多功能厅、党员活动室、乒乓球室等活动场所,面积达到2500平方米,为居民开展丰富活动提供了硬件条件。

在党的十九大精神指引下,苏庄三里社区将继续按照中央、市委、区委、西潞街道工委关于推进社区建设、社区治理工作的要求,脚踏实地,开拓进取,推动社区服务治理创新,为把苏庄三里社区建设成"民风文明、邻里友善、环境靓丽、安全宜居"的社区而努力奋斗。

序 一

北京市房山区的《育网聚智——北京房山苏庄三里党建引领社区社会治理探索与实践》一书即将由科学技术文献出版社出版。我作为该书第一个读者认真拜读了书稿，在欣喜之余，谈点感想和体会。

改革开放以来特别是党的十八大以来，北京市农村包括房山区发生了历史性变化，建成全面小康和社会主义新农村的美好前景展现在我们面前。巨大变化之一就是出现大量村转居社区。这是生产方式、生活方式、生活观念的变化，一方面极大地提高了市民生活水平，在满足市民群众对美好生活新期待方面迈出了坚实的一步；另一方面，"发展起来的问题不比不发展少"，社区治理也出现大量新情况、新问题，必须逐步解决。对此，在党中央、市委坚强领导下，京郊广大基层党组织迎难而上，以实事求是的科学态度和改革创新精神，在实践中总结经验，大胆探索，找到了许多新思路、新方法。《育网聚智——北京房山苏庄三里党建引领社区社会治理探索与实践》就是在这一背景下产生的，是京郊大地特别是房山区社区社会治理中盛开的一朵奇葩。

本书最鲜明的特点，就是强调了"党建引领"这个关键词。"党政军民学、东西南北中，党是领导一切的。"新农村建设和社区社会治理，必须强调党的领导。苏庄三里社区党委贯彻党的十九大精神，政治站位高，旗帜鲜明抓党建，将社区党建做精、做细、做实，使党建工作强效发挥作用，提升了党组织整体执行能力，为社区社会治理提供了可靠的政治、组织保证和强大精神动力。

那么，党组织如何引领社区治理呢？苏庄三里社区党委不是大而化之地空谈引领，而是以问题为导向进行探索的，他们敏锐地注意到一些新问题，如社区居民人上楼思想没有上楼，没有完成由村民向居民的角色转换；党员发挥作用不够，口头表态多，实际服务少，党员教育管理也缺乏针对性、有效性，党组织服务能力较差，只有软任务没有硬指标，在服务渠道、服务方式等方面不够精细等。这些，呼唤着创造一种适合苏庄三里社区党建工作的新途径。

出于强烈的解决问题意识，苏庄三里社区党委接受了"精细化管理"这样一种先进的、现代的理念和文化，即将管理责任具体化、明确化，强调管理的精确性、严密性、制度化和无死角。这是非常可贵的。在这种思想指导下，他们创新"育网式"工作法，即以精细化管理为指导，通过有效的培育方式将社区党建融入网格化管理和服务的新模式，发挥抓好网管、带好网员、支好网点、建好网格、修好网规5项基本职能，通过"以网管带网员、以网线铺网面、以网点定网格、以网规管网项"的途径与方法，使管理由粗变细、由偏到全、由浅入深，把党建工作全部纳入网格，其结果很好地解决了党建与社区治理两张皮、党建工作虚化的老大难问题，为党建引领社区治理找到了有效载体和落实方式，实现了党组织对社区管理与服务的全面推进，实现了社区党建新发展和社区治理新突破的双重目标。

苏庄三里党委"育网式"工作法的效果如何？实践是最好的检验。翻开本书，有很多鲜活的案例，请看："网管中心组理论学习充满甜味""情意长　书记网管解民忧""党群连心一家亲""文艺搭台，文化网点撑起精神家园""让需求清单和资源清单'活'起来"等，这些来自最基层的、带有露珠色彩和泥土芬芳的一个个故事引人入胜，让人手不释卷地读下去，深切感到实行"育网式"工作法后，管理的基础建设加强了，提高了服务群众的便利性、宜居性；管理有了更严格的制度规范，提升了公正性；联防群治强化了，提升了安全性，开始实现"社会治理像绣花一样精细"的目标。如何破解村转居后社区治理的许多难点问题，可以从本书中找到答案。

本书证明，社区基层党员干部和居民群众有很高的聪明才智，蕴藏着极大的创造力，在党中央、市委坚强领导下，在顶层设计指导下，完全可以在实践中总结经验，开拓创新，把社区党建工作和社会治理推向新阶段。祝贺苏庄三里社区党委和党员干部取得的成绩，衷心希望他们继续努力！

是为序。

北京党建智库首席专家
姚　桓

序 二

苏庄三里社区编辑出版的《育网聚智——北京房山苏庄三里党建引领社区社会治理探索与实践》，记录了新时代苏庄三里社区党建引领社区治理现代化的实践、探索与创新，我从苏庄三里社区干部和居民身上学到了很多东西，也很乐意为本书作序，并向广大居民学习致敬。

党的十九大报告指出，中国特色社会主义进入新时代，我国社会主要矛盾已经转化为人民日益增长的美好生活需要和不平衡不充分的发展之间的矛盾。站在新的历史起点上，人民对美好生活的向往更加深刻，改革发展成果会更多更公平地惠及全体居民。顺应新时代人民过上美好生活的新期待，综合运用经济、行政、法律、科技、文化等手段，构建权责明确、服务为先、管理优化、执法规范、安全有序的社区治理体制，打造共建共治共享的社区治理格局，从而解决人民日益增长的美好生活需要和不平衡不充分的发展之间的矛盾。

新时代创造了新的社区生活，移动支付、可穿戴设备、智能应用深刻地改变着人们的生产、生活和思维方式，使生活更加智慧化、便捷化。新的生活方式带来新的社区体验，社区需要人的关心和爱护，社区治理现代化让社区生活变得更美好。新时代孕育了新的发展动力。创造新时代美好生活的主体是人，是在社区生活的每位居民。实现人的全面发展是永恒主题，社区是为人的发展而服务的。新时代，广大居民在物质和精神层面有了更深层次、更多样化追求，社区居民对社区的参与度将持续上升。

新时代、新社区、新生活，党建引领社区治理现代化是一项重要的创新举措。苏庄三里社区党委适应基层治理新特点和新规律，探索党建引领新路径，推动党建和基层治理深度融合。实践中，社区以提高党员的宗旨意识为出发点，以加强党员管理和提升服务能力为着力点，积极开展了"育网式"工作法的党建创新活动。以精细化管理为努力方向，通过"抓网管，带网员，支网点，建网格，定网规"的切实可行举措，将社区党建融入网格化，解决了"居民思想意识有偏差""党员作用有缺位""党组织服务有短板"的实际问题，提高党建活动的覆盖面，为党组织和党员更好发挥作用提供了有效平台，培育健全了社区党建的新格局。

当前，北京市深化"街乡吹哨、部门报到"工作逐渐向社区延伸，苏庄三里社区在党建引领下开展的社区治理工作成效显著，其经验值得推广。

文化传承让城市和社区一脉相承，生生不息。文化引领着城市的发展，传承让城市更有底蕴。我相信，在不久的将来，苏庄三里社区在传承优秀传统文化的基础上，继往开来，阔步向前，一定会建成和谐有序、绿色文明、创新包容、共建共享的幸福家园，这是我们共同的"新时代、新社区、新生活"。

是为序。

北京大学博士后

中国社区发展协会智慧社区工作委员会主任

北京智慧社区产业技术

创新战略联盟理事长

房山区党建智库专家

序 三

坚持走创新发展之路，把党的理论应用于实践，用实践的方法破解难题，历来是我们党的优良传统和重要的工作方法。为了进一步加强苏庄三里社区党组织建设，总结经验，探索规律，改进提升，共同把苏庄三里社区党建引领社会治理创新工作抓得更扎实、把社区的改革和发展推向新阶段，更好激发社区党员、干部和居民参与社区建设的热情，苏庄三里社区党委组织编写了《育网聚智——北京房山苏庄三里党建引领社区社会治理探索与实践》这本书。

党的十九大以来，苏庄三里社区党委积极适应社区社会群体结构和社会组织架构的新变化，按照房山区委、区政府和西潞街道工委、办事处的要求，转变工作思路、工作作风和工作方式，积极推进基层党组织工作创新，逐步解决居民思想观念、党员教育管理和基层党组织服务能力的问题，强健了社区党组织；并通过党建引领，在城市基层党建、党建带群建、思想政治文化建设、基层法律服务、志愿者队伍建设、"一老一小"服务等方面，都有了大胆尝试，并取得了良好效果。通过探索，不仅提高了社区治理能力，而且让社区居民生活得更方便、更舒心、更美好，进一步推动了社区党组织建设，社区党委树好一面旗帜，带领居民更加自觉地热爱党、跟党走。

《育网聚智——北京房山苏庄三里党建引领社区社会治理探索与实践》一书是新时代苏庄三里社区党建引领社会治理创新的实践探索和经验的总结，是党委带领党员干部，居民奋力拼搏、深化改革、推进社区城市化建设的真实记录，也是"不忘初心、牢记使命"主题教育的丰硕成果，特别体现了苏庄三里社区党委作为基层党组织的实践与创新。在党建引领社区社会治理的进程中，我们也遇到过很多挫折和痛苦，但是更多的是奋斗的汗水和成功的喜悦。一路走来，我们锻造了社区党委班子的坚强意志，把党组织的组织优势、组织功能和组织力量，转化为社区治理的巨大能量，为群众送热心服务、为群众送精神食粮、为群众吹响共建家园的号角。希望本书能引起党建工作者、社区工作者、广大读者和社区居民的关注，能对社区建设乃至整个城市化基层党建工作的推进起到促进作用。

苏庄三里社区近8年的发展，有赖于区委、区政府和西潞街道工委、办事处的正确领导，有赖于各有关方面部门的大力支持，本书的编写也始终未离开专家、党建工作者的积极主动参与和广大党员、干部和居民的真情投入，在此，我代表社区党委对关心支持苏庄三里社区改革发展、对所有帮助本书编辑出版的单位与个人表示衷心的感谢！

党建创新永远在路上。苏庄三里社区党委以此书为起点，认真贯彻党的十九届五中全会精神，继续发挥基层党组织的战斗堡垒作用、发挥共产党员的先锋模范作用、发挥居民群众的志愿服务作用，让社区社会治理创新再出新成效，让社区居民生活得更幸福，让党旗在苏庄三里社区永远高高飘扬！

北京市房山区西潞街道
苏庄三里社区党委书记、
居委会主任
邵雪松

目录
CONTENTS

治理之智

第一章　实施"育网式"工作法　强健社区基层党组织 …………… 2

治理之行

第二章　抓基础建设　提升便利性 …………………………………… 28
　第一节　"五联五共"促发展 ………………………………………… 28
　第二节　片区吹哨　部门报到 ………………………………………… 38
　第三节　党群共建精神家园 …………………………………………… 48

第三章　抓特色服务　提升宜居性 …………………………………… 63
　第一节　自治管理靓社区 ……………………………………………… 63
　第二节　"塔式"养老幸福多 ………………………………………… 79
　第三节　安馨学堂育春苗 ……………………………………………… 91
　第四节　关键小事抓成效　垃圾分类绽文明 ………………………… 104

第四章　抓联防群治　提升安全性 ···················· 117
第一节　蓝盾治安立新功 ························· 117
第二节　党群同心战疫情 ························· 132

第五章　抓制度规范　提升公正性 ···················· 149
第一节　人民调解促和谐 ························· 149
第二节　两袖清风话廉政 ························· 161
第三节　接诉即办同治理　未诉先办共提升 ··········· 173

第六章　抓群团管理　体现多样性 ···················· 184
第一节　社区文联展新姿 ························· 184
第二节　巾帼撑起半边天 ························· 208
第三节　社区科普结硕果 ························· 221

第七章　房山区西潞街道苏庄三里社区党建引领社区社会治理模式研究
——像绣花一样将社区社会治理做精、做细、做实 ········ 234

第八章　一个基层党建创新的生动实践
——西潞街道苏庄三里社区党建引领社区社会治理的探索与思考 ··· 241

附　录

附录A　媒体之声 ································ 248

附录B　精彩瞬间 ································ 280
品牌培育篇 ·································· 280

活动篇 ………………………………………………………………… 284
　　获奖篇 ………………………………………………………………… 299

附录C　他山之石 ……………………………………………………… 306
　　模式1　"枫桥"模式——矛盾不上交、平安不出事、服务不缺位 ……… 306
　　模式2　北京市东城区龙潭街道街巷长制及"小巷管家"模式
　　　　　——小管家　大作用 …………………………………………… 308
　　模式3　石景山"老街坊"治理模式——交流更方便，润物细无声 ……… 313
　　模式4　北京广内街道"党建+"统筹引领治理模式
　　　　　——提升群众获得感和满意度 …………………………………… 317

后　记 ………………………………………………………………………… 320

治理之智

第一章 实施"育网式"工作法 强健社区基层党组织

导 读

本章介绍了苏庄三里社区党委以提升党组织的组织力为重点,开展"育网式"工作法党建品牌创新的生动实践。"育网式"工作法坚持党建引领,注重发挥政治功能,通过培育等网格化的手段不断强化社区精细化管理,使社区基层党组织始终强健有力、朝气蓬勃,充满了生机与活力。

　　巧编经纬系千家,洒满春光百卉发。
　　多少暖心家国事,催开三里满园花。

党建品牌标识寓意：

1. 本标识以品牌创新为理念、以党建工作为基础、以社区治理服务为依据，充分展示苏庄三里社区党委"育网式"工作法的党建品牌。

2. 本标识下方为双手造型，并展现出"育"的首字母Y，象征社区党委重视党建、高举党旗开拓创新的双手。

3. 本标识上方为圆形，由"三里"汉字组织圆形网格。网格象征着社区网格化治理良好有序，覆盖全面；圆形象征着社区美满、团圆、和谐。

4. 本标识以红色为主色，象征着永远跟党走的情怀。

5. 整体寓意：苏庄三里社区党委通过培育精细化"育网式"党建品牌，强健了社区党组织，使党组织焕发出勃勃生机。

一、社区概况

苏庄三里社区成立于2009年6月，是典型的村转居社区，居民楼30栋，居民近6000人；辖区内有1个写字楼、3所学校、1所幼儿园、3家医院及288户企业。党总支成立于2010年1月，2020年12月升为党委，党委委员9人，党支部6个，党员169人。党委以提高党员的宗旨意识为出发点，以加强党员管理和提升社区治理和服务能力为着力点，积极开展了"育网式"工作法的党建创新活动，并取得了显著成效。

二、品牌内涵

"育网式"工作法是指以精细化管理为指导，通过有效的培育方式将社区党建融入网格化治理和服务的新模式。具体内容包括抓好网管、带好网员、支好网点、建好网格、修好网规5项基本职能，把党建工作全部纳入网格，实现社区党建新发展的目标。

表 1-1 "育网式"工作法框架

序号	名称	内涵	地位作用
1	网管	党委班子	领导协调
2	网员	党员骨干	中坚力量
3	网点	工作基础	事业支撑
4	网格	活动阵地	服务格局
5	网规	管理制度	监督保障

三、品牌依据

（一）理论依据

党的十九大报告指出："要以提升组织力为重点，突出政治功能，把企业、农村、机关、学校、科研院所、街道社区、社会组织等基层党组织建设成为宣传党的主张、贯彻党的决定、领导基层治理、团结动员群众、推动改革发展的坚强战斗堡垒。""打造共建共治共享的社会治理格局。加强社会治理制度建设，完善党委领导、政府负责、社会协同、公众参与、法治保障的社会治理体制，提高社会治理社会化、法治化、智能化、专业化水平。""必须多谋民生之利、多解民生之忧，在发展中补齐民生短板、促进社会公平正义，在幼有所育、学有所教、劳有所得、病有所医、老有所养、住有所居、弱有所扶上不断取得新进展。"

苏庄三里社区党委按照要求，经过3～8年的努力，使党组织的组织力、党员队伍服务能力和居民的获得感、幸福感、安全感达到新水平，进一步打牢党在群众心中的基础，使党组织的号召力、凝聚力和战斗力得到新提升。

（二）原理依据

精细化管理是一种理念，一种文化。它是社会分工精细化及服务质量精细化对现代管理的必然要求。精细化管理就是落实管理责任，将管理责任具体化、明确化，它要求每一个管理者都要到位、尽职。特点：管理的精确性、严密性，强调制度化和管理无忽略、无死角。社区党建运用精细化管理，将社区党建做精、做细、做实，使党建工作能强效发挥作用，从而达到提升党组织整体执行能力的目标。

四、品牌背景

（一）社区居民思想观念有偏差

城镇化后，部分村民融入社区的思想认识不足。一方面，人上楼思想没上楼。原村 896 名村民搬进了新楼房，物质生活"富"起来了，思想观念上还停留在家族、血缘、老村的认识，由村民转向居民的角色转换进程较慢。另一方面，居民进社区观念没进社区。代表不同利益群体的居民住进社区，思想认识上却没有走进，缺乏参与社区建设的主动性和自觉性，更没有养成参与社区建设的习惯，平时易出现小问题、小摩擦、小矛盾，严重的可能会出现不稳定现象。

（二）党员发挥作用不明显

社区党员构成发生新变化，非公组织的年轻党员和离退休党员纷纷把组织关系转回社区。党组织对党员实际照顾的多，严格管理的少；党员们口头表态的多，实际参与社区服务的少；档案袋里的年轻党员多，克服困难坚持参加组织活动的少；党员教育管理缺乏针对性和有效性。

（三）党组织服务能力不突出

党组织开展服务方面还存在粗线条，存在只有软任务没有硬指标的情况，在服务渠道、服务方式等方面还不够精细，常常是一般服务多，特色服务少；找上门来的服务多，走下去的服务少；解决居民提出问题的服务多，主动调查研究解决问题的服务少。服务项目不突出，服务能力有差距，还需要找到一种适合苏庄三里社区党建工作的新途径。

五、主要做法

面对存在问题，党委实行"育网式"工作法，细化管理与服务，通过"以网管带网员，以网员布网点，以网点定网格，以网格促网规"的途径与方法，管理由粗变细、由偏到全、由浅入深，实现党组织对社区管理与服务的全面推进。

（一）上好三课，培育网管

网管，是社区党委领导班子，是社区基层党组织的龙头，是社区各项事业的领导核心，网管在服务网内发挥着重要的领导协调作用。党建工作水平看班子建设水平，社区党委班子成员作为服务网的管理者，必须打铁自身先硬，绝不允许出现思想滑坡、工作掉队现象。党委采取3种方法提升班子的素质和能力。

1. 上好思想政治建设课。网管定期参加集体学习，提升理论水平、打牢思想基础，坚定理想信念，树立大局观念，用党的理论指导社区中心工作，确保党的方针政策在社区得到最有效落实。

2. 上好组织建设课。完善决策机制，按照事前不沟通不决策、意见不一致不决策、书记个人不决策、没有民主基础不决策、提交事项不成熟不决策的"五不决策"要求，发扬民主，班子成员共商社区建设大事，做到事前沟通、事中商议、事后总结，实现班子团结共助、互帮互助新局面。

3. 上好作风建设课。学以致用，用到实处。网管带头参加社区各项服务，深入家庭、深入居民、深入商户中了解实情，解决了停车乱、志愿者力量不足、健身器材破损等突出问题，通过发扬好作风来树立好形象。

（二）抓好布局，培养网员

网员就是党员骨干队伍，是社区的中坚力量，社区加强对网员的使用和培养，打造社区服务的主力军。

1. 布面设岗定人定责。建立网员专线，横线网员是"6个党支部+6个党小组"，纵线网员是"9名支委+65位党员楼长"，网线纵横交错，网面内党员身影遍布。作为政策宣传员、治安管理员、环境监督员、法制宣传员、助老服务员、党风监督员"六大员"，不仅使普通党员有了责任感，有了用武之地，"档案袋"党员有了头衔，在业余时间开展服务，利用智慧化手段上传参加服务的信息。网员有了自己的岗位，工作起来胸有成竹，服务居民的热情不断提高。

2. 同坐板凳结对帮扶。网员与困难户、残疾户、高龄户、空巢户、伤残退役军人户78户居民结成对子，入户聊家常，访民情，聚民意。对住房困难的帮助申请公租房；对有大病的帮助申请大病救助；对就业困难的逐级反映情况、提供就业信息等；网员和困难群众建立深厚感情，党组织和困难居民的心连得更紧。

3. 在网员的参与下，公共安全得到有力保障。在志愿服务中，网员的党员意识得到提升，先锋模范作用得到有力发挥。

（三）做好支撑，夯实网点

培育服务网，网点是工作基础，事业支撑，着实才牢固，打牢支柱连接点，使服务网更扎实、更得民心。

1. 夯实居民的思想支撑点。开办市民学校和路边大讲堂，宣传党的路线方针政策，志愿服务争当先锋。12名觉悟高、党性强的网员积极参加社区志愿服务，并担任组长，带领36名群众加入"12345蓝盾"治安志愿者服务队，每天在社区内开展常态化巡逻。普及优秀传统文化，倡导社区内老户和新居民的自我学习，不断提升思想观念，鼓励更多居民参与到社区建设中来。

2. 夯实道德支撑点。充分调动广大居民的积极性,开展了"牢记党恩、凝聚力量、共抒红色情怀""道德力量"等大型室外演出活动,居民自编、自导、自演、自我受教育,组织居民参加环境整治公益劳动,有力提升了居民的道德修养和文明素质。

3. 夯实法治支撑点。成立了以党员许顺命名的品牌人民调解工作室,建立了社区公益法律工作站;为居民化解了婆媳矛盾、提供了财产分割、遗产继承等法律服务。居民做到了有难题找法律,做到依法办事,极大促进了社会和谐。

4. 夯实文化支撑点。成立北京市第一家社区文联,不仅发挥党组织助手作用,而且通过4位文联顾问定期辅导,提升了书法班、合唱班、朗诵班、交谊舞班的授课水平,95名居民成为文联会员,兴趣爱好得到发挥,文化素养得到快速提升。

5. 夯实民生支撑点。党委积极协调,大力解决民生的热点问题,例如,彻底改变蝶翠苑小区15年来水质一直不达标的地下水现状,接入了市政自来水;积极申报,率先为5栋居民楼争取到老旧小区改造外墙保温的工程;开展"塔式"绿色养老,解决养老"最后一公里"问题,每周近百名老人接受身体健康到心理健康的多样化服务;开办"安馨学堂",让孩子们课后托管有去处,解决家长后顾之忧;自筹资金,在社区成立治安联防队,安置失业村民33人,使就业率达到98%,为居民解了难事,做了好事,办了实事。

(四)建好阵地,覆盖网格

网格,就是阵地,既是居民生活的平台,也是社区服务的平台。党组织用好基层党组织服务群众经费,解决好居民的烦心事,把阵地建在网格上,做到衔接无死角,网格全覆盖,管理全方位。同时,面对老旧小区缺少活动场所等硬件设施,无法满足党员群众活动的客观条件,社区党委增容加项,建设服务阵地,治理生活阵地,使网格化服务更贴近党员群众的心。

改造社区舞场,建设文化活动场所。投资了57万元平整露天场地,搭建了可移动式室外活动舞台，制作文化墙，宣传灯箱、休闲长椅，室外舞场满足居民室外健身、舞蹈休闲娱乐的场地需求。

1. 开放阳光体育场，共享体育健身场地。与学校开展校区共建，整合公共资源，实现共享学校大操场，为居民体育健身和社区体育活动提供场地，满足居民晨练和休息日健身需求。

2. 改造党群活动服务中心，打造党员活动阵地。整合空间，改造党员活动室，设立宣誓台、谈心区、阅览区、学习区、展示区等，为党员和居民回社区参加活动提供良好场所，打造温馨的党员之家。

3. 治理居民生活阵地。开展了社区休闲工程，在步行街和小公园统一安装了休闲木质座椅和休闲长廊，室外有休息场所；为30栋居民楼粉刷了楼道墙壁，治理了"牛皮癣"小广告，让昏暗的楼道亮起来；开展平安工程，把4栋居民楼18个破损严重的木质单元门换成了不锈钢彩色对讲系统的单元门；为社区6个生活小院更换新型太阳能路灯89个；开展无物业生活小院治理工程，杂乱无序的生活环境一去不复返，生活小院焕发勃勃生机。

（五）按章办事，修好网规

网规就是制度，没有规矩不成方圆。党组织结合管理和服务出现的新情况、新问题，不断制定和完善制度，如《党员干部约谈制度》《党员联系户制度》《志愿者服务规范制度》《干部述职测评制度》等，服务群众按标准，党员干部守规矩，党建管理用制度，使网规突出针对性和指导性，务实管用，为"育网式"工作法的运行提供坚强管理保障，有力地提高了党组织的管理力度。

六、取得效果

（一）党组织的领导作用得到增强

通过精细化管理的"育网式"工作法的应用，社区领导班子成员在思想水平上有新提高，能够把党的理论转化为具体工作实践；在为居民服务方面有创新、在社会治理方面有亮点，能够把为服务居民和居民利益放在首位；驾驭复杂局面上能够做到面对困难，协调有方。班子成员团结一致，能够一心扑在党的事业上，整体领导水平都有了较大的提高，在社区建设中发挥了领导核心作用。

（二）社区党员的先锋模范作用明显增强

通过开展多种形式的组织活动，党员受到了深刻教育，思想政治觉悟和整体素质都有了提高。这种教育来自运用"育网式"工作法的实践，社区党员直接参与社区服务，哪里需要，哪里就有党员的身影，大家率先垂范，乐于奉献，贡献才智，党性观念和宗旨意识明显提升，并吸引和带动越来越多的党员回到社区，服务居民，不断壮大的党组织力量越来越强。

（三）社区的向心力、凝聚力有效增强

社区党组织织就和培育了管理服务网，问题在基层解决、矛盾在基层化解、工作在基层落实、形象在基层树立。无论老村村民，还是新入居民，在文化教育、道德修养、技艺能力等方面得到大幅提升，社区每周都有近300名居民参加社区文化生活，每个星期都有特长班为近200名居民提供学习服务，每周都会为老龄、残疾、儿童、困难户等关爱群体送温暖。党委搭平台、开渠道、为民生用精细化和人性化服务，温暖了人心，广大居民爱党爱家园的感情不断提升，汇聚了强大的人民力量。

苏庄三里社区党委通过"育网式"工作法的实践，使"服务改革、服务发展、服务民生、服务群众、服务党员"的要求真正落到实处，有力巩固了党在群众中的基础，党组织的战斗堡垒作用得到有力增强。党建工作不仅赢得了民心，更得到了各级党委、政府的认可，2017年3月，荣获由国务院防范和处理邪教问题办公室颁发的"创建无邪教示范社区"荣誉称号；2021年5月，被北京市委评为"北京市先进基层党组织"。苏庄三里社区先后被评为"第

十三届北京市思想政治工作优秀单位""首都文明社区""书香北京评选优秀社区""北京市先进社区居民委员会""北京市民主法治示范村""北京市敬老爱老服务示范单位""首都社区志愿者服务组织之星""北京市科学技术普及工作先进集体""北京市科技益民计划优秀科普社区""北京综合减灾示范社区""北京市充分就业示范社区"等。2021年3月,"育网式"工作法被房山区委组织部、房山区委党建办认定为"房山区基层党建品牌"。

社区风采录 1-1

网管中心组理论学习充满甜味

"'育网式'工作法在实践中,需要把网格的培育再抓得细致一些……""习总书记都说了,社会治理要像绣花一样精细,我们查看一下社区治理哪些方面还不到位……""党建引领在社区工作中怎样发挥好作用更好引领呢?"在一片热烈讨论声中,书记网管热情洋溢地说:"同志们,通过我们集体学习,我们是不是看到中央、北京市委对加强社区党建工作的具体指导?理论知识就是做好社区各项工作的行动指南……"

每月一次的政治理论学习会如期而至,苏庄三里社区党委的网管们早就带好学习材料和学习笔记来到会议室,大家边学边记边讨论。每到这时候,大家都非常兴奋,不光是学理论,而是通过理论学习,很快就能找到解决工作难点的办法。关注社区居民的停车位紧张、房子漏水、安全门损坏……通过集中学习讨论的方式,把学习会变成了"加油站",帮居民解了困,找了好点子、出了新思路,成就感比吃了蜜还甜。

参加集体政治理论学习,没有人应付开小差。几年下来,网管们坚持记笔记、写体会,积累了厚厚的几大本。不知不觉地在对理论的思考和学习中,大家把新思想和社区发展建设结合,那么接地气、那么有探索性,让社区各项工作总是干着不累,充满了幸福的味道。每个人的思想水平都提升了,大家都说，一定要争做政治强、情怀深、思维新、视野广、人格正的新时代社区好干部！

社区风采录1-2

情意长　书记网管解民忧

党委书记邵雪松是一个对居民有深厚感情的当家人，她将"三助"（助老、助残、助困）活动运用在网格中，通过党员"结对帮扶"，按照"组织联系重点户、党员联系困难户、骨干联系结对户"的形式，每名党员每月定期入户走访，聊家常、访民情、解民意，使网格内的帮扶活动更加经常、更加贴心、更加快捷。

在她的联系户中，有一户居民是外地买房户，房主叫王文革。他因病完全丧失了劳动能力，有两个儿女正在上学，还有一名患有精神病的儿子需要人照顾。邵书记十分关心他家的生活，在社区召开的党员大会上，倡议党员、干部奉献爱心为居民王文革捐款，她与班子成员一起将善款2800元送到王文革手中。随后又联系建鑫园物业公司和苏庄村经济合作社，先后安排王文革妻子连大姐在小区门口疏导车辆，在共创大厦6层打扫卫生。连大姐这一干就是3年多，一份较稳定的工作维持家庭生活，他的两个孩子都顺利地考取了中级学校，实现了上学的愿望，生活困难解决了。他们一家都非常感谢邵书记对全家人的帮助。

社区风采录1-3

党群连心一家亲

居民和社区干部的感情是什么？处好了，就是一家人，比亲人还要亲！

党委副书记刘艳辉的联系户第十四网格的李奶奶，她是苏庄村的老户，一家三口儿祖孙三代，她、女儿和外孙女。她的女儿李某智力残疾，为了养家，组织上帮她在老年病医院找到了做卫生保洁的活儿。刘书记经常入户与她们聊家常，看看一家人的生活状况，在外孙女上学的时候给送去了学具，有时候去菜市场买菜就会给李奶奶家送去点儿，还将自己家的家具送给她。

2016年，他们生活的16#17#楼生活小院要进行改造，改造前就要把私搭的小棚子、私种的香椿树都要处理掉。李奶奶说什么也不放弃她的两棵香椿树，像李奶奶这样的居民还有十几个。环境改造是社区党组织服务群众经费项目，刘书记具体主抓。李奶奶的思想工作必须率先做通，否则这30棵香椿树就会拖延工程进度。刘书记和组织委员臧小洁先后3次入户做工作，反复讲小院的发展前景，讲香椿树根系发达会堵塞污水井等不利因素。经过不懈努力，李奶奶终于同意了。李奶奶的工作做通了，其他居民的思想也就通了。香椿树的快速清理为小院的改造创造了条件。

李奶奶的外孙女大专毕业了，李奶奶又找到刘艳辉，让帮外孙女找一个离家近的工作，经过多方联系，帮助孩子在物业公司找到了新岗位。最近，李奶奶找到她，说起自己年龄已高，让党组织帮助她把房产顺利继承，了却她的心愿。刘艳辉就带着2名干部入户再次了解情况，帮她联系社区"许顺"人民调解工作室，做好材料的准备工作。

2019年5月，女儿李某甲状腺疾病拖了两年，大夫说必须做手术，为了不让李奶奶担心，手术刚结束，邵书记和刘书记带着营养品来到房山第一医院去探望，她眼含热泪地握住她们的手，一个劲地说姐姐们对我真好……临床的病友投来羡慕的目光说："你生活在一个多么好的社区啊！真幸福！"

社区风采录 1-4

小小安全阀　护航百姓家

2018年春节刚过，2月3日傍晚，轰的一声巨响，打破了苏庄三里建鑫园小区祥和安宁的氛围。"着火啦，三里10号楼3单元201室着火了……"社区党委委员、建鑫园物业公司经理邵春迅速赶到现场，原来是一场因为天然气使用不当引起的火灾，他和附近的居民一起努力扑救，虽然当事人没有生命危险，但房子里的很多物品被烧毁了，损失严重。

这已经不是第一次发生这样的事情了。安全无小事，必须想办法预防，邵春觉得这件事迫在眉睫，通过学习，他认识到天然气紧急切断阀的重要性，这个紧急切断阀可以在燃气泄漏时自动报警并切断气源，很适合老年人多的小区使用，他把这个建议向社区党委做了专题汇报。安装一个阀就需要500元，社区党委研究决定，倡导居民安装天然气紧急切断阀，为了减轻大家负担，安装时对每户非原住居民补贴100元，股民户500元补贴费用全部由苏庄经济合作社出资。

为了让居民认识到安装天然气紧急切断阀的重要性，社区党组织决定由邵春牵头把安装工作从速从优办好，他做了大量的宣传动员工作，通过以社区着火的教训为案例，动之以情、晓之以理，强调安装天然气紧急切断阀的重要性和紧迫性，还通过开展防火演练、安装天然气紧急切断阀使用现场演示、图片展等方式，广泛宣传安装天然气紧急切断阀的功能和使用方法。

经过了一段时间的努力，社区居民安装天然气紧急切断阀的热情空前高涨，大家踊跃报装。2019年5月20日开始安装施工，8月中旬已经接近尾声。在安装过程中，邵春积极沟通协调，确保工程顺利进行，安装天然气紧急切断阀为居民用气装上了一道"保险"，大家都很满意。

能为大家的安全做点实事，邵春高兴地说："全心全意为居民服好务、办实事、办好事,让广大居民感受到在三里社区生活工作安全幸福,整洁靓丽就是我们的初心!"

社区风采录 1-5

做一名退休不褪色的好党员

宋明,今年 68 岁,是苏庄村土生土长的一名党员干部,于 2017 年从三里社区退休回家。他人回家了,但心还在社区。这几年来,他亲眼看见了苏庄三里社区的新班子、新作为、新气象、新变化,内心感慨,真是青出于蓝胜于蓝!三里社区党组织班子,是一支有能力、有活力的领导班子,看到党组织党建和育网式创新发展大手笔,看在眼里,高兴在心里。他也在暗下决心,自己一定要跟上新时代的发展。他既是这样想的,也是这样做的。

2017 年,宋明从老干部党支部委员职位退下来后,继续担任党员先锋队的队长,还报名参加社区"12345 蓝盾"治安志愿者服务队。虽然没有工资,但他却心甘情愿。3 年来,他对老干部党支部的工作特别上心,老干部局一年 4 次支部班子培训,宋明从来没有落下过,每逢领导班子成员慰问老党员干部、残疾家庭等也都积极参加。每次组织党员学习,通知党员开会活动,他都用自己的手机通知到每名党员。每次组织党员学习和义务劳动,他从不缺勤,就连他的老母亲夜间突然血糖低下,昏迷不醒,在清晨 3 点才抢救过来的情况下,他做好看护安排后回家,休息会儿,早上就去会议中心学习了。

就是这样,宋明凭着自己认真努力工作,连续 3 年被评为社区优秀共产党员。有了党组织的鼓励,他的干劲更足了。他觉得,自家的事再大也是小事,工作上的事再小也是大事,不能因小事误大事。让老百姓看到这才是党员的本质本色。

社区风采录1-6

在岗不断学习　离岗热心服务

今年60岁的褚国伶，是一个土生土长的苏庄人。2002年，因为爱人病故，原本幸福美满的家庭遭受了晴天霹雳的打击，为了2个女儿，她作为顶起半边天的女人，顶起了整个天。

在苏庄村党支部的关心下，她凭借不怕苦、不怕累的干劲，成为一名村园艺工人。在组织的培养下，2006年3月加入了中国共产党，成为一名光荣的共产党员。后来，她被调入村党政办公室，2009年苏庄村转为苏庄三里社区后，褚国伶走进社区服务站，成为一名计生专干。

作为一名社区工作者，她从干中学、学中干，从不会电脑，到学会开机，学会打字，学会整理文件档案，一点一滴地积累工作经验。她不仅认真学习工作技能，还热心为居民服务。2017年的一天，一对夫妇为了孩子上户口和生育报销的事急匆匆地找到她，这对夫妻2015年在社区办理了生育服务单，2017年有了孩子后，生育服务单不小心弄丢了，孩子的户口上不上，生育险报销不了，夫妻俩特别着急。由于对电脑还不太精通，而且时间比较久了，不容易找到，她也很是着急，但是看到居民急切的模样，她一边劝解小两口，一边在电脑里找电子档案，尽全力为他们解决问题。功夫不负有心人，终于在2个小时之后，生育服务单找到了，她将打印出来的服务单交给他们后，小两口连声道谢，褚国伶也感到非常欣慰。

褚国伶努力地工作着，2015年被选为第二党支部宣传委员，每次活动前，她都会认真通知党员参加组织生活，并记录活动内容，整理档案。2019年，她退休离开了自己热爱的工作岗位，但是她仍然一直帮助住在她家楼下的空巢老人宋瑞芝。老人腿脚不好、血糖高、血压高，上下楼不是很方便。她就经常去家里问候一下，每天的生活垃圾都会在下楼的时候帮老人带下去，在老人需要的时候伸把手。

作为一名党员，她仍然退休不褪色，心中始终装着居民，永远听党话跟党走，一直发挥余热为人民服务。

社区风采录 1-7

热情周到　做好宣传服务

楼门长网员张淑亭今年 75 岁，身体硬朗，大家都叫她张阿姨，只要是她所管辖楼层的居民有事，她都会尽力帮助解决。"楼门长没什么权利，但干好却不大容易。"这是张阿姨常说的话。2015 年 8 月，社区党委开展"弘扬法治、反对邪教"手抄报的征集活动，由于白天小区里的居民大多都上班，所以张阿姨的入户时间就集中在了晚上 7—9 点。通过几晚的走访入户宣传，张阿姨不仅征集到了居民亲手制作的手抄报，还向居民宣传了法律知识。街坊常说："平时上班忙，没有时间参加社区活动，张阿姨却能把社区党委的声音及时送到，真是我们的好楼门长！"

社区风采录 1-8

来信表扬　网员敬老胜亲人

2017 年 2 月 11 日，正值正月十五元宵节，社区第九网格内的空巢老人乔俊菊的儿女们就把一封表扬信送到苏庄三里社区党委。他们提到了共产党员张淑莲就像亲姐妹一样，照顾他们的老母亲，信中说道："老母亲 82 岁，一个人过，她们姐妹们住得较远，而且都是三代同住，老母亲一直是他们的牵挂，自从社区党委派同楼居住的党员张淑莲定期照看老人后，老人身体好多了，帮助儿女们减轻了负担。"乔俊菊老人跟熟人唠了起来："我的孩子们家庭负担都很重，我不想给儿女添麻烦，一个人生活挺好。去年，我又多了一个女儿，她经常过来陪我聊天，帮我收拾屋子，给我包饺子，有人这样关心我，我感到日子更好了、精气神更足了、晚年生活更好了……"

乔俊菊老人提到的张淑莲，是苏庄三里社区的一名中青年共产党员。她每年都参加"同坐板凳 结对帮扶"活动，她和另一名党员组成小队，走访2~3名关爱群体，有力所能及的活儿帮着干，有实际困难能解决的就帮忙解决，解决不了的及时向党组织汇报。用张淑莲自己的话说："通过这项活动，让我得到了锻炼。我们每到一户，居民们都特别高兴，我们中青年党员能够及时了解居民的所思所想所困所求，让我们能够发挥年轻党员应有的作用，特别感谢党组织为我们搭建这样一个走进居民服务居民的平台。"像张淑莲这样的党员在苏庄三里社区还有很多，她们连续5年入户走访不仅让关爱群体家人受到感动，更得到了社区居民的好评。

社区风采录 1-9

守护家园　治安网员责任重

隗淑银是苏庄三里的一名退休党员，2015年主动加入社区"12345蓝盾"治安志愿者服务队。用她自己的话说："我当志愿者就是为社区尽自己的一份责任，让自己老有所为。"

几年来，她初心不改。克服困难，坚持上岗，从不迟到早退，被大家称为模范"12345蓝盾"治安志愿者。她搬了2次家，一次从良乡搬到了河北镇磁家务村惠景新苑，离苏庄三里三十几里路，前年又搬到了青龙湖镇大马村女儿家，离苏庄三里也有十几里路，在磁家务村住时，每次执勤她都要提前一个小时从家出门，只为保证不迟到。后来，她从大马村出发，要骑40分钟自行车到岗，无论刮风下雨。隗淑银身体不是很好，糖尿病已经十几年了，2013

年老伴儿去世了，2014年她又做了一次癌症切除手术，可想而知，对于这样一位老同志来说，她要做好服务工作，需要克服多么大的困难啊！

她时时想着自己是一名共产党员，她愿意有一分热发一分光，她谦虚地说："我虽谈不上为社区做多大贡献，但我要有担当。我是蓝盾志愿者，我愿在这平凡的岗位上，默默发光。"

社区风采录1-10

网员党员　精心搞文艺　热情为居民

张洪峰同志今年65岁，退休前一直从事教育事业。退休后，为更好发挥文艺特长，为居民服务，他积极参加党组织的理论学习和服务实践，不断提高自己的理论水平和党性修养。

几年里，他把学到的电教知识运用到社区文艺创作和演出中，热心为居民服务，得到人们称赞。他自幼喜欢文艺，在演唱、演奏、朗诵等方面有一定特长，虽不算专业，但也取得了一些成绩。例如，独自或与自己所在的合唱队一同圆满完成了上级交给的社区内外演出、比赛任务。他的洞箫演奏在房山电视台作为专题节目播放。特别是诗歌朗诵，在多种场合表演，观众深受感动。他代表社区与房山区环保局联欢时朗诵的高尔基的散文诗《海燕》，受到现场热烈欢迎。

党的十九大召开，他作为党员深受鼓舞，苏庄三里社区建设蓬勃发展，他由衷高兴，创作了歌颂祖国、歌颂中国共产党和美好家园的现代诗《中华颂》，先后在房山区文联《燕都》杂志和房山区教委出版高中生文学读物《龙乡新芽》上发表，社会反响热烈。

育网聚智
北京房山苏庄三里党建引领社区社会治理探索与实践

社区风采录1-11

组织有召唤 党员有行动

2016年6月,周海亮从北理工毕业后,就来到苏庄三里辖区一家科技公司工作,当时公司没有成立党支部,组织关系转回了原籍河南老家。2018年3月,经组织介绍,他以流动党员身份,被编入苏庄三里社区党委第一支部。他所在的单位是一家私营企业,有着严格的考勤制度,工作时间外出一般是需要请假或者调休,他克服种种困难,积极参加党组织活动,做到组织有召唤、党员有行动。

作为一名年轻的党员,周海亮积极参加党的政治理论学习,参加志愿服务活动,在组织培养下,周海亮的党性意识在一天天提升。

2019年4月的一天,社区通知他代表党员队参加社区的法律知识竞赛。周海亮尽管工作繁忙,但他毫不犹豫接受了任务,在比赛前夕,他利用业余休息时间,积极备赛,比赛当天,小组队员密切配合、沉着应对,最终在附加赛中略胜一筹,取得比赛第一名。

2019年5月的一天,社区党委要举行"不忘初心 牢记使命"主题教育党建知识竞赛的通知在党建群里发出,周海亮积极报名,作为第一支部的代表参赛。由于竞赛的规格高、难度大,周海亮带领其他队员拿出上学时学习的劲头,一题一题背,背下来还不算,还要再默写一遍。功夫不负有心人,在比赛当天,小组获得比赛第一名。周海亮用出色的表现为党组织争光。在党组织的培养下,周海亮的思想水平提升很多,他饱含深情地说:"我特别感谢党组织对我的培养、对流动党员的关心,通过比赛的形式,把党建知识内化于心。组织有召唤,党员有行动,我无论身处何岗位,都不会忘记入党时的初心,在行动中积极担当,在行动中努力成长,争做新时代的先锋模范!"

社区风采录 1-12

一生追随党　一生献给党

老党员杜士全是社区一名有着 67 年党龄的老党员。他 1950 年 1 月参军入伍，是一名退役军人。多年来，他始终不忘自己的党员身份，退而不休，发挥余热。2001 年，他搬回村后，参加了苏庄村秧歌队，并担任村秧歌队队长。为了使秧歌队的活动内容新颖，不落俗套，他编排了喜闻乐见的娱乐节目，不辞劳苦地教给村民们。用村民们的话说，党员就是先进，退下来也不减党员风采！2002 年，他个人出资为村党支部捐赠了一台摄像机，为村里做宣传使用，让党支部党员们深受感动。

杜大爷积极参加支部组织生活和学习活动，随着年龄的增大，由于活动不便，他不能正常参加党组织活动了。虽然他每次看书都只能用放大镜辅助，但他从未放弃学习，通过听新闻、读报纸、学书籍等多种形式，时刻关注着党的最新精神。党的十九大召开之后，社区党支部委员也专门到其家中为他送去了半导体和优盘，并拷入了党的十九大报告和新党章的内容。

2021 年 1 月 31 日，杜大爷突发疾病不幸去世，享年 89 岁。他生前就有去世后捐赠遗体供医学教育、科学研究的念头，在他的临终遗愿里，一件事儿是为促进国家医学事业发展、为医学院科研和教学做贡献，他同中国协和医科大学北京市遗体志愿捐献遗体登记接收站签订了《遗体捐献协议书》，同意无偿捐献遗体；另一件事儿就是办理遗嘱，嘱咐家人一定要从自己的遗产中拿出 2 万元作为党费，交给党组织去做更有意义的事情。按照老人生前的遗愿，社区党组织收到了这位老党员 2 万元的"特殊党费"。

老党员杜士全安详地走了，他的一生平凡而普通，他对党忠诚、不忘初心、方得始终的信念再一次得到诠释和升华！

党服经费项目赢民心

苏庄三里社区党委高度重视基层党组织活动经费的使用。怎样用好它，解决居民关心关注的大事，把钱用到刀刃上、把服务落到居民的心坎上，还真不是一件容易的事儿。

党委书记邵雪松每年年初组织召开支委会安排部署，在广泛征求群众和党员的意见后，对党服经费进行立项，组织召开党员大会进行票决；票决通过后，上报街道工委。

2015年的苏庄三里社区，还真没有一个像样的党员活动室，第一批党服经费下拨后，党组织严格按照程序，选择有资质的3家施工单位进行比对，选择信誉度高、标准高、专业性强、价格优惠的第三方进行施工。一方面，改造了党员活动室，打造了温馨的党员之家；另一方面，为社区建鑫路步行街和三里院4栋居民楼安装了休闲座椅，10号楼还搭建了凉亭，居民在室外活动有了休息纳凉的好去处。

2016年，破旧不堪、无物业管理的16号、17号生活小院再次引起了社区党委的关注，环境安全隐患已经成了党委的一块心病。经支委会研究，2016年20万经费全部用于小院的环境改造，修大门、改车棚、划车位、种植被、安监控，改造后的小院焕然一新。党服经费的投入，不仅换来环境的改善，更唤醒了居民家园建设意识和文明意识，为小院成立自治小组及后来更好开展服务打下了坚实基础。

老旧小区的楼道不忍目睹，发旧的墙面上印满了电话号码，就像长满了"牛皮癣"一样。2017年，社区党委将党服经费用于30栋楼的楼道粉刷的亮白工程，污渍被覆盖，到处是一片闪光的洁白，阳光射进来，党组织的惠民服务照亮了居民爱护环境的道路。

苏庄三里小区还有四栋楼18个单元门，出现了严重的破损，破旧的木头门在寒风中摇曳，破损的玻璃挂在木门上，随时都有割破手的危险，安全隐患很大。2018年党组织把党服经费投向了单元门的改造。历经半年的施工，新的不锈钢和带有彩色对讲机的安全门，开始守卫着居民安全，居民们高兴极了，他们的心再次被温暖了。

党组织服务群众经费就是要解决居民关注的热点问题。2019年年初，社区党委接到了居民反映的烦心事：老旧小区的巷路路灯照明度不够，有的生活小院内建设器材安了不少，居民晚上遛弯健身，没有路灯很不方便，甚至还出现停车剐蹭，影响了和谐。为解决这一问题，社区党委实施了"路灯照明"工程，在5个生活小院里安装了89个太阳能路灯，再配上了中国结红色灯箱，灯箱上还印上了社会主义核心价值观的内容。自此，小院的夜晚被照亮了，环境更美了，居民的宜居生活质量又提高了。

社区风采录1-14

文艺搭台　文化网点撑起精神家园

"网点"是社区服务居民的支撑点，与居民的生活密切相关。近年来，随着苏庄三里社区文化建设的不断发展，社区党委不断夯实这个"网点"，该网点在推动社区居民的业余文化生活和精神文明建设方面起到了独特的作用。

2015年6月26日晚，苏庄三里社区老年秧歌队以一曲《没有共产党就没有新中国》拉开了社区党委庆祝建党94周年文艺演出的序幕，这是苏庄三里社区文联组织党员群众，发动社区文艺骨干共同参与的一场文艺演出，像这样旗帜鲜明、具有凝聚力的大型文艺演出社区文联每年举办2～3次。社区的居民每天都活跃在这些队伍当中，唱唱跳跳的活动也成了社区居民的日常，社区文化事业健康、蓬勃地发展起来。

苏庄三里社区"新居民、新生活、新风貌"成为精神文明建设的主体，文明、健康、民主、和谐的社区特色逐步形成。

社区风采录 1-15

改水改线　民生网点助力居民生活

苏庄三里社区开发建设于20世纪90年代末,基础设施不完善,辖区蝶翠苑小区居民生活饮用水水源还是开发建设时自备井的水。近3年来,因自备井水位下降导致水量不足及水质不达标,让居民喝上安全水是亟待解决的问题。

党委、居委会高度重视居民反映强烈的问题,第一项工作就成立了改水专项工作小组,积极协调西潞街道办事处农村办和区水务局、自来水公司等相关部门,召开协调会12次,经过长达8个月的紧张施工,终于圆满完成了这项关乎百姓的大事。小区居民正式喝上了市政管网供给的水,居民肖大妈说:"今天我们能喝上市政自来水,大家都高兴,我再也不担心会随时断水了,社区又为老百姓干了一件大好事。"

图1-1　"育网式"工作法总结会

第一章 实施"育网式"工作法 强健社区基层党组织

图1-2 党建专家为"网管"上党课

图1-3 "网员"参观延庆战争纪念馆

图1-4 "网员"参与社区环境整治

图 1-5 "网员"入户服务高龄老人

图 1-6 "育网式""网员"公示栏

治理之行

在"育网式"工作法的指导下,苏庄三里社区深入践行"以人民为中心"的发展思想,认真落实《关于加强新时代街道工作的意见》,立足居民现实需求,从基础设施建设、社区环境整治、养老服务、安全管理、社会矛盾纠纷化解及群众文化等多方面入手,争取各方支持,带领党员群众办了很多实事、好事,努力创造更加便利、宜居、安定和谐,且具有多样性特征的现代社区生活。

第二章　抓基础建设　提升便利性

第一节　"五联五共"促发展

导　读

本节内容介绍了在房山区西潞街道工委的领导下，苏庄片区联合党委坚持党建引领，深化区域化党建工作，推进片区各基层党组织互联互动，在解决问题中勇于创新、探索与实践的做法。把党建摆在突出位置，开展一系列卓有成效的工作，形成建设和谐宜居、资源共享、共建共赢的新格局，是"五联五共"模式的突出特点。

灿灿锤镰耀片区，五联同步架云梯。
成城众志登高路，秀美家园靓锦衣。

一、片区基本情况

苏庄片区联合党委成立于 2017 年 7 月，苏庄片区区域面积 1.4 平方千米，现由苏庄一里、二里、三里、海悦嘉园 4 个社区组成。片区成员单位共 13 家，有 2 个党委、3 个党总支、8 个党支部，党员 780 余名，在职党员 1300 余名，居民 6026 户，人口近 2 万人。

二、工作背景

（一）优势互补不突出

苏庄片区联合党委各成员单位所覆盖区域正是原来的苏庄村所在区域。区域内有社区、有学校、有医院、有银行、有社保中心、有生态环境局和园林绿化局等。在地理位置上，成员单位位置非常集中，彼此相邻，距离很近；在地缘感情上，大家彼此都非常了解，保持着非常好的联系。在过去，党建中各做各的主、各当各的家，即使开展共建活动，也是蜻蜓点水，走走过场。由于没有实现真正意义上的区域合作，资源和条件受到了限制，共建效果不明显。

（二）服务群众能力不强

由于过去区域化合作力度不大，直接导致服务能力不强。无论是社区还是各机关、企事业单位，都有很好的行业资源优势，就是对接不到位。例如说，社区服务缺乏资金、缺乏场地、缺乏资源，得不到更好更专业的服务；对于其他行业单位，深入基层不多，面对老百姓解决问题更少，特别是有很多资源闲置，基层百姓得到的专业服务不够，更谈不上上升到加强区域化党建层面。

（三）党组织建设水平参差不齐

过去各单位重视党建力度不同，效果也不一样，有的强一些，有的弱一些。近几年，北京市委、房山区委和西潞街道工委先后出台文件，要求加大党建工作力度，创新工作方法，对接群众，让基层党组织建设充满活力，把全心全意为人民服务落到实处。对于基层来说，通过联合机制，加强自身建设，实现党建引领，做好社会治理，更好地服务群众，提升基层党组织建设水平，把党中央和各级党委的要求落到实处。

三、具体做法

《全国基层党建工作经验交流座谈会》指出：城市基层党建，说到底，就是以街道社区党组织为核心，有机联结单位、行业及各领域党组织，实现组织共建、资源共享、机制衔接、功能优化的系统建设和整体建设。与街道社区党建相比，城市基层党建的内涵和外延，都有极大丰富和拓展，更加注重全面统筹、更加注重系统推进、更加注重开放融合、更加注重整体效应。加强城市基层党建，要坚持以人民为中心的发展思想，为完善城市治理体系、增强城市治理能力、提高人民群众生活质量服务，为走出一条中国特色城市发展道路服务，让人民群众在城市生活得更方便、更舒心、更美好，使人民群众更加自觉地热爱党、跟党走。

2017—2019年，在房山区委的领导下、在房山区社工委的指导下、在西潞街道工委带领下，苏庄三里社区党委以苏庄辖区为片，吸收辖区内13个成员单位加入其中，成立苏庄片区联合党委（功能性基层党组织），按照"党建引领、区域联动、共享共治"的要求，以党建为纽带，汇集片区各方智慧，凝聚各方合力，通过"五联五共"举措，加强城市党建引领社会治理工作，解决了资源分散难整合、居民需求难对接、社会治理难提升的实际问题，大大强化了城市基层党建工作力度，初步探索了一个顺畅的城市党建工作机制。

（一）片区发展联议共谋

片区联合党委成立联合党委专班，定期召开季度工作会，发挥联合党委政治功能，分析党建优势，分析医疗资源、人力资源、教育资源、金融资源、文化活动资源、受众群体资源，找到缺乏整合、缺乏对接、缺乏力度的不足，审议了《苏庄片区联合党委工作章程草案》，建立了片区联合党委工作议事厅，完善了《苏庄片区联合党委工作议事协调制度》，以"突出优势、结对帮扶、联动共建、联席议事"等模式，畅通成员单位参与片区建设渠道，直接听取意见和建议，协调解决社区事务管理中的难题，为开展工作做好了组织准备和思想保障。

（二）理论学习联学共进

加强片区联合党委党员理论学习，坚定打牢理想信念的根基。组织成员单位党员代表集体观看党的十九大开幕式，邀请党建专家马成奎为片区百名党员上了解读十九大精神专题党课。在理论联学中，苏庄三里社区的"育网式"工作法实现了再提升，北工商附小党总支打造的"红色种子 行实先锋"党建品牌落地生根。成员单位房山区生态环境局机关党委组织6名机关党委委员、13名支部书记一行20人召开了党建交流会。很多党员表达对联学的收获，觉得这么多单位的党员一起学习，一起受教育，作为共产党员的使命感和责任感、自豪感油然而生。成员单位党员代表一起参加专题学习会——房山区"扫黑除恶"专项斗争知识、提高"扫黑除恶"专项斗争的知晓率，一起参加由苏庄三里社区承办的扫黑除恶专项文艺演出。可以说，大家共同学习，共同进步，共同提高。片区联合党委通过分支部组织理论学习和组织党员集中学习方式，提升了城市化党建的思想认识和政治建设水平。

（三）党群服务联手共为

苏庄片区联合党委进一步规范运行，抓好区域层面抓统筹，拧成"一股绳"建立"你中有我、我中有你"的功能型党组织，变社区党建"社区抓"为"大家抓"，凝聚各方工作力量。为做好片区党员群众服务工作，片区联合党委在党建引领社会治理下功夫，充分利用辖区内具有改造价值的空间，为党员群众开展各种服务活动创造条件；联合党委以共创大厦六层为基础，打造了党群活动服务中心，为片区党员群众开展党建、文化、科普、阅读、学习等活动创造条件；同时，组织3个社区和区妇幼保健医院开展了"守护健康义诊活动"，服务居民近千人；春季对区域内公园柳絮进行浇湿处理，消除了安全隐患；成员单位良乡三中党支部和良乡中心校党总支开放阳光体育场，为社区居民晨练提供场地；成员单位区生态环境局联合各社区开展环境整治、环保入社区的活动。片区联合党委的联手共为，做到问题"发现在基层、解决在末梢"，拉近了和群众的距离。

（四）社会安全联抓共治

苏庄片区联合党委紧紧依靠各成员单位党组织和居民，加强社会治理，共同参与社会面安全保卫工作。片区联合党委发挥了共产党员先锋模范作用，成立了党员志愿者服务队，与苏庄三里社区"12345蓝盾"治安志愿者服务队组成近200人的志愿者队伍，参加北京市重大安保活动。党的十九大召开期间，在片区主要交通枢纽翠柳大街中心环岛和轻轨苏庄站共设立了2个治安服务岗亭，成员单位与华夏银行党支部开展了"党员爱心服务岗——落实十九大，爱心献人民"的志愿服务活动，遍及1.14平方千米。片区联合党委还积极引导成员单位参加参与安全检查、参加消防演练，参与街巷巡逻、邻里守望、看守重点设施等工作。片区联合党委通过联治，初步探索联抓共治的社会面安保模式，有力地保障了片区的社会安全稳定。

（五）文化活动联建共享

服务群众是城市基层党建工作的出发点和落脚点，用活硬件文化设施和软件文化资源，通过喜闻乐见的文化服务把驻区单位、社会组织等服务群众的积极性调动起来，也是推动基层党建发展一项重要举措。片区联合党委成员单位整合康乐健身广场、学校多功能厅、社区科普基地和航空模拟体验厅等文化设施，中小学和成人学校的师资力量，共同举办"不忘初心 牢记使命 庆祝建党98周年诗歌朗诵会"；举办了"满足人民美好生活——喜庆十九大"社区居民参与的室外趣味运动会。片区联合党委还不定期为提高居民的文化技艺和文化修养开展各类培训。活动不仅让党员居民得到艺术熏陶，更是增添了对伟大的中国共产党的热爱之情，使中国特色社会主义文化引导作用覆盖全片区。

四、初步效果

（一）加强了基层党组织自身建设

"五联五共"模式改进了党组织的工作方法，实现了单位党组织、企业党组织和社区党组织优势互补，实现了党建资源共享，促进了各党组织自身的完善和提升。

（二）夯实了城市基层党建的基础

充分发挥了各个成员单位的资源优势，逐步补齐了工作短板，提升了服务指标，统筹推进让成员单位党组织强起来，筑牢了城市基层战斗堡垒。各个党组织在片区党委的领导下，直接对接服务领域，提升了党组织服务功能，推进了各领域党组织互联互动，提升了城市基层党建的整体效应。

（三）构建了城市基层党建新格局

牢固树立城市基层党建的理念，打破领域、条块、层级、单位和系统之间的阻隔，党建思维向优势互补、开放互融、建立平台、实现共赢的联合党建思维转变，初步探索出片区联合党委统领社区基层党建新模式，为筑牢城市基层党建提供了坚强组织保证。

社区风采录 2-1

抓学习常态化　强能力见实效

苏庄片区联合党委自成立以来，定期组织成员单位开展学习实践活动，特别是 2017 年 11 月 27 日，片区联合党委邀请北京市党建专家马成奎老师，为成员单位负责人开展了题为"学习贯彻十九大精神基层党建创新及党建品牌培育"的培训，受到了大家的热烈欢迎。

在培训会上，马成奎老师从基层党建创新要点、创新思维、创新原则、创新内容、创新方法等，以及党建品牌培育的意义、要求及有效方法等方面进行了详细讲解，同时结合党建品牌创新成功案例进行了梳理和分析，与会人员纷纷表示参加此次培训受益匪浅，为成员单位党建创新工作提供了很好的理论知识和思路。

在随后的交流中，华夏银行党支部书记李华楠表示："过去我们单位是行业单位，在党组织建设方面经验不足，今天在片区联合党委的带领下，听了马老师的讲座，让我对党建工作有了新的认识和理解，对我们行业单位来说是非常有意义的大事。在片区联合党委的大家庭中，我们愿意跟其他先进的党支部一起成长……"片区联合党委书记邵雪松与成员单位代表共同讨论决定：片区单位要加强学习，注重团结，坚持资源共享、服务为民。而要做到这一切，加强学习是最根本的任务。

基于这样的认识，片区联合党委把学习习近平新时代中国特色社会主义思想作为首要政治任务，制定学习规章制度，狠抓学习教育。像这样的会议，片区联合党委基本上每季度召开一次，形成了机制，使苏庄片区联合党委的学习成为常态，不仅提高了政治站位，而且还提高了联合党委成员单位党建工作的能力。

社区风采录 2-2

让需求清单和资源清单"活"起来

各个成员单位积极发挥自身资源优势，互相学习，互相服务，妇幼保健医院党委带领医疗专家为居民进行义诊，居民们热情很高。良乡三中党委和良乡中心校党总支也将部分资源与社区居民共享，为他们提供康乐健身广场。苏庄三里社区向居民开放了党群活动中心，其中科普体验厅、图书室已经成为片区居民特别是中小学生最青睐的地方。生态环境局机关党委率领各分支部书记现场召开了党建工作交流座谈会。华夏银行党支部在片区联合党委活动室为社区居民普及了防范金融诈骗的知识。西潞成教中心党组织得知社区缺少舞蹈老师和钢琴老师后，及时选派优秀教师支持社区文化活动，提升了社区文化培训的水平。片区联合党委从居民需求出发，让片区老百姓的心"暖"起来、让共产党员的腿"动"起来，让各自资源"火"起来，片区联合党委服务之路越走越宽。

社区风采录 2-3

同唱一首党建歌

2018年6月，苏庄片区联合党委决定联合举办庆祝建党97周年的活动。7月1日晚，片区联合党委成员单位北京工商大学附属中学（良乡三中）的多功能厅，一场"在习近平新时代中国特色社会主义思想指引下，中国强起来"主题的纪念大会在举行，在片区联合党委书记的带领下，现场的400名党员手紧紧地握住右拳再次重温了入党誓词，精彩节目不断，感染着在场的每一个人，有园林绿化局、生态环境局的歌曲，有妇幼保健医院的诗朗诵……片区联合党委良乡医院社区党支部书记于耕红说："今天这个活动太有意义了，这么多家成员单位给了我们这样的相互熟悉的机会，一起来共同庆祝党的生日，从活动中汲取更多的力量！"精彩的活动，加深了党支部与社区居民之前的感情，也是对党员的一次深刻的党性教育，进一步激发了党员们的担当精神和为民服务的动力。大家纷纷点赞，叫好！

社区风采录 2-4

良乡医院社区党支部　医疗公益服务暖民心

苏庄片区联合党委成员单位之一的良乡医院社区党支部成立于 2008 年，现有党员 32 名。

2010 年，良乡医院社区党支部加入苏庄片区区域化党建工作，组织党员和医务人员坚持定期深入社区开展健康知识讲座和义诊义检活动；定时上门提供医疗服务，积极为居民建立健康档案，重点对慢病人群、老年人、残疾人、妇女、儿童提供健康保健服务。

2017 年，苏庄片区联合党委成立后，将社区医院和社区居民紧密联系在一起，做到健康教育信息共通、阵地联用、活动合办，实现互惠双赢，加强了支部建设，提高了党员医护人员的业务能力和为居民服务的水平。良乡医院社区党支部为片区老年人提供健康讲座、免费义诊、空巢老人入户体检，对社区老人防跌倒运动干预进行指导，提升老年人的协调能力和肌肉锻炼能力。同时，苏庄三里社区积极配合良乡医院社区党支部开展直肠癌预防跟进项目，为医院提供 40 人老年团队，为医院开展医学调查提供支持。除此之外，良乡医院社区党支部还为社区居民开展医改、控烟、国家公共卫生基本政策等宣传活动，提高了社区居民健康知识知晓率，使居民养成了有规律的健康生活习惯，拥有了健康的行为与生活方式。

第二章 抓基础建设 提升便利性

图 2-1 片区联合党委举办党建品牌专题培训活动

图 2-2 房山区生态环境局机关党委牵手苏庄三里社区党委党建工作交流会

图 2-3 片区联合党委举行庆祝中国共产党成立 97 周年纪念大会

37

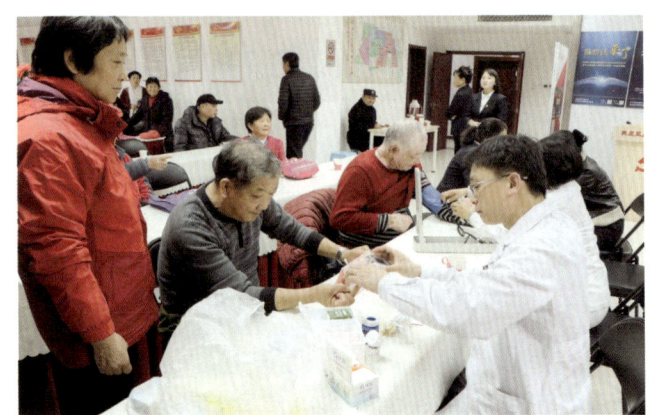

图 2-4　房山区妇幼保健院党委在为片区居民义诊

第二节　片区吹哨　部门报到

导　读

本节内容介绍了在西潞街道工委领导下，苏庄片区联合党委结合新形势，发挥党建引领社会治理作用，成立片区级城市管理指挥子中心，正视困难，不负重托，破解难题，做好"片区吹哨，部门报到"工作，开展了一系列卓有成效的社会治理工作的实践。

　　　　　　　　服务便民一刻钟，眼明心亮路畅通。
　　　　　　　　哨音播撒及时雨，百姓高歌唱复兴。

党的十八大以来，以习近平同志为核心的党中央高度重视党的建设，对城市基层党建工作提出一系列要求，提出必须把抓基层、抓基础工作作为长远之举、固本之举，推动全面从严治党向基层延伸；提出城市党建要主动适应城市社会群体结构和社会组织架构的变化，推进基层党建工作创新；强调要把加强城市基层党的建设、巩固党的执政基础作为贯穿社会治理和基层建设的一条红线，积极探索城市党建工作新路子。

一、新举措，新发展

2018年3月，北京市出台《关于党建引领街乡管理体制机制创新 实现"街乡吹哨、部门报到"的实施方案》，制定了加强党对街道乡镇工作的领导、倡导党员参与社区（村）建设、持续推进社区减负工作等14项推进举措，并明确每项举措的责任单位及完成时限，赋予街道乡镇更多自主权，破解城市基层治理"最后一公里"难题。

党建引领"街乡吹哨、部门报到"聚焦街道、社区治理的难点问题，对理顺基层的工作提出了明确要求，更让街道和社区的基层工作者看到了希望，鼓足了劲。可以说，"街乡吹哨、部门报到"这一举措已经初步奠定了街道在基层治理工作中的重要作用。

苏庄片区联合党委团结带领片区各成员单位，认真学习贯彻落实市委市政府精神，通过发挥片区联合党委的作用，把"街乡吹哨、部门报到"具体细化为"片区吹哨、部门报到"，并把这一功能落实好，通过加强城市基层党建推动推动社会治理。

二、找差距，开新局

（一）存在的问题

2017年以来，面对城市基层党建的新形势，苏庄片区联合党委认真学习贯彻落实党的十九大精神，对照有关要求进行了自查，通过认真查找，发现在社区治理工作中存在3个方面的差距。

1.部门工作合力有待增强。党组织引领作用不强,各职能部门沟通不畅,缺乏联动工作机制,无法形成部门联动、齐抓共管、推进治理的力量,社会治理工作不规范、无机制、见效慢。

2.资源整合力度还需加大。社会治理中辖区内的居民社会力量、服务商户、社区党员、在职党员、辖区企事业党组织力量没有被充分调动起来,治理与服务的有效资源没有充分利用,城市治理效果不明显。

3.社区治理水平有待提高。基层党组织引领社会治理还不能及时跟上城市发展的需要,党组织在区域内的治理、协调和服务职能较弱。此外,社区工作任务日益繁重,致使社区疲于应付、超负荷运转,出现了"小马拉大车"的现象。区域城市党建内普遍存在职能定位还不明晰、工作任务不明确、作用发挥不明显问题。

(二)对症下药,打开局面

为了解决上述问题,2018年4月,按照西潞街道工委部署,苏庄片区联合党委作为精细化管理的片区,落实"街乡吹哨、部门报到"工作,成立片区级城市管理指挥子中心,在片区划分12个网格,发挥片区党委引领作用,按照"党建引领、区域联动、共享共治"的思路,发挥片区城市管理子中心的作用,初步探索形成了"五抓好五提升"的工作思路,实现了城市基层党建引领社区治理创新从单一到区域、从封闭到开放的有效转变,取得了良好成效。

1.抓好联合党委建设,提升参与系统社区治理的思想高度。片区联合党委是子中心的领导中枢,在网格内发挥着重要的引领作用。作为子中心的管理者,按照党建引领、社会共同参与治理的新要求,落实好系统链接点辖区层面的工作,打牢系统治理在辖区工作的基础。

一是坚持政治引领。片区联合党委各成员单位党组织定期中心组集体学习,深刻理解深入推进治理平台服务管理的重要意义,提升城市治理建设理论水平，确保《中共北京市房山区委关于"街乡吹哨、部门报到"实施方案》等相关要求在片区得到最有效落实，使基层治理沿着正确方向健康发展。

二是坚持组织引领。党组织是凝聚各类组织的核心，把党组织的意图变成各类组织参与社会治理的举措。把片区各成员单位党支部组织起来，参与直接服务群众的工作，努力涵盖到社会治理的各方面，把片区联合党委的政治、组织优势转化为治理服务优势。例如，企业党组织、机关党组织、事业单位党组织和社区党组织积极行动起来，重视"片区吹哨、部门报到"工作，各类志愿者服务队冲锋在前，发挥了城市治理的社会力量；在职党员发挥社会治理排头兵的示范作用，带头服务居民，树立党员良好形象。

三是坚持能力引领。片区联合党委发挥做好群众工作、善于化解矛盾的能力优势，引领各类组织和广大群众共商、共建、共治、共享。在翠柳大街开展的道路改造中，子中心组织党员、商户、居民代表和建筑商等多方力量共同参加的改造协商会议，提出很多合理化的建议被采纳，交通拥堵治理和环境治理工作在前期就赢得支持。群众的事情组织群众多商量，大家的事情组织大家多参与，真正做到了人民的城市人民建、人民的城市人民管。

2. 管好网格员队伍，提升参与综合治理的主体作用。推广应用苏庄三里社区"育网式"工作法，每个网格配备专职网格员和兼职网格员，巩固中坚力量，片区联合党委加大培养力度，狠抓网格员队伍建设，实现从过去的单一治理服务到现在的综合治理服务的转变。按照"专职力量一格一员、兼职力量一格多员"的原则，明确他们的岗位职责和管理范围，在网格楼门内设立岗位服务专栏，便于居民及时反映问题、表达诉求。结合实际岗位申报情况，对网格员不定期开展业务培训，提高服务能力。网格员每天深入街巷之中，能够快速发现了停车乱、汛期险情、道路隐患等问题，查找居民强烈反映的乱贴小广告、乱扔垃圾、乱停车辆等实际问题。同时，通过网格系统进行上报，能够解决的当时立即解决，不能解决的上报苏庄片区子中心，子中心发挥片区联合党委的作用，多方协调进行解决，难度更大的实际问题直接上报西潞街道分中心，形成了四级城市治理体系。

3. 带好在职党员骨干，提升参与基层治理的兼职力量。吸纳 1300 余在职党员回社区报到，全部融入网格内，按照网格分布对在职党员做好分类，设立 30 名兼职网格员参与片区网格工作，通过在职党员发挥作用关注社区安全、垃圾分类等治理问题，根据社区实际上报各类案件，专兼职网格员先后参加了多次环境整治活动，积极为社区发展建言献策，为片区建设献计出力。针对"居民盲目理财受到诈骗"这类问题，苏庄三里社区在职党员服务队开展社区志愿服务，回社区为居民讲解假币辨认、科学储蓄和防范金融诈骗知识，提高居民对金融安全的意识。为减轻高速路拥堵这一问题，他们还利用周末时间，上门为居民安装 ETC，让居民不出小区就能享受到优质便民服务。

4. 用好吹哨报到机制，提升参与城市治理的工作能力。以群众需求和亟须解决的问题为导向，以城市党建引领基层治理，认真落实"片区吹哨、部门报到"，深入分析苏庄片区在绿化、医疗、教育、金融、文化活动等方面的优势资源，实现精细化服务，抓住群众最关心最迫切的问题开展工作。例如，经过吹哨，区水务局给苏庄三里社区自备井安装反渗透设备；区园林绿化局对翠柳大街辅路花箱进行补种，美化了环境；春季对区域内公园柳絮进行浇湿处理，消除了安全隐患；协调建鑫园物业公司处理了 600 辆僵尸自行车，扩大居民的生活空间；苏庄片区联合党委听取民意、创新工作方式，拉近了和群众之间的距离，激发了城市管理子中心的"主人翁"意识、做到问题"发现在基层、解决在末梢"，使城市党建推动城市管理，实现了"城市党建为人民"的目标。

5. 报好网格案件，完善参与源头治理的数据平台。子中心以网格化治理、社会化服务为方向，从治理源头抓起，录好数据，完善基层综合服务管理平台。实现网格员—网格长—片区联合党委子中心—西潞街道分中心四级运行。为每个网格员配备了平板电脑，专门用于信息采集。网格员承担起了解社情民意、采集治理信息、服务社区群众等职能，做到数据在源头校准、矛盾在源头消除。自 2018 年 4 月至 2021 年 5 月，子中心已处理各类事件近 2500 件，片区联合党委吹哨后，各部门及时报到，取得的是实效，赢得的是群众对党委的高度认可。

三、重实践，新认识

（一）要以思路创新为重点

面对社区发展的新形势、新要求，片区联合党委积极探索党建引领基层治理的有效途径，把党建引领与社区治理相结合，发挥"片区""社区""网格"的作用，快速为居民解难事、办好事、做实事，探索出一条社会治理建设的新路。实践证明，思路创新推动了城市党建引领城市治理水平的提升，居民的满意度不断提高。

（二）要以落实责任为核心

城市治理需要城市各部门的高度重视，发挥基层党组织的堡垒作用，需要各级党委社区党组织以强烈的责任感和使命感投入其中，站在新高度，胸怀大局观，明确责任，明晰任务，把精细化作为社区治理的标准，只有这样，才能推动城市治理工作再上新台阶。

（三）要以运行机制为保障

通过发挥党建引领的组织协调作用，建立健全治理运行机制，保持成员单位参与社区治理的正确方向，打造一支以苏庄片区联合党委为统领、以各成员单位党员为主体、以志愿者服务队和群众骨干为基础的基层社会治理服务力量，形成社会治理人人参与的局面，以基层党建引领基层治理，以基层治理成效检验基层党建，推动了城市基层党建工作的全面加强。

育网聚智
北京房山苏庄三里党建引领社区社会治理探索与实践

社区风采录 2-5

哨声就是命令

2018年4月的一天，苏庄片区联合党委书记邵雪松办公室的电话响个不停，邵书记接起电话，就听到了苏庄一里社区党总支王海红书记急切的声音："邵书记，向您汇报一个事儿，我们社区楼下的污水井被堵了，住6楼的居民家里卫生间的污水都流不出去，而且影响到十几栋楼，许多居民都找到居委会。我联系了物业公司，物业公司派人进行了检查，说污水管道的堵点在我们社区对面一路之隔的鱼窝棚饭店，那儿属于苏庄村的管辖，赶紧派人来看看吧……"

邵书记感觉到事情的严重性，她立刻向苏庄村经合社社长宿廷福同志通报。通报等于吹哨，群众利益无小事儿，居民的事儿就是天大的事儿。她要求宿廷福抓紧时间立刻解决。

宿廷福社长立即带领工作人员到达现场，发现污水已经从小区对面的鱼窝棚餐厅溢出来了，而且污水已经流到了马路上，气味难闻不说，还直接影响到过往的行人和车辆。看来这次污水的外溢情况非常严重。苏庄村经合社积极回应，组织专业人员再次进行测试勘察。经测试，地下的污水管道出现了漏点，导致堵塞，而且堵塞的面积比较大、事态很紧急。苏庄村投资8万元，立即组织工程队进行抢修，通过对马路进行深挖，找到漏水点，重新铺设污水管道，随后又进行了回填，又恢复了柏油路面。经过近15天的紧张施工，污水外溢的问题终于被解决了。居民家中的下水道又顺畅了，马路又恢复了干净整洁了，苏庄一里党总支王海红书记的心也踏实了。

有了片区的哨声，小问题就在片区内进行了解决，苏庄片区城市管理子中心，发挥了大作用。

社区风采录 2-6

清理废旧自行车　环境安全大提升

在苏庄三里社区各个楼门前、车棚内总停放着一些长期不用的自行车，有的还歪七扭八、破旧不堪，占用公共空间不说，还有安全隐患。社区多次在单元门口张贴认领通知及清理通知，但仍有很多自行车无人认领，社区只能将这些"僵尸车"堆放在苏庄三里4号楼后的物业库房院内，但自行车的轮胎属于易燃物，存在较大安全隐患，一旦引燃将威胁4号楼整栋楼的安全，后果将不堪设想。

为了治理安全隐患，社区党委、居委会组织召开居民代表会征求大家意见，大家一致同意将堆放在苏庄三里4号楼后物业库房院内的自行车进行统一、彻底清理。2018年7月25日，苏庄三里社区组织社区干部及物业公司工作人员，对辖区废旧自行车进行全面清理，共计清理600余辆。

废旧自行车被清理了，一个安全隐患被消除了，社区公共空间整洁了，环境也有了大变样，大家都拍手叫好。

社区风采录 2-7

同心协作治柳絮——消除隐患保平安

2019年5月，正值杨柳絮飘飞时节，稍不留意，成团的柳絮极易出现火患。为切实消除安全隐患，扎实做好辖区杨柳絮火灾防控工作，苏庄片区联合党委积极协调片区联合党委成员单位——房山区园林绿化局协助处理。

区园林绿化局接到吹哨后高度重视，利用近一个月的时间，每天上午、下午两次对辖区杨柳絮密集地进行湿化作业。同时，社区还组织联合社区物业公司人员对杨柳絮进行苫盖，并不定期对杨柳絮集中地段情况进行巡察，及时发现并消除各类隐患，有效地预防了杨柳絮火情的发生。

社区风采录 2-8

在职党员回社区——服务居民零距离

2018年6月12日,房山工商分局机关党委到苏庄三里社区开展"双走访织网活动"消保维权主题党日活动。

活动中,回社区报到的在职党员——房山区消协副秘书长郑寒冬、房山工商分局消保科朱洪亮分别为与会居民进行消费者权益知识讲座,他们通过视频、PPT等方式详细讲解了日常生活中常见的会销、电销等诈骗陷阱,同时结合法律知识指导居民如何防范消费陷阱,维护消费者合法权益。郑寒冬秘书长提醒居民千万不要参与具有欺诈性的电视购物、理财类听课、免费听课付费旅游等活动,让居民提高警觉性,发现问题及时投诉举报。最后,张玉河等领导还为居民现场发放消费者维权、消费者教育宣传丛书和手册。

这次活动的成功举办,让社区居民增长了知识、学会了识别诈骗伎俩、提高了自我保护能力,也充分发挥了在职党员的特长和优势,汇聚了社区治理的活力。

图2-5 "街乡吹哨 部门报到"工作推进会

图 2-6　翠柳大街提升改造征求意见座谈会

图 2-7　片区子中心吹哨　区园林绿化局报到进行杨柳絮湿化工作

图 2-8　协调建鑫园物业公司清理"僵尸自行车"600 余辆

第三节　党群共建精神家园

导　读

本节主要介绍了苏庄片区党群活动服务中心这一党建阵地情况。苏庄三里社区通过发挥党建引领作用，拓展党建服务群众新思路，实现了党群活动服务中心学习、活动、培训、服务四大功能，打造了基层党建工作开展的坚实平台。

群贤毕至唱春风，献策谏言皆热衷。
携手同行欣筑梦，复兴路上大旗红。

党的十九大报告提出，党的基层组织是确保党的路线方针政策和决策部署贯彻落实的基础。加强基层党建阵地建设是深入贯彻党的十九大精神，认真落实全国组织工作会议要求，提升党的基层组织力，提高党的建设工作质量的必然要求和重要抓手。近年来，苏庄三里社区党委紧紧围绕中央、市、区委关于加强城市基层党建工作的要求，不断加强城市基层党组织阵地建设。通过提升建设标准、规范功能布局、有效开展活动、聚焦作用发挥等硬办法、硬招数、硬措施，不断巩固了阵地建设成果。

一、党群活动搭平台

苏庄三里社区党委下设 6 个党支部，党员 169 人，回社区报到在职党员 509 人。随着苏庄地区经济快速发展，社区居民的生活水平日益提升，大家对社区公共服务的要求也越来越高，建好用好社区党群活动服务中心是加强社区基层党组织建设的重要举措，对于夯实党在城市基层的执政基础具有重要意义。

对照城市快速发展和党员群众多元需求，苏庄三里社区基层党组织阵地建设仍有薄弱环节。2013 年，社区新的办公用房投入使用，然而党建阵地的建设在规划设计上未能顾及长期的发展需要，仅仅是将社区的会议室作为活动场地，几年来也未进行升级改造，逐渐显露出以下几个问题。

（一）场地面积不达标

随着城市化进程加快，大量外来人口和企业单位融入社区，2013 年之后，常住人口已经近 6000 人，而苏庄三里社区党建阵地仍是一间 120 平方米的会议室，越来越难以满足党员、居民活动的需要。

（二）功能布局不合理

社区办公用房和活动场地在规划上空间分散，且室内功能布局不尽合理，空间上存在浪费。

（三）作用发挥不到位

社区现有的党建阵地重管轻用，使用效率不高，活动开展不经常，党建阵地冷冷清清，人气不足。苏庄三里社区党委清醒地认识到，打造社区党建阵地，一定要跟上新时代的发展需要，党建阵地建设不仅仅是几间活动室的问题，而是关系到基层党组织发挥重大功能的问题。只有坚持高标准的党建阵地建设，才能把基层党组织打造成为吸引群众、凝聚人心、助推发展的坚强战斗堡垒。

苏庄三里社区党委紧扣"政策宣传咨询、党员培训教育、组织活动安排、志愿队伍服务、党员日常服务、党组织孵化培育、社区居民服务、党建展示平台"的定位，按照"五区五室"服务功能，全面推动了党群活动服务中心建设，打造了全新的社区党建活动阵地。

二、党群活动建阵地

在城市化进程加速和党建要求不断提高的背景下，社区党群活动阵地建设至关重要，社区整合现有场地资源，根据党员居民的需求，实现合理布局、充分利用、高效运行。将"许顺"人民调解工作室、"党员活动室"、"12345蓝盾"治安志愿者服务队等已有的项目进行有效的整合，按照"社区办公场所最小化、居民活动空间最大化、服务设施最优化"的理念，通过彰显红色文化元素，坚持党建引领，突出政治功能的要求，置换、改建、扩建、大力优化整合社区办公活动场所，在苏庄三里社区建成1950平方米的党群活动服务中心。中心设立"品牌展示区、志愿者服务区、区域化党建展示区、科普体验区、党员承诺区""片区联合党委工作室、'许顺'人民调解工作室、党员活动室、党代表接待室、图书阅览室"等"五区五室"。

"五区"格局是指：

第一区是品牌展示区。展示区为总长78米的党建长廊，展示苏庄三里社区党建品牌及党建引领社区治理的重点工作，图文并茂，特色鲜明，体现了社区的党建特色。

第二区是区域化党建展示区。该区共设有高2米宽1米的宣传展板68块，占地500平方米，展示苏庄三里社区城市基层党建工作及苏庄村改革开放40年取得的丰硕成果。该区还设有3处台案，为书画爱好者学习、培训、创作提供了条件。

第三区是党员承诺区。党群活动服务中心设有承诺墙1块，电子触摸屏1台，承诺墙展示了党员的承诺卡，电子触摸屏展示党组织开展各种活动的视频，及时通过影像资料向党员展示社区党员活动的风采。

第四区是志愿者服务区。该区占地10平方米，内设"12345蓝盾"治安志愿者服务队工作展板、社区志愿者服务队标识、志愿者照片墙、志愿者积分表及志愿者参加各项重大安保活动的剪影，弘扬志愿者志愿服务精神，展示志愿者服务风采。

第五区是科普体验区。占地 90 平方米，安装了航空模拟体验器 6 台、指挥塔台 1 座、航模 9 架，设立了科普书吧（配置科普图书 1000 余册），科普体验区，由以社区共青团员为主的科普小组管理，形成党建带团建的活动基地。

"五室"格局是指：

第一室是党员活动室。占地 90 平方米，内设理论知识及党建制度展示、党建书刊阅览、入党誓词背景墙、荣誉展示、电子显示屏等，为辖区内的成员单位党组织、党员、群众提供了全方位、多层次的服务，成为基层党组织开展"三会一课"活动的重要阵地。

第二室是片区联合党委工作室。占地 120 平方米，工作室用于召开片区联合党委联席会议、研究党建工作、开展党建培训、片区联合党委工作制度上墙，除召开成员单位会议之外，可容纳 100 人参加政治理论学习活动。

第三室是"许顺"人民调解工作室。占地 90 平方米，分设公益法律服务站、人民调解室两个工作区；设有法治建设小组，管理制度、普法宣传、法治报栏等展示区，工作室实行柜台接待模式，为居民群众提供法律咨询、矛盾调解等服务。

第四室是党代表接待室。占地 20 平方米，内部展示了党代表简介、党代表工作室制度、党代表接待党员群众工作流程、党代表工作室联络员工作职责等，党代表定期接待来访群众，为党员群众答疑解惑，帮助解决实际困难，同时也作为党代表与党员交流思想的场所。

第五室是图书阅览室。占地 50 平方米，室内提供图书阅览、电子阅览、儿童阅览、亲子服务等，图书包括党建类、文学类、法律类、生活健康类、少儿绘本等 3500 余册图书。图书室设置专职图书管理员，采用了书刊自动编目移动终端技术，通过手机 APP 直接可实现书刊查询、书刊预约、书刊借阅、书刊归还等快捷的借阅服务。

三、党群服务"火"起来

对于社区党建阵地来说,建是基础,真正管好用好才能"有温度、聚人气"。社区党委坚持把实践中的成功做法及时补充完善到各项规章制度中去,形成长效机制,为党建阵地规范化建设提供制度支撑。健全活动机制,建立完善场所管理使用和活动征集、公示等制度,适应群众多层次、多样化的需求,增强活动的实效性和针对性。

(一)打造"菜单式"服务模式

社区党委每月月初将活动项目、活动安排等内容在中心以活动服务"菜单"的形式及时公布,通过制作"零距离"服务手册,将社区的服务项目以手册的形式记录服务内容、负责人、联系电话、服务时间等信息,并发放到居民手中,方便群众知悉了解和广泛参与。通过"菜单式"的服务模式,为党员群众定制全天候的服务项目,提供党课学习、书法绘画、各类讲座、体育健身、传统文化等数十项服务,将活动的方式、时间和地点提前向党员群众公示,党员群众随时根据自己的实际需要,看"单"点"菜",使社区党委的主题党日、谈心谈话日、走访调研日、党代表接待日落到了实处,推动了党员群众更好地融入社区,更好地发挥了作用。

(二)建立"错时式"服务模式

针对居民活动时间与社区上班时间不统一的实际情况,党群活动服务中心主动适应居民服务需求,实行错时服务工作制度,按照"早提前、晚推后"的思路,将活动场所开放时间延伸至 8 小时之外,实现了社区党群活动服务中心的全面服务。

（三）探索"共享式"服务模式

通过党群活动服务中心，充分挖掘整合辖区内社区、单位、楼宇、商圈市场、社团组织及居民共享的项目资源，激发社会组织、社区志愿者积极性，以需求为导向，为党员群众定制丰富、免费的特色服务，让群众业余时间"有去处"，也为社区志愿服务活动提供了更多的选择，将"打破条块分割、实现资源共享"落到实处，党群活动服务中心为辖区单位提供了共过组织生活、共议居民事、共做公益项目等场地，同时也主动帮助驻区单位排忧解难，提供区域性党建资源，提高了阵地利用率。

四、服务职能显出来

苏庄片区党群活动服务中心建成后，坚持以党的政治建设为统领，以社区党组织为主导，建立健全党群活动服务中心运行、管理、考核等制度，按照"资源融合、服务共享、事务共治"的理念，为社区党员、志愿者、在职党员等群体建立平台，使服务职能得到进一步彰显。

（一）志愿服务意识不断提升

依托党群活动服务中心，引导辖区单位、党员、社会组织、居民群众在社区党委的领导下以民情联络、文化弘扬、志愿服务等形式，积极投身到社区治安防范、精准扶贫、环境整治、居民自治等志愿服务，引导党员发挥先锋模范作用，推进社区德治、法治、自治建设。例如，社区老年活动班，每周在党群活动服务中心开展活动，不仅给社区老年人搭建了展示自我的平台，还推动了社区养老工作的开展。另外，党群活动服务中心还为社区一大批甘于奉献、长期服务的居民、优秀共产党员开展服务提供了便利条件，引导了更多社区党员和居民参与社区活动与服务，逐步实现了居民群众在观念上、态度上、认识上和行动上的转变。

（二）共治议事能力不断提升

党群活动服务中心建设，促进了区域化党建工作，促进吸纳辖区内各成员单位共建共治共享，优化社会服务资源，较好地落实了"街乡吹哨、部门报到"机制，定期召开党建联席会议，明确了议事规则、议事内容，实现了精细化管理，抓住群众最关心最迫切的问题开展工作，全面推动了辖区社会治理的工作。

五、初步效果

（一）体现了党建引领的深度

社区工作千头万绪，如何体现党建引领，把工作抓出深度，说到底就是如何用习近平新时代中国特色社会主义思想统领社区工作，从思想上、政治上、行动上以习近平总书记为核心的党中央保持一致。保证社区工作沿着正确的方向前进，只有做到了这一点，党建工作才能体现对其他工作的引领深度。苏庄三里社区党委为了实现这个目标，以社区党群活动服务中心为载体，全面宣传党的十九大精神，全面宣传习近平新时代中国特色社会主义思想，把社区党群活动服务中心建设成为"理论育人"的坚强阵地，让党的旗帜在阵地上高高飘扬，让党的声音在阵地上久久回响。使党员群众在党群活动服务中心受到教育和熏陶，不断激发党员群众的奋斗热情，自觉投身到帮民困、解民难、惠民生等为人民群众服务的事物中来。在党群活动服务中心坚持让支部亮旗帜，让共产党员亮身份、亮承诺，让社区工作亮特色，使党的形象在阵地处处可见、党的要求在阵地处处落实、党的声音在阵地时时传递，使苏庄三里社区党委真正成为宣传党的主张、贯彻党的决定、领导基层治理、团结动员群众、推动改革发展的坚强战斗堡垒。

（二）突出了阵地职能的高度

基层党建阵地建在社区居民身边，建得怎么样、功能是否真正发挥作用，直接影响党委在党员群众心中的形象，苏庄片区党群活动服务中心提供了很好的基层党组织形象展示与能力提升的平台，使得党群活动服务中心的服务本领在实践中得以增强。同时党群活动服务中心优质、暖心的科学化管理服务，把服务他人、服务社会与实现个人价值有机结合起来，党员干部在与群众之间的浓厚感情中提升宗旨意识，增强使命感、责任感，达到了以党建为引领，积极推动全面工作开展的目的，较好地完成了各项任务。

精心组织、周到服务。圆满完成各级领导调研接待任务。几年来，苏庄片区党群活动服务中心共接待了200余批、2500余人次参观学习，房山区主要领导对苏庄三里社区党建工作非常关心，多次做出指示，还对苏庄片区党群活动服务中心的相关活动内容给予了具体指导。2017年以来，原北京市委副书记景俊海，原北京市委常委、秘书长、常务副市长张工，北京市委常委、市委组织部部长魏小东等领导到党群活动服务中心调研指导工作。

1. 加强交流、合作共建。党群活动服务中心积极邀请党建专家指导，力争使基层党组织的党建品牌落地生根。

2. 系统开展各类培训。充分发挥党群活动服务中心职能作用，提升了党员干部的业务水平，丰富了群众的文化生活和思想水平。

3. 创新组织开展各类活动。通过活动的开展，充分发挥了宣传思想文化鼓舞作用，提高了居民的精神风貌。

（三）彰显了党群服务的广度

党群活动服务中心的建成，实现了苏庄三里社区党群服务的精细化、全面化，党员群众不出社区就能享受到优质的服务和便利，使社区党员群众的归属感、认同感进一步增强。党群活动服务中心从党员群众的实际需求出发，提供广泛服务，特别是为机关、企事业单位等党支部提供了开展主题党日活动的阵地和为党员服务群众的平台。党员培训室和党员电教室，为党员提供多样化的理论课程和主题教育活动，特别是学习贯彻党的十九大精神，使广大党员把理论精髓学深、学透，提升了党性修养，增强了共产党员的责任感、使命感和担当意识，推动了社区党组织规范化建设。社区文联11支文体队伍，通过党群活动服务中心开设的书法课、声乐课、交谊舞课等课堂的培养，社区的文体骨干力量达到200多人，开展了丰富多彩、主题鲜明的文体活动，并获得多项荣誉，实现了以文化人、以文育人；随着二孩儿政策的放开，社区内较多孩子下课后无人看管，党群活动服务中心的儿童图书阅读区和科普体验区，成为社区孩子们的好去处，这里为孩子们安排了丰富多彩的绘本阅读、科普小实验、科普电影放映、飞行模拟体验等项目，营造了浓厚的学科学、爱科学的科普氛围，提高了社区儿童、青少年科普兴趣和科学素养。

社区风采录 2-9

党员群众的精神家园

每月月初，在党群活动服务中心的门口，都会看到社区的工作人员，在更换"服务菜单"。在"服务菜单"上，每周一至周五的太极队训练，每周二下午的书法班，每周一、周三的合唱班，都早已成了常态化的活动。

"这里冬天有暖气，夏天有中央空调，不管刮风下雨，我每天早上都可以打太极。"苏庄三里社区太极队队员张淑芬说。

"有这么大的桌子可以练字，还能让我们喜欢书法的人聚在一起互相学习交流，这么好的条件哪找去？"社区书法班成员李伟说。练习了一段时间后，李伟又说："社区为我们免费创造这么好的条件，字练好了，我们同样也服务于社区。每到春节前夕，我们免费为社区居民写春联、写'福'字，也会在'八一'前夕，用书法作品为军人送上节日的祝福。"

党员群众的服务阵地

2019年7月9日上午,苏庄三里社区党委组织100余名在职党员在社区党群活动中心召开了2018—2019年度优秀在职党员表彰大会。来自北京农商银行的顾洪途同志发言说:"2018年回社区报到后,我主动找到社区党组织,为社区的党员、群众上了一堂'怎样看待我们的党和我们自己'的党课,我也希望大家能够抽出时间和我一样重温共产党的发展历程和党的重大事件,对共产党有了更深的认识,同时也更加热爱我们的党,更好地服务社区,也感谢社区为在职党员回社区服务搭建了一个新的平台。"

不仅如此,社区在职党员们还依托社区党群活动服务中心,为居民开展各类讲座、义诊,苏庄三里社区将党群服务活动中心打造成一个集共商共治、文体活动、公益服务于一体的公共活动空间。

社区风采录 2-10

只为那句许下的承诺

苏庄片区党群活动服务中心的品牌展示区内,最引人注目的是一面党员承诺墙,上面贴满了党员们对党组织的庄严承诺,有的虽然只是简单的一句话,但他们却在行动上付出艰辛的劳动和奉献。

其中有一位共产党员的承诺:"承诺——监督小区卫生!"

承诺人叫韩振银,是一位普通党员,他是从大安山来苏庄三里社区落户的,工作了41年退休,文化程度不高,却朴实、憨厚得可爱。

有一次,党员们开展垃圾清理志愿服务,干得正起劲时,忽然,一只破油漆桶滚落下来,残留的油漆溅正洒在老韩身上,弄得上衣和裤子都沾满了。大家都劝他回去换一身衣服再来,可他怕耽误活儿就是不去,一直到清除垃圾的工作干完才回家。老伴看着心疼,他却乐呵呵地,似乎什么也没发生过,说：“这算什么，垃圾掏净了，三里社区清除了一个卫生死角，这才是我心里最痛快的事。”

老韩做的好事道不尽、说不完，可他却一再说自己是一株"小草"。是的，苏庄三里社区党委的队伍里还有很多这样的"小草"，那不就铺展汇聚成一片绿茵了？每当我们称赞苏庄三里日新月异的新景象时，就会不由想到像老韩这样默默无闻的小草。

社区风采录 2-11

党群活动服务中心迎来小客人

2018年的"六一"儿童节，对于北京工商大学附属小学的孩子们来说，是一个难忘的日子。这一天，他们走进了苏庄片区党群活动服务中心，渡过了一个特殊的儿童节。

为了让孩子们过好自己的节日，苏庄片区党群活动服务中心邀请到北京文韵中萃文化发展有限公司、"老北京火绘葫芦"非遗技艺传承人廉毅翔老师为孩子们传授火绘葫芦工艺品制作技艺，同时邀请了"吾心为爱"公益组织的创始人、快递小哥窦立国"窦逗哥"和志愿者"故事妈妈"商红波为孩子们讲述传统爱国故事，播放"吾心为爱"公益行走进乡村纪录片，传播爱心公益理念，同时还邀请到苏庄三里社区文联会员李伟、郭月忠、宋月国、孟淑英和李瑞芳5名书法老师为孩子们讲授书法知识，手把手教孩子们如何握笔、如何用墨、什么叫中锋、什么叫侧锋等书法常识，孩子们听得入神，学得入境，活动场面十分动人。在科普体验区驾驶飞行模拟器的孩子们，像一群快乐的小鸟，叽叽喳喳地叫着、喊着，感受着知识与科技带给他们的惊喜。

通过此次活动的开展，增进了社区党组织和区域党组织之间的感情，实现了党建引领、资源共享、社区共建的美好意愿，同时也为生活在苏庄三里社区的孩子们提供了学习和体验的机会，让孩子们感受了新鲜，开阔了视野，为一年一度的国际"六一"儿童节平添了无尽乐趣。

社区风采录 2-12

活跃主题党日　普及金融知识

2018年春节临近，苏庄片区党群活动服务中心迎来了联合党委成员单位华夏银行房山分行党支部主题党日系列活动，华夏银行党支部书记、支行行长李凤楠带领10名党员、团员为社区50名居民开展服务，进一步加强了对辖区居民金融知识的教育和宣传。

来到党群活动服务中心后，华夏银行李凤楠一行的党、团员们首先在中心工作人员的介绍下，参观了苏庄片区党群活动服务中心内的各职能活动室。

随后，主题党日活动正式开始。活动中，华夏银行工作人员为与会居民详细讲解了人民币防伪、如何辨别假币等知识，并教授居民如何通过眼看、手摸、耳听、检测4种方法来识别假币，以及金融诈骗、电话诈骗等惯用伎俩，还为居民讲解了防范金融诈骗和电信诈骗相关知识，让居民们学到了许多预防知识。

最后，苏庄三里社区文联会员为华夏银行全体工作人员赠送了春联，送上了节日祝福。

此次活动的举办，进一步密切了苏庄片区联合党委成员单位之间的联系，体现了对党建工作的重视，通过党建引领，服务居民，实现服务联做、资源共享的目标，把基层党组织对居民的关心和深厚感情送到社区中。华夏银行的同志们说："我们原来同居民的对话是在柜台，银行开展党日活动也从未走进过社区，通过这样的活动把我们和辖区的居民联系到了一起，加深了友谊，能为社区居民服务好，是我们的光荣。"

社区风采录 2-13

民生计量进社区

2018年11月23日，房山区计量检测所领导率领20余名党员来到苏庄片区党群活动服务中心，与苏庄三里社区携手开展"民生计量进社区"主题党日活动。

活动中，计量检测所的专业人员热情地为居民进行血压计、体重秤的检测和眼镜清洗服务，居民们拿着老花镜、近视镜、太阳镜排队等候，在清洗过程中，工作人员还耐心细致地为居民介绍了佩戴眼镜、养护眼镜的基本常识。随后区计量检测所的工作人员还为居民发放了民生计量单位常识宣传读本、公共图形符号读本和《计量与民生》等宣传材料。

这次主题党日活动，使计量检测所的党员们对社区党建有了更深层次的认识，同时也了解了社区居民在民生计量方面的需求。居民对计量检测所走进社区既感慨又欣喜，他们纷纷表示：民生计量进社区活动为居民带来了方便，甚至解决了老百姓花钱也解决不了的问题。

图2-9　华夏银行党支部到片区党群活动服务中心举行主题党日活动

图 2-10　区计量检测所在片区党群活动服务中心为居民服务

图 2-11　区妇幼保健院在片区党群活动服务中心为居民义诊

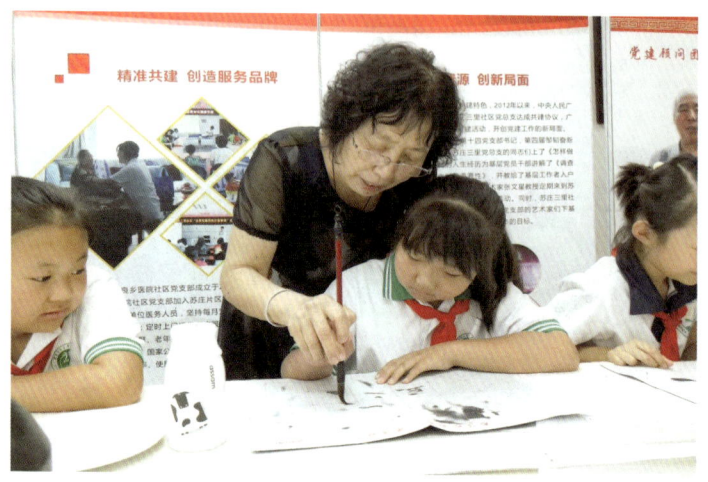

图2-12　良乡中心校的孩子们在活动服务中心过"六一"

第三章 抓特色服务 提升宜居性

第一节 自治管理靓社区

导 读

本节主要介绍了苏庄三里社区为改善居民生活环境,大胆尝试居民自治管理方式的工作历程。在历史遗留问题和诸多复杂关系面前,自治小组在苏庄三里社区党委的引领下勇于突破,通过4年有效的环境改造和自治管理,最终让老百姓得到实惠,社区治理能力得到提升,居民公共利益和公共安全得到了全面有效的保障。

环境情系你我他,自治管理找偏差。
党建引领创新路,众手绘图护千家。

苏庄三里社区16#17#楼生活小院(以下简称"小院")始建于1999年,两栋楼共有12个单元,24户底商,120户居民,常住人口500余人。由于历史遗留的房产证办理、维修基金大修费、回迁住户物业费、取暖费等问题,物业公司不能正常收取管理费,便放弃了对小院的管理,小院居民从此过上了"龙须沟"般的日子。垃圾乱扔、杂物乱堆、车辆乱停、大门无道闸、小区无监控、楼下无路灯的"三乱、三无"现象,严重影响了小院居民的生活质量。

如何解决社区管理存在的乱象？苏庄三里社区经过冷静思考，采取了多种有效的治理对策。他们找党员当带头人，成立了"环境自治小组"，发动党员、居民参与治理。经过几年努力，社区乱象得以解决，往日脏乱不堪的小区变成了井然有序、靓丽、和谐的新家园。

一、找到顽疾症结，创新自治管理

党的十八大以来，在习近平新时代中国特色社会主义思想的引领下，苏庄三里社区把"人民对美好生活的向往就是我们的奋斗目标"作为努力工作的方向，在社区环境治理中找差距、补短板，走千家、入百户，访民情、听民意，为"打造全民共建共治共享创新社会治理格局"走出了一条新路。

结合社区环境治理的实际情况，通过对辖区6个生活小院、30栋住宅楼的系统查摆，社区发现难点突出表现在16#17#楼生活小院的环境问题。

16#17#楼生活小院虽然常住人口不多，但因地处学校、医院、商圈、公交、地铁等繁华地段，每天流动人口万余人次。多年来，由于没有物业管理，院内居民的生活垃圾都是自行处理，大部分居民把垃圾放到路边的公共垃圾桶，也有一小部分居民就随手扔在小院内，久而久之，杂物、厨余等垃圾和一些废弃家具在小院内堆积，臭味弥漫，严重影响着小院的环境，这成了大家的一块"心病"。多年来，社区党员、干部经常义务对小院进行清理和打扫，但是随着居住时间的增长，年久失修带来的下水管道堵塞、电路故障、楼顶漏水、化粪池清掏等一系列问题与日俱增，亟待解决。

为此，社区党组织煞费苦心，曾多次牵线搭桥，洽谈了几家物业公司，希望可以承接小院的物业管理。但是，仅有120户居民的小院，完善基础设施就需要投入一大笔费用，按正常的物业管理标准收费根本满足不了人员工资，如果提高收费标准，小院居民又难以接受，所有问题交织在一起，很复杂、很难办，就像枣核卡在喉咙里，上不来、下不去，居民的日常生活受到极大影响。

社区党委经过多次研究，决定入户听取居民意见。当他们在 16#17# 院入户走访中，一个叫陈国庆的名字被居民多次提起。

那是 2013 年腊月二十八，17# 楼化粪池污水溢出井盖，院内肆意横流的臭味与节前家家户户蒸肉、炖鱼的香气形成极大反差，给居民喜悦的节日气氛罩上了一层阴霾。楼下聚集了越来越多的居民，叫骂着、抱怨着："这大过年的去哪儿找人啊？""疏通管道的工人都回老家过年了！""这不是叫天天不应，叫地地不灵嘛！"这时，党员陈国庆站了出来："不能这样过年啊！"他拿出手机，打电话联系了几家保洁公司，得到的答复都是已经放假了，最后还是本地市政环卫给了援助回应。但是，每车几百元的清掏费从何而来呢？他立即和居民代表商量起来，决定挨家挨户收取清掏费，楼上楼下跑了足足半天，才把费用收齐，并全程跟随清掏车把楼下两个化粪池全部清理干净，居民的心舒畅了，同时也都对他们二人勇于担当的行为所钦佩。

事实证明，求人不如求己。社区党组织萌生了一个大胆的想法：试行居民自治管理。

在陈国庆老师的故事被小院传为佳话的几年里，他的名字也是家喻户晓了。陈国庆老师退休后，党组织关系转到了苏庄三里社区。

党委书记特意找到陈国庆老师谈了自己的想法："我们成立自治小组，自己家门口的事我们自己解决，您看怎么样？"没想到这个想法一经提出，立即得到了陈国庆老师的响应："这办法不错，实惠了小院居民，还能解决实际问题，那我们就试试。"

2016 年 9 月，社区召集 16 名小院居民代表举行了 "16#17# 楼环境自治专题工作会"，广泛征求居民意见，摆问题，想办法，通过对小院存在的问题进行具体分析，社区提出成立自治小组建议，现场推荐出以党员陈国庆为组长、5 名居民为成员的 16#17# 楼环境自治小组。

为了得到居民对环境自治小组的支持和认可，社区决定，由苏庄村经济合作社出资为小院购置大号垃圾桶和清扫工具，每隔4个单元放置2个垃圾桶，并公开招聘1名专职保洁员，每天按时清扫小院环境卫生、清运小院当天产生的垃圾。居委会还直接联系市政环卫部门对院内2个化粪池、下水管路进行清掏和疏通。

经过两周的环境清理和设施配备，居民看到了社区党组织和环境自治小组为小院服务的真诚付出，对这个居民自治组织从质疑变成了期待。于是，自治小组成员趁热打铁，开始登门入户收取小额卫生管理服务费，大部分居民支持交费，但仍有一小部分业主以房产证办理、楼顶漏雨补偿和下水管路疏通维修费用等问题为由拒绝交费。他们把积压多年的怨气和对今后管理的疑虑一股脑儿地发泄给了自治小组，他们把自治管理当成了物业公司、当成了诉说委屈和倾听抱怨的对象，不管小组成员如何解释，就是不肯交费。

当自治小组把问题集中反馈后，社区立即召开两委班子会议，最后决定由两委带领自治小组成员继续分组入户，做拒绝交费业主的工作，经多次登门走访和耐心解答后，不仅消除了居民的误解，还赢得了对自治小组管理的理解和支持。

随后自治小组成员继续上门收费，2016年自治小组成立后第一期收费率达到了90%以上，小院的整体环境得到了有效改善，环境自治管理取得初步成果。

二、多方筹措资金，改造小院环境

自治小组经过半年的实践管理发现，小院正门长期处于开放状态，虽然16#17#楼生活小院常住人口不多，但地处闹市、繁华地段，来医院看病的、乘地铁上班的、接送孩子上学的外部车辆，进进出出、任意停放，给居民的正常出行带来诸多不便和安全隐患，路面出现的断裂及各种管线施工留下的"伤疤"已经成为小院居民的出行障碍，加之夜间没有路灯，院内也没有监控，治安问题时有发生。这与居民对自治管理的期望和小院基础设施的需求相比，还有差距。

党的十九大召开以后，苏庄三里社区党组织带领全体党员认真学习报告精神，多次组织党员学习、讨论，深刻领会习近平总书记在两次视察北京工作时发表的重要讲话——"努力把北京建设成为国际一流的和谐宜居之都"，再次鼓舞了社区环境自治的决心，结合16#17#楼小院的实际情况，为了巩固小院的自治成果，社区决定，把基层党组织服务群众项目经费20万元用于16#17#楼小院的环境改造，让这笔专项经费真正体现在为群众服务上。

社区积极响应习近平总书记"凡是有利于党和人民事业的，就坚决干、加油干、一刻也不停歇地干"的号召，立即成立16#17#楼环境改造项目组，研究部署具体措施：

第一步，召开全体党员大会，投票通过率超过95%，可以实施。

第二步，征求小院居民意见，召开业主大会，到场参会的96名业主全票通过，同时签署自治小组管理协议。

第三步，组织公开招募专业设计单位，广泛征求小院居民意见，制定环境改造方案。

随后，根据居民建议，经过两次设计审核，最终16#17#楼小院环境改造项目方案于2017年3月19日正式实施，包括拆除原有自行车棚，改建为小型健身园地；拆除大门北侧私搭简易房，改建成新自行车棚；伐除原有灌木及居民自行栽种的香椿树，统一更新绿化带；拆除17#楼下停车场的私装地锁，规划停车位；16#楼下铺设透水砖、嵌草砖，改建停车位；在小院与隔壁小区铁栏处修建景观墙；加固、修补破损路面；正门安装电子杆和车道人行隔离栏杆；更换铁制小门；安装监控系统；加装路灯；安装增设宣传栏等项目；改造项目方案制定后，自治小组提前一周在各个单元门口张贴通知，但仍有少数居民还是出现了不配合的情况，在施工队伍进入现场的第一步便遇到了难题。几家老村居民自己栽种的香椿树，遮挡了一些楼层的阳光，蔓延伸展的枝杈，也使楼外的电话线、网线更加凌乱，最主要的是香椿树树根滋生在污水井内，影响了居民污水正常排出。

就在施工队准备伐树的时候，一位老大爷根本听不进自治小组成员的劝说和开导，竟然搂着香椿树不撒手，俨然一副"人在树在，伐树先伐人"的架势，僵局中，刘艳辉副书记闻讯赶来："大爷，您别这样，您看看这个小院的环境，再不整治，您走路就要摔跤了，一棵树您觉得无关紧要，可是树根已经把下水管道缠住了，楼上的厨房、厕所经常返水，咱们自己家也是受害者啊！如果您担心没有香椿吃，以后吃香椿我给您买，保证让您吃上最新鲜的！"几句温暖贴心的话语，让老人抱住树干的手终于松开了，一场矛盾就这样化解了。

经过3个月的施工，基层党组织服务群众项目16#17#楼环境改造项目顺利完成。改造后的小院，草绿花红，路平灯明，车辆有序停放，居民进出安全。

苏庄三里社区党组织就是这样在困难中寻求突破，在工作中"顺民意、得民心"，在社区社会治理实践中探索前行。

三、完善管理制度，巩固自治成果

苏庄三里社区的自治创新管理取得突破性进展，房山区委、西潞街道工委十分关注并给予表彰。16#17#楼生活小院环境的改善是苏庄三里党委践行"以人民为中心"的发展思想的具体体现。

为了巩固自治管理创新成果，自治小组在社区党委的引领下不断完善自治管理制度，在细节中调整偏差，在实践中继续探索前行。

2018年2月，社区抓住北京市推行"街乡吹哨、部门报到"的有利契机，为回社区报到的16#17#楼15名在职党员和7名社区党员建立微信群，社区干部在微信群内呼吁党员对小院进行日常管理监督，建言献策，群内互动，随时反馈小院发生的情况和存在的问题，有力支持了小院环境维护，为居民自治管理工作增添了新生力量。

为了树立党员在小院居民中的良好形象，更好地维护小院环境，社区党组织特意制作了"在职党员回社区　为家为民出把力"的横幅，利用周末休息时间定期组织在职党员、社区党员、楼门长和社区居民对小院环境死角、单元楼门和橱窗宣传栏的小广告进行整治清理。活动中，党员与居民交流意见、沟通感情，有效提升了居民环境自治的意识。

自治小组管理成员为每户建立收费台账，每年进行一次财务公示。用结余资金聘请 1 名兼职电工，与管道疏通服务企业建立长期合作关系，用最低的成本解决业主经常发生的水、电管线故障等问题。动员在职党员担任单元楼门长，同时社区党员照片上墙，接受群众监督，使党员在社区环境自治管理中发挥先锋模范作用。

2018 年 9 月，为了让居民过上喜庆干净祥和的国庆节，社区再一次从党组织服务群众经费中拨款，把小院 12 个单元楼道进行了粉刷，根除了楼道内粘贴、喷涂的小广告，彻底告别了千疮百孔的墙面，16#17# 楼小院又一次换上节日的新装。

2019 年 7 月 15 日，16#17# 楼环境自治小组和市政环卫集团正式签订了垃圾外运服务合同，小院自此结束了脚踩三轮车外运垃圾的时代，社区环境自治创新管理再上新台阶！居民们走出家门就是洁白靓丽的楼道，院内环境干净清新，无不为社区党组织和环境自治小组拍手称赞：

大事小情你我他，温馨和睦似一家。
真诚相待融融乐，众手浇开幸福花。

四、初步效果

（一）加强党建引领，增强党员责任感

苏庄三里社区积极发挥党建引领作用，社区党员亮身份、树形象、做表率。为群众办好事、解难事，在群众中强化党组织的凝聚力和向心力，挖掘回社区报到的在职党员充实自治管理力量，以党员的先锋模范作用引领社区发展。定期组织党员和居民共同参与环境自治，充分发挥了党员的主动性，增强了党员的责任感。

（二）创新自治管理，提升群众获得感

通过4年的自治管理创新，苏庄三里社区依靠群众、相信群众，深刻领会习近平总书记提出的"城市管理应该像绣花一样精细"的实质，注重在细微处下功夫，把老百姓的每一件小事都当作大事去做，随时解决居民反映的吃喝拉撒睡等问题，使16#17#楼生活小院从往日的"龙须沟"变成了现在的"金不换"，提升了群众的获得感。

（三）改善环境质量，增加居民幸福感

社区党组织在自治管理工作中，坚持共建共治共享的创新思路，多方筹措资金，积极响应"街乡吹哨、部门报到"的工作机制，用心为居民解决难事，把一个开放式的"三乱""三无"小院持续进行改造，从修补路面、安装监控、加装道闸，到修建健身园地和楼道粉刷，把困扰居民多年的主要问题逐一解决，实现了社区居民在外放心、在家安心、出行舒心的美好心愿，增加了居民的幸福感。

（四）搭建信息平台，提高居民安全感

自治管理在苏庄三里社区的实践中，解决了居民遇到困难知道找谁的主

要问题。建立"在职党员""自治小组"和"社区楼门长""单元居民"等微信平台，在微信平台内及时了解小院居民的操心事、烦心事、揪心事，并及时回应，及时处理。充分发挥党组织、居委会和居民自治功能，调动居民人人参与、人人负责、人人奉献的积极性和主动性，最终实现人人共享、和谐稳定的新局面，提高了居民的安全感。

社区风采录 3-1

小院管家的白衬衫

陈国庆，退休党员，小院环境自治小组组长。退休后，他本该享受看孙子、陪老伴儿游山玩水的晚年生活，却偏偏挑起了这个不赚一分钱，既操心又受累还要搭时间的环境自治管理工作。

喜欢穿白衬衫、胸戴党徽的陈国庆老师，是位爱干净、"爱管闲事"的小院管家，住在小院的居民有啥事都爱跟陈老师磨叨，张家的厕所堵了找陈老师，三单元的楼道灯不亮了找陈老师，吴奶奶家的防盗门失灵了还是找陈老师，慢慢地，小院居民不再称呼陈老师，而是喜欢称他为"大管家"。

那天，穿戴整洁的陈国庆老师准备去超市买菜，刚下楼就看见几个人围在下水井边议论着什么，走近一看，是多年的井盖被车辆碾到下水井里了，几个人用尽办法就是弄不出来。

陈老师忘记了自己要出门，忘记了自己身上的白衬衫，直接跳了进去，但是破损的井盖掉进去容易，可拿出来就不那么简单了，被车轮压弯的井盖直径没有变小，左右摆弄几次就是出不来，陈老师站在不足60厘米的下水井内，蹲也不是，站也不是，一双沾满污泥的手抓住井盖上上下下，左右提拉好几分钟就是弄不出来，闻讯赶到的自治小组成员王长顺师傅把自家的锤子、管钳和大扳手都拿了过来，陈国庆老师用锤子砸了几次把井盖折弯后，终于把这个由铁皮和混凝土组成的井盖搬了出来。

当陈国庆老师在居民的掌声中从下水井爬出来的那一刻，他们看到的是沾满污泥的白衬衫和白衬衫上熠熠发光的党徽。

社区风采录 3-2

党员楼门长的担当

2016年9月6日，社区党组织找到池云涛，让她参加 16#17# 楼生活小院自治管理座谈会，会上提出要下大力度整治小院环境，并鼓励居民实行自治管理的目标。池云涛是小院居民，也是一名共产党员，在党组织的动员下，她自告奋勇承担起楼门长和收费员的工作。

起初，在她看来，凭借多年与邻居和睦相处的关系，她居住的二单元收费应该很顺利。但是，过去由于小院长期无物业管理，居民心中有怨气，不交费已成为常态，前几任楼门长，有的因为遭到冷言恶语、拒之门外不干了，收费难度大的几个单元只能由自治小组组长陈国庆、自治管理骨干王长顺和池云涛三人承担起来，17#楼7单元没有楼门长，8单元的楼门长徐姐跟池云涛说："云涛，你要不跟我入户，这看人脸色的活儿我也不干了。"池云涛反复琢磨："都一走了之，我们的自治管理岂不是前功尽弃？"身为党员的她，在居民面前，没有选择；在楼门长面前，必须应战；在自治管理工作中，没有退路。

就这样，她带着徐姐、徐姐带着5岁的孙女，又开始继续登门入户爬楼梯，徐姐就像她的敲门砖，这两个单元的人差不多都是熟脸，徐姐的孙女又是个漂亮活泼、讨人喜欢的孩子，于是在居民家中，从孩子入学，说到小院令人羡慕的优越的地理位置；从儿女谈婚论嫁，聊到大家关注的居住环境；从倾听他们的抱怨，到理解大家的苦衷；从在寒冷的门外等候，到酷暑夏季在楼道内被蚊虫叮咬；寒来暑往，一户一户地做工作，一人一户地沟通，慢慢地，居民的门打开了、居民的心也敞开了……

在池云涛的带动下，又有 3 位党员和 2 名居民先后加入自治管理工作中，12 个单元的楼门长终于全部配齐了。

社区风采录 3-3

小院环境的守护者

王长顺今年 60 多岁了，曾在北京化工四厂工作，擅长接线、水暖维修，为人踏实低调，2005 年从单位提前退休以后，搬入苏庄三里社区，成为苏庄三里社区 16# 楼的居民。

在小院住久了，经常帮助邻居修修补补，人们都喜欢叫他老王，"只要小院干净，我住着就舒服"，这是老王经常挂在嘴边的一句话。在过去没有物业也没有保洁员的时候，他只要看到小院墙角有存放的垃圾，就会主动清理；楼道脏了，他经常打扫；单元门的台阶坏了，他就自己找材料修好；楼道里的声控器坏了，他自掏腰包更换。

2016 年，16#17# 楼生活小院成立自治小组，他成为自治小组成员，并担任楼门长。每次环境整治活动都少不了他的身影，扫院子、抬大件废弃家具、清理自行车棚等，从不道苦、不说累。小院环境改造工程开工之前，拆除居民私自安装的地锁成了别人都不愿意干的事。居委会在小院内贴出通知，要求一个月内自行拆除，但效果很不理想，只有一户居民配合工作。如果地锁不拆，就会耽搁施工进度。

老王主动拿着自家的扳子、锤子等工具，和自治小组其他两位成员自告奋勇地干起了这个得罪人的活儿。有的地锁很难清除，他不怕年纪大，凭着自己在工厂多年的维修经验，仅用了半天的时间就把十几个地锁都全部拆除，为停车秩序的改善和改造项目进场做好了前期准备。

老王上任以来遇到的最大的困难就是收取环境卫生服务费，有的居民很不理解，还经常遭到一些居民的白眼，收费时吃了许多闭门羹，但老王耐心地向居民解释，做居民的思想工作。有一次，楼下邻居厨房返水，可是都晚上9点多了，疏通管路的工人晚饭喝了点酒不敢开车，老王开着自家车上门接送，尽管忙完已是深夜，他依旧乐此不疲。

就这样一来二去地，不交费的居民也开始理解了老王的辛勤付出。当有人问起他："你受到委屈的时候有想过不干这个楼门长吗？"老王沉默了一会儿，语重心长地说："受委屈的时候心里的确很难受，但小院变得有井然有序、干净整洁，比什么都高兴，自治管理需要更多的环境守护者！"

我们不禁默默为老王点赞！

社区风采录 3-4

楼门长上任记

旧村改造后的苏庄三里社区，老村居民从平房住进了高楼，但是楼下乱堆杂物废品的习惯依然没有改掉，这使楼下的环境面貌与整洁有序的小区环境显得格格不入。就说老翁吧，年纪不大，半生勤俭，既没有文化，也没啥手艺，40多岁的人捡废品却成了他戒不掉的"瘾"。

自治小组成立初期，每个单元推荐一名楼门长，唯独老翁这个单元的楼门长换了一个又一个，总因为收费遇到困难，没有人愿意担任。老翁不交费，他们单元的邻居也因为他堆积在楼下的废品拒绝交费。自治小组拿他没了办法，也劝不动其他邻居。邻居们说了：这住楼跟住平房有啥区别，楼下环境还是乱七八糟的！

老翁所在的单元，楼下堆满了废旧纸箱、旧家具、破木板、包装袋、泡沫箱、旧衣服、废瓶子等，占据了很大一片公共区域。邻居提意见，他会笑着说："我尽快处理。"自治小组找他，他也会笑呵呵地说："过几天就卖掉。"但是卖掉后，过不了两三天，小山似的废品又堆了起来……

党组织和自治小组通过各种渠道了解到，老翁工资收入较低，爱人收入微薄，女儿刚刚参加工作，生活压力较大，由于他工作时间比较灵活，大部分业余时间都用来捡废品贴补家用。针对这一情况，社区党组织决定给他找一份既能增加收入，又能让他的业余"爱好"有用武之地的工作。

于是，经过多方联系，终于在距离他家很近的写字楼找到了一份保洁员工作。

老翁呢，人憨厚，干活也认真，把写字楼周边的环境清理得干干净净，自家楼下堆放的废品一下子减少了许多。

一个月以后，他主动找到自治小组交费。收费大姐半开玩笑地对他说："老翁今天怎么开窍啦？楼下的废品啥时候清理干净啊？"

老翁笑着说："这两天都处理掉，以后也没时间捡废品了！"

大姐看时机成熟便留住了他："你们单元以前收费难，好几任楼门长都不干了，这次你的老大难问题解决了，我看这楼门长就由你来担任吧！"

他先是摇摇头，看看大姐信任的眼神，又点点头说："我行吗？"大姐说："我教你写收据，不行我们自治小组可以带带你！"老翁点点头："要么我试试！"

就这样，不管小院环境清理还是谁家有事需要帮忙，只要老翁知道了，一定会干在最前头……

社区风采录 3-5

送锦旗　见民心

2017 年 7 月的一天早晨，家住 17# 楼的居民李琦像往常一样准备开车去上班，车门没打开却发现车辆左后方受到严重剐蹭，且现场并未留下车主的相关信息，根据现场情况判断，责任车辆已开走。

习惯了有困难找警察的李琦，随即准备拨打报警电话，但转念一想，没有事故车辆，警察来了又能如何呢？他环顾了一下楼下新划设的停车位，想到了社区党建工程安装的监控系统，于是抱着试试看的想法找到了小院自治小组的刘姐。

刘姐是这个小院有名的"大官儿",个子虽小,却干了不少服务小院居民吃、喝、拉、撒的"大"事。

看到李琦满脸无奈的求助,刘姐立即联系社区监控系统管理人员,并全程协助,逐一排查,最终在监控录像中看清了事情原委,找到了剐蹭车辆,经确认,是邻居家亲戚一大早着急上班,因一时找不到被剐蹭的车主就急急忙忙地走了。了解情况后,刘姐对李琦说:"看在邻里乡亲的情分上,就不要报警了啊!我们都是好邻居,有事尽量自己解决,小院和谐社会才能和谐对吧!"

事故双方很快达成和解,避免了事态的扩大,最终把矛盾化解在社区这个最小的细胞里。

几天后,李琦和几名居民来到社区办公室,为苏庄三里社区 16#17# 楼的环境改造呈上了一面锦旗,上写:"环境改造解难事 党建惠民暖人心。"

社区风采录 3-6

徐大姐的心事

徐淑香大姐是 2001 年住进苏庄三里 17# 楼的居民,多年来一直为自己居住在这个环境脏乱的小院长吁短叹,眼看儿子到了结婚年龄,可是儿子就是不肯把女朋友带回家。

前两年听说小院成立了环境自治小组,经社区党组织刘书记推荐,徐大姐便担起了 8 单元楼门长工作,为了改变小院的环境登门入户,跑前跑后,她所在的 8 单元,服务费每次都是全数交齐。环境改造后,楼下的破旧自行车棚改建成了一个小小的"健身园地",社区为居民配置了健身器材和休闲长凳,徐大姐常在这里和邻居聊天,把社区交给自治小组的工作做得得心应手,与邻居相处十分融洽,平日里也和大家一起经常参加社区组织的国学讲堂、普法知识、消防演练等活动,还多次带领本单元的居民参加小院的环境整治活动。

前两年,大学毕业的儿子顺顺当当地找到一份不错的工作,并找了一位条件不错的女朋友,今年国庆节准备带女朋友回来见家长,这可愁坏了爱干净又要面子的徐大姐。

如今的小院环境优美,干净整洁,车辆进出大门有电子杆日夜守护,楼下规划有序的停车位更是让徐大姐心里美滋滋的,之前小院大门开放,外部车辆随意进出,自家的车辆根本没地方停放。现在唯一遗憾的就是楼道贴满狗皮膏药似的小广告。

这未来的儿媳妇,第一次进家门,印象可是很重要啊!

正在这个时候,自治小组接到了社区的通知,准备在国庆节前粉刷楼道!哇!这可乐坏了徐大姐。

国庆节后,儿子准备上班了,临走对妈妈说:"老徐同志,鉴于您对小院几年来的无私奉献,环境整改效果极佳,您儿媳妇对您和咱家,尤其小院环境特别满意,这个准儿媳可以转正啦!"

徐大姐乐的呀,逢人就说:"这社区真给力,这小院、这楼道,真是给咱脸上涂脂抹粉啊!"

图 3-1 16#17# 楼居民代表会上,居民发表意见

图 3-2 自治小组讨论实施楼道亮白工程

图 3-3 16#17# 楼改造前后对比

图 3-4 16#17# 楼清掏化粪池

第二节 "塔式"养老幸福多

导 读

苏庄三里社区紧跟新时代,以党建为引领,坚持"共建、共治、共享"原则,创新"塔式"绿色养老模式,实现"五个满足",形成社区养老特色,破解社区养老难题,不断提高老年人的幸福指数。

晚霞似锦美心头,焕发青春热血流。
老树新花喜绽放,桑榆逐梦舞春秋。

苏庄三里社区现有 60 岁以上老人 976 人,空巢老人 14 人,高龄老人 70 余人,老年人口已占社区总人口的 16.4%。面对日益增加的老年群体,苏庄三里社区认真贯彻落实党的十九大精神,以党建为统领,以社区治理促提升,完善社区治理体系,创新"塔式"绿色养老,提供五层次服务,实现老人"五个"满足,打造社区为老服务新特色,并取得了良好效果。

"塔式"绿色养老服务内涵深刻,"绿色"代表希望、舒适、宁静和生命,象征着生机勃勃和积极向上。"塔式"是结合美国著名心理学家马斯洛需求层次理论由低到高的序列,打造了"塔式"绿色养老服务品牌,以满足老年人"生活、健康、学习、情感、能力"五层需求,实现为老人提供多层次、多角度、全方位的服务。

一、绿色通道服务,满足基本生活需求

绿色养老服务,首先为老年人提供基本生活需求服务。社区通过入户调查,征求意见建议汇总了 24 条,经分析研究后决定:坚持共建共享,开辟绿色通道,采取 5 项措施解决现实问题。

（一）成立"金晖餐乐"老人餐桌，为老人就餐提供便利

2013年，社区利用50平方米场地开设老年餐桌，配备4整套餐桌餐椅，可同时容纳近20位老人同时就餐，成为西潞街道第一家完全依托自身力量建设的用餐场所。

（二）引进绿色流动餐车，为老人提供"三专"服务

2014年，社区引进了绿色老年流动餐车定点送餐，蔬菜来自绿色基地，提供专车配送、专业配餐、专人服务，老年人持老年证就餐价格优惠20%。

（三）成立"金辉"助老志愿服务队，为老人提供贴心服务

"金辉"助老志愿服务队的队员们上门为半自理老人助浴、理发；为身患尿毒症的老人提供助行服务，每周陪伴他们去医院做透析；到残疾老人家中打扫卫生、做饭；为空巢老人提供精神慰藉、陪读等服务，为有特殊困难老人提供日常生活照料服务，解决实际问题，为社区老人免费理发300余人次，免费磨剪子、磨刀20余把，义诊千余人次，受到了老年人的热烈欢迎。

（四）创新工作打造养老驿站，为老人提供舒适的休闲环境

2017年，与专业养老服务机构"安馨在家"深度合作，对社区托老所进行改造，建成了集生活娱乐、适老用品体验等多种功能于一体的养老驿站，每天来这里参加活动的老人约20人次。同时，为62户70岁以上人户同在的社区老年人居住场所进行免费的适老化改造，提升居家安全指数。

二、医疗保健服务，满足健康养生需求

开办绿色通道，打开了为老身心健康服务新思路，加强共建共享，完善服务项目，使绿色养老健康养生理念得到发扬。

（一）配备专职工作者，为老人提供日间照料服务

为提升为老服务质量，满足更多老人需求，苏庄三里社区特向西潞街道社保所申请6名居家养老协管员，经过培训上岗后，专门在养老服务驿站从事日间照料服务工作，通过组织开展丰富多彩的文化活动、陪老人聊天等使老人真正感受到社区大家庭带来的温暖和关怀，从而提升老人的幸福感。

（二）拓展一刻钟服务圈范围，为老人提供多样化养老服务

在社区养老驿站开设泡脚、按摩、修脚、艾灸4项保健服务项目；投资近4万元打造"健身暖脚工程"，购置了按摩椅、洗脚盆、泡脚药等，截至目前，已有3500余人次接受服务；开设"养生之窗"，每月邀请良乡医院社区卫生服务中心专家、房山区老年病专家，来社区为老年人主讲慢性病、常见病、心脑血管疾病、关节炎骨质增生、糖尿病等疾病防治知识，不定期邀请艾灸专家为老年人进行艾灸理疗；专门邀请专业修脚师傅义务到社区为老年人修脚，治疗老年人脚疾，还为行动不便的独居老人提供免费上门修脚，50多名老人享受到实实在在的服务。

三、文化学习服务，满足兴趣培养需求

绿色文化代表正能量，代表着学习精神。老年人不仅要有健康身体，还要补充文化知识，提升精神品位。

苏庄三里社区发挥文联文艺人才优势，提供文化服务支撑。"老人们想学什么，我们就教什么"，社区文联为绿色养老服务保驾护航。文联举办老年书法班，参加学习的老人年龄最小的55岁，最大的72岁，通过文联书法家赵国庆老师教授，20多位老人书法水平有了长足进步。文联书画家张培公为老人开展优秀传统文化国画讲座，受到热烈欢迎。文联还有50人的老年合唱团，文联骨干孟淑英担任音乐教师，每周一下午组织活动，激发了老人学习的积极

性。在浓厚的文化氛围中，社区老人增长了知识，培养了特长和爱好，陶冶了情操。同时，整合共享资源，丰富教学内容。与西潞街道成人职业学校合作，共享电脑培训室和师资力量，50余位老人参加电脑班培训，全部获得结业证书。老人们与时俱进，学会了浏览网页和聊天，交到更多朋友，老年生活更有意义；邀请辖区商户"蓝火音乐"的专业老师，为社区老年人教授非洲鼓技能，老人们认真学习，还曾多次参加社区的文艺演出；邀请专业营养老师，向社区老年人传授酵素制作知识，增强老年人的养生意识，满足老年人的健康保健需求；开办"火绘葫芦"长期课程，传承非遗文化。每周定时开课，帮助社区的老年人了解火绘葫芦的历史、发展、演变及制作过程，学习了基本的导图方法和烫画时的小技巧，体验了以铁为笔、以火为墨的精湛过程，感受到传统手工工艺品的魅力。

四、开展心理辅导服务，满足情感尊重需求

绿色养老服务，除关注老人身体健康、精神需求外，还要关注老人心理健康。

（一）走访入户，了解老年人的心理特点

16个网格32名宣传员进行入户调查，填写问卷，归纳分析老人心理状况4种类型：多疑善感情绪改变型、记忆力减退智力改变型、说话啰唆重复习惯改变型、子女陪伴少孤独无助性格改变型，基本掌握了老人的心理特点。

（二）发挥心理咨询服务功能，解决心理困惑问题

对症下药，感受尊重与关怀。开办"夕阳红茶吧"，提供茶具茶桌茶叶，创造一个能够畅所欲言的地方，老人聚到一起，敞心扉，交朋友。定期举办"相亲相爱一家人"主题活动，每期由一名社区干部组织活动，带领老人唱歌、跳舞、猜谜语、做游戏等。建设老年人"幼儿园"，感到社区大家庭温暖。

邀请北京市著名心理咨询师王学荣老师，为老人讲授《和谐人生幸福阳光——和谐老年心理文化沙龙》心理咨询课，让老人了解什么是心理健康，怎样找到心结，学习处理自身问题和家庭矛盾的方法，现场为老人提供心理咨询服务。社区一位老人在北京"7·21"特大暴雨中痛失爱子，曾经十分消沉，自从参加活动后，他的心境逐渐开朗起来。心理辅导缓解了他的心理忧郁，唤起了被需要感和被重视感，保持了乐观情绪和积极向上的心理状态。社区还多次举行包括夫妻关系相处、隔代教养、老年人心理健康等多种类型与老人日常生活息息相关的心理健康活动，帮助社区老人用阳光健康的心态面对生活。

（三）创新服务内容，提升老人幸福指数

苏庄三里社区关爱老人，特别是高龄老人。从2015年起，便开始为80岁以上老人赠送生日蛋糕。为了做好此项工作，社区投资2万余元在老年服务中心三层隔出单间作为蛋糕房，由社区干部为老年人制作蛋糕并赠送到他们的手中。同时严格卫生、健康管理，4名制作蛋糕的干部全部办理健康证，使社区老人在过生日时吃上卫生、放心、健康、美味的生日蛋糕。这种温馨关爱老人生活的方式，深受高龄老人及其子女欢迎。

五、开展活力激发服务，满足自我实现需求

"塔式"绿色养老服务的最高层次是自我实现。健康的身体和心理能够有效地激发老人对美好生活的追求，社区全力满足老人自我实现、拓展生命价值的愿望，让晚年生活和年轻经历同样闪光。

（一）抓住社区文化建设契机，搭建自我展示的舞台

依托社区文联组建的13支文体队伍，定期开展活动，调动老人参与文化活动的积极性，老人自编、自导、自演《四个老汉歌颂党》《全国人民齐抗疫》等节目，多次参加西潞街道和房山区的重要演出，受到好评，老人认真专注，

把爱好当作事业来做。通过努力，老年交谊舞队荣获房山区体育舞蹈大赛一等奖；老年太极拳队荣获房山区太极拳大赛三等奖；老年广场舞队连续多年获得西潞街道广场舞大赛优秀奖；老年合唱团多次参加西潞街道合唱比赛荣获优胜奖，为社区赢得荣誉。

（二）吸收老年志愿者，搭建发挥余热的舞台

组织身体健康的老年人加入"12345 蓝盾"治安志愿者服务队，每天上街巡逻，保卫公共安全。在北京市承办重大活动期间，老年志愿者发挥积极作用，参与社区安保工作，并且每天都提前到岗，尽职尽责，虽然没有报酬，但是他们热心为居民服务，毫无怨言，为社区建设发挥余热。

"塔式"绿色养老服务，让苏庄三里社区老人的生活质量有了新提高，晚年幸福指数不断提升，老人们的心态真是越活越年轻，越活越自信，生命充满活力。

在几年的实践中，苏庄三里社区深刻认识到要想把养老服务抓出特色、抓出成效，需要强大的组织力量，需要坚持共建共享理念，为此，社区成立专项工作组，书记作为第一责任人亲自抓，抽调 2 个委员会成员及部分社区干部组成骨干队伍，同时社区副主任作为指导员、居委会委员作为管理员，与居家养老协管员一起，参加社工委组织的心理咨询、居家养老等与养老服务相关的培训，切实提高为老人服务水平。领导小组定期召开工作会议，对工作进行研究和规划。

经过不断完善，苏庄三里社区"塔式"绿色养老服务项目获得了越来越多老年人的认可，得到了各级领导的肯定。苏庄三里社区获得了"2013 年年度北京市敬老爱老为老服务示范单位"的光荣称号。社区老人杨桂珍这样说："老年人太幸福了，不愿意做饭的也就甭做了，有餐车，有的吃有的花，日子很享受，简直是小康生活了！"

六、初步效果

（一）"塔式"绿色养老服务，贵在分层次服务，解除了不同类型老人生活之"难"

社区从实际出发，努力做到为老人服务全覆盖，确保不遗漏一个老人；从质量上，在确保老人安度晚年基础上，致力于提高老年人幸福指数。通过分析社区老人身体、家庭、生活状态的不同情况，大致分为3类提供有针对性的服务。第1类是高龄、孤寡、残疾、重病、生活不能自理的老年人，主要解决吃饭、出行、求医及家务、日常生活料理问题；第2类是身体尚好、有业余爱好，主要解决其所学、所乐、所好问题；第3类是身体健康、有业余特长、想发挥余热，为社会做贡献，为他们有所作为创造条件。有的放矢，有针对性的服务，使养老服务做到了百分之百覆盖，满足了老年人的愿望，提高了他们的生活质量。切实做到"老有所养、老有所学、老有所乐、老有所为"。

（二）"塔式"绿色养老服务，贵在精准服务，解除了不同类型家庭的后顾之"忧"

从养老专业角度看，老年人晚年生活的状态，直接关系到千千万万家庭是否和睦和谐，美满幸福。对于每个家庭来说，其养老之忧又各不相同，"各有各的难处"。特别是现在双职工家庭居多，年轻人工作忙，照顾老人难免不周。社区在调查研究基础上有针对性地进行服务，为在外工作年轻人解忧排难，让他们安心工作。例如，有的同志担心家中老人生活不能自理，怕吃不上饭，社区引进老年餐车，解决老人吃饭难问题。有的老人行动不便，社区组织为老志愿者上门服务。这一切都在"塔式"绿色服务中得到较好解决，使"上班族"做到对老人放心、工作安心、生活舒心。很多双职工说："社区创新开展'塔式'绿色养老服务，真正服务到家了，志愿者不是亲人，胜似亲人。"

(三)"塔式"绿色养老,增强了社会对新式养老行业之共"识"

社会养老行业不能因循守旧,而应"与时俱进",随形势发展而变革,随时代进步而创新。以前的养老,主要靠家庭,也靠政府、村领导。现在新时代要坚持党建引领,坚持共建共治共享。苏庄三里社区便要统筹辖区内企业、商铺、学校等,通过人力、资源、物资共建共享,使养老事业蓬勃发展,锦上添花。过去的养老观念,一般体现在物质生活上,孩子们孝顺,让老人吃好、穿好、玩好;而现在形势发生了变化,改革开放后,步入退休年龄的老年人身体尚且强壮,精力充沛,在吃穿不愁的情况下更需要高尚的精神文化生活;更有些从工作岗位上退休的老人,想重操旧业,发挥余热,以"老有所用,老有所为"为社会做贡献;还有些老年人,年轻时就喜好音乐、舞蹈、书法、绘画等艺术,爱好编织、剪裁、园林等工艺,工作期间忙于业务,不能暇顾。而进入老年后,有了时间、精力,以往的"梦想"萌发出来。党组织认识到养老行业使老年人生活得更有品位、更有风采、更加时尚。对此,社区兴办了老年学堂,组建了秧歌队、社区书画院,开展了各类医疗保健讲座。通过开展这些活动,大家对"塔式"绿色养老,无不拍手叫好,"塔式"绿色养老是在新时代下的一种新探索、新途径、新方法、新路子。

社区风采录 3-7

关爱老人从"头"做起

苏庄三里社区关爱老人,细致入微地关心着他们的生活。社区干部在入户走访时发现,每月理发的小事情却成了一部分老人的"大问题"。辖区内虽然也有一些美容美发机构,但由于经济、身体等各方面原因,一些老人仍觉得理发贵,不愿光顾理发店。

为解决社区老人就近免费理发的问题,社区招募有理发技能的志愿者,成立了关爱老人从"头"做起的理发志愿者服务队，在社区内定期、定时、定点的为老年人进行免费理发，对于行动不便的老人，志愿者们还走进老人家中，解决他们理发难的实际问题。对此，老人们常高兴地说："咱社区养老服务真是想得周到、做得好，想方设法地从'头'做起，解决我们的各方面难题，我们真是从心里感到高兴、感到幸福！"

社区风采录 3-8

贴心服务胜亲人

老年人眼睛花，手指的灵活度差，再加上有的人患有不同程度的脚疾，使得修剪脚趾甲这些在普通人看来极其简单的日常清洁都变得越发困难。社区了解到这些老年人的实际困难后，联合苏庄三里社区养老驿站邀请社区内专业修脚的商户每周定期在社区养老驿站内为社区老年人进行修脚的公益服务。

针对社区行动不便的老年人还采取上门服务的方式，自带工具，到老人家中，免费为老人泡脚、修脚。独居在家的李大爷就是这一公益活动的受益人，李大爷行动不方便，又患有严重的灰指甲长期不修甚至会影响日常行走，社区的工作人员带着专业的修脚师傅来到李大爷的家中为他修脚。李大爷感谢道："现在的社区服务真是太好了，而且这么细致，真是解了我的大难题啊。"

社区风采录 3-9

适老改造惠人心

针对社区楼宇建成时间长，部分住房逐渐不能适应老年人的身体状况的现状。苏庄三里社区联合安馨养老向街道申请，为社区内62户70岁以上人在户在的高龄老人住所进行适老化改造，安馨养老进行详细的入户测评，根据老年人的身体状况、房屋户型结构、日常的生活习惯等制定了详细的适老化改造方案。针对老年人日常活动的范围，对老年人易发生摔倒的入户门、卧室、卫生间等位置配置了包括扶手、隔水防滑垫、求助报警器、马桶助力架、感应夜灯、防滑拖鞋等十几种不同的适老化改造设备。

适老化改造初期，有些老人及其家人存在质疑和担心，担心破坏房屋墙体、担心适老化设备不实用、占用家庭空间等。但随着适老化改造的逐步推进，安馨养老专业细致的安装服务、优质贴心的适老化产品都受到了老年人的欢迎和肯定。用过的老年人都觉得这些产品太好了，太贴心了。社区的独居老人常大爷说："以前进门的时候时不常地就会被防盗门的门槛儿给绊一下，但总觉得是自己年纪大了，腿脚不利索，而且老人不都是这样吗，也就没想过有什么。现在适老化改造给我家的门槛加了小的斜坡，以后再也不担心了。卫生间又是安扶手又是加装防滑垫，连防滑的拖鞋都给我准备了，这想得真比我亲儿女都贴心啊！"

社区风采录 3-10

"老相册"忆往昔

为丰富社区老人的精神文化生活，让老人通过追寻记忆、回忆认识、感受精神关怀，社区组织实施"苏庄老相册"公益项目。

经过社区工作人员和志愿者的共同努力，共收集了 20 余位老人的约 70 张照片材料，见证和记录了老人们生活历程和生活中的点点滴滴。

这些照片由专业人员进行扫描、排版和打印，制作成一本记录苏庄发展、记录老年人生活历程的"相册"，并在社区内进行永久保存和展出，以供老人们观看。老人们那些昔日奋斗的岁月，也让年轻人受到教育和启发。

社区风采录 3-11

"塔式"养老好　老人安而馨

葫芦，因其和"福禄"谐音，寓意吉祥，深受民间喜爱。苏庄三里社区邀请北京市火绘葫芦非遗传承人廉毅翔老师每周教授社区老年人用火绘制葫芦，老师从火绘葫芦的历史沿革开始，从基础的笔法入手，一步步地教。老师教得认真，社区老人们也学得仔细，带着老花镜，一笔一笔仔细勾画，不仅课上学，课下还要仔细完成老师布置的作业。经过30次学习，他们从对火绘葫芦艺术的门外汉到初步掌握了火绘葫芦的基本技法，再到可以独立完成一件栩栩如生的火绘作品。社区还给他们举办了作品展示会，让他们可以展示交流自己创作的作品。在展示会上一位学员说："太感谢苏庄三里社区为我们老年人搭建了这么一个老有所学、老有所乐的平台，不仅加深了对传统文化的认识，也结交到了很多志同道合的朋友！"

图 3-5　社区书记入户慰问高龄老人

图 3-6　社区举办火绘葫芦培训班结业典礼

图 3-7　社区干部为独居老人打扫卫生

图 3-8　社区开展老年人心理咨询讲座

第三章 抓特色服务 提升宜居性 治理之行

第三节 安馨学堂育春苗

导 读

本节告诉读者苏庄三里社区党组织为辖区家长们分忧，精心打造了一所安馨学堂，有效解决了学生课后托管问题，延伸了学校教育。

> 社区关爱小学生，灿烂阳光火热情。
> 催促春苗铆劲长，花红叶绿水灵灵。

苏庄三里社区自2009年6月成立以来，人口逐步增加，几年的光景，辖区内未成年人已近800人，双职工家庭越来越多，接送孩子上下学、放学后对小学生的管理及吃饭问题，成了家长头疼的大问题，许多不在本区工作的家长，因为家里没有老人照顾，担心孩子的安全和生活问题，不得不辞掉工作，但这样一来，生活又没了保障。这种情况苏庄三里社区党委看在眼里，急在心上。经过实际了解、调研走访、多次研究，决定成立一个不仅能让家长安心工作，还能使孩子们得到良好照顾的服务机构。就这样，本着"社区搭台，社会组织服务"的原则，苏庄三里社区安馨学堂于2018年正式成立。而安馨学堂的创建，更是社区关心居民，为居民做好事、办实事的一项具体体现。

一、解决孩子两大难题

社区了解到，社区家长管理放学后的孩子，面临两大难题：一个是基本生活难。孩子们放学后，因家长外出工作，自己又不会做饭，只好等家长回来，甚至因为家长工作紧张、赶任务，误了做饭，学生只能挨饿，或者中午回家匆匆忙忙吃上两口家长早晨做好的饭菜，这样不仅损害了身体健康，也影响了学习，长久下去，不利于孩子的健康成长。另一个是辅导作业难。孩子们的课后作业也不尽人意，由于没人辅导，出现了不少孩子作业搁塞的现象。特别对家中没有老人看护的一部分孩子的家长，作业问题是个大难题。即便是家中有人照顾的孩子，受文化程度的限制，许多家长也不能给予孩子良好的作业辅导。

经过研究，安馨学堂决定成立托管班，并与专业正规的配餐公司合作，制定了合理的收费标准，而托管班也分全托和半托两种，解决孩子们的就餐难与辅导作业难问题。

全托班主要照顾家中无人看护且家长下班晚无法辅导作业的小学生。辖区内的小学生中午、下午放学后，来到安馨学堂，能吃到热腾腾的饭菜，饭后学堂老师还会引导孩子们开展各类有益活动。家长在外工作，就不必再担心孩子的用餐问题，可以全心全意投入工作中去。全托的孩子，每月在学堂用餐最多达到40次（每月4周，每周周一至周五各10次），费用便宜，每月不到1000元，而且还有专业老师给孩子进行作业辅导。孩子家长们说，这下有了安馨学堂的照看，我们就真的安心了。

半托主要是解决孩子的午餐问题，让孩子中午放学可以吃上安全可口的饭菜，不用家长来回奔波，同时减轻了家中老人的负担，让家长放心，老人省心。

不论是全托班还是半托班，学堂提供的午餐和晚餐，饭菜安全卫生、营养可口，家长对孩子在安馨学堂用餐十分满意，不再担心孩子放学吃不上饭，或者凉一口、热一口，影响健康。安馨学堂提供午餐和晚餐的服务，深得社区家长们的欢迎，用餐人数已达50余人。

解决作业难，就是安馨学堂着手解决的第二个问题。社区根据家长的反映了解到，学生对课后作业，有几种态度。一种是认真完成，一丝不苟型；一种是勉强敷衍，得过且过型；还有一种是孩子认识不到作业可以巩固学习知识，提高文化水平，寻找各种借口，一拖再拖，不按时完成型。针对全托和半托孩子的这些状况，安馨学堂制定了利用饭后时间，专门聘请专业老师辅导作业。要是在家里，家长督促时孩子可以任性一些，作业不专心，一心二用，没有真正把学到的知识消化掉。安馨学堂同学校一样，孩子们有老师的辅导，又同处在学堂这个大集体中，环境较为严肃，使孩子们有了完成作业的责任感。辅导老师表扬认真完成作业的同学，说服不太专注的同学，鼓励学习后进的孩子用功完成，同时耐心解答作业中的难题，安馨学堂的老师们同学校的老师们一样负责。经过一段时间的管理，学堂内的孩子改正了许多作业不认真完成的习惯，对学校的教育也是一个很好的补充。因此，家长们很认可，他们说："安馨学堂，不仅解决了孩子就餐问题，更重要的是矫正了许多学生对学习的模糊认识，培养了他们认真对待学习的良好习惯。我们把孩子放在安馨学堂，比自己管理还放心。"

二、改变学生的 3 种状态

（一）"宅男宅女"状态

辖区内一些家庭，出于安全考虑，不让孩子出门，不跟大多数同学接触，不接触社会，孩子除了认得学校，放下书包只认得家门，不能在和社会接触中增长生活经验，不能塑造健全的性格，个性不能得到充分发展。长此下去，又会产生孤独感。有个教育学者说："给孩子最好的教育，并不是简单地让孩子在学校和家庭这两点间活动，应该回归到注重孩子本身的发展上来。"

（二）家长娇纵溺爱状态

孩子专门由家长管理，没有在社会活动中经受锻炼，出现一种任性的状态。辖区内就有这种家庭，家长惯吃惯喝，连做作业都要家长操碎心。时间一长，孩子皮了，不听指教，边做作业，边看电视，家长一说，还又哭又闹。做起作业，马马虎虎，不求甚解，学习成绩受到影响。家长对这些孩子，十分担心，又无可奈何，极想改变这种状况。

（三）缺少家长陪伴状态

社区内家里没有老人接送的孩子，放了学就放任自流，不仅消磨时光，还滋长了不良习惯，有的孩子出入网吧，接触一些不健康的事物，有的结成团伙，惹是生非，打架斗殴。有的孩子甚至做一些危害社会的行为，成为所谓的"熊孩子"，很不利于小学生早期正确人生观的养成，也不利于社区的和谐稳定。

根据辖区内学生身上这3种状态，苏庄三里社区认真研究，决定在托管的基础上，推出多项措施。

安馨学堂开展各种兴趣的培养，在学堂学习绘画、朗诵、书法、手工制作等。在安馨学堂里，开展各种有益的活动，既保证了孩子在社区活动的安全，还引领他们广交朋友，相互学习，促进身心健康。当孩子的各种技能学到一定程度，安馨学堂就组织比赛，如绘画比赛、书法比赛等。孩子们通过一系列的活动，自身得到了极大的锻炼，眼界开阔多了，不再成为"宅男宅女"，也克服了被家长娇惯的状况，锻炼了坚毅的性格和独立完成一件事情的能力。对长期没有家长陪伴的孩子，安馨学堂给他们做心理健康辅导，进行思想教育，使他们得到了应有的关爱，发生了根本的变化。孩子们团结协作的精神加强了，集体主义观念浓厚了。所有这一切，都是由于安馨学堂为他们搭建了展现自我的舞台。

现在，一些辖区内的孩子们每天下午4点放学后，不是由家长接回家，也不是在外漂泊，最吸引他们的是安馨学堂，一放学就往这里跑，来学习更多的知识，参加有趣的活动。

2018年7月26日，苏庄三里社区居委会组织辖区内的儿童，举办了一次诗词朗诵比赛，这次比赛，有16名学生参加，他们昂扬向上的精神状态、铿锵有力的语调，表现出学生对生活、对社区的无限热爱之情，也充分展示了安馨学堂取得的丰硕成果。

家长们看到孩子在安馨学堂的健康成长和可喜变化，都很满意。他们说，孩子们到了安馨学堂，比在家里还放心。

三、抓牢实践教育主线

开展社会实践教育，是安馨学堂培养孩子正确人生观的又一项重要举措。所谓实践教育，就是指导学生参加力所能及的社会实践活动，在活动中学习劳动技能，增长社会生活知识。苏庄三里党委认识到，社区很长一段时间以来，学生家长甚至学校有关部门，极为重视孩子的知识学习，也重视相关能力的培养，如让孩子参加英语辅导班、书法绘画辅导班等，但却忽视了学生参加社会性劳动等实践锻炼，甚至认为，这种社会性的劳动锻炼可有可无。为了让学生亲自参加社会实践，安馨学堂有计划、有目的地组织了学生参加一系列社会实践及公益活动，引导学生正确认识参加劳动是一种美德，从小在孩子的心灵里种下尊重劳动、尊重劳动人民的种子。

2018年7月的一个周日下午，安馨学堂组织参加托管的学生，在"吾心为爱"公益活动中进行了缝纫旧物、制造环保袋的劳动。老师精心指导，家长从旁协助，把一块块旧衣物裁剪成环保袋。学生们亲自动手，裁剪时一寸一寸把布料对齐，认真缝制，一丝不苟，有的孩子不小心，手被划伤也不喊一声疼，腰酸了也不叫一声苦。认真完成了从裁剪到缝纫的整个过程，不仅变废为宝，认识到节约资源和保护环境的意义，更重要的是真正体会到劳动的快乐，初步懂得了什么才叫劳动。在场的家长深有体会，认为这样的劳动锻炼，实在可贵。因为孩子们在家中被当作宝贝，横草不拿，竖草不捏，碗不会刷，茶不会沏，在学校擦一次玻璃就抱怨。连家长都认为学习好比什么都重要；甚至认为劳动是不值得重视的，因此不去让孩子学习生活方面的技能。通过这样的锻炼，不仅使学生改变了认识，体验到劳动的价值，家长也认识到自己的偏颇，愿意在以后的时间里指导孩子体验各种家务劳动。

几年来，安馨学堂与苏庄三里社区居委会联合开展了系列暑期实践性活动，包括各种手工制作、绘画写生、3D打印体验、职业体验、机械组装、手工皂制作、插花、模特班、歌唱班等各种丰富多彩的暑期活动，进一步加强了学生动手能力的培养。例如，安馨学堂利用社区现有设备，让学生体验烘焙制作。在师傅的指导下，学生们利用事先准备好的制作蛋糕的各种材料，从鸡蛋的清黄分离，到砂糖、面粉、牛奶食用油的称重配比，一步步学着制作，最后送进烤箱，直到烤熟。学生烘焙的糕点中，有的用黄色奶油挤出小花，有的用粉色的奶油挤出小桃心，展现出了他们丰富的想象力。当他们第一次亲手制作出这些食品，并亲自品尝到自己的劳动成果时，心中的那种自豪感，是不能用语言形容的，他们也由此对从事这些工作的师傅们产生敬意，知道他们平时劳动多么不容易。这实际上是对劳动光荣的一种认可。又如，安馨学堂连续组织了2次实践性活动：一次是"嘉年华"职业体验活动，指导儿童在活动中扮演育婴师、警察和厨师等职业，体验社会生活中不同职业的人们工作的辛劳和不易；另一次是邀请辖区教育机构老师，汇聚了15组家庭30余人（一个家庭一位家长，一名学生），将儿童按照不同年龄分组，让儿童自己动手动脑，发挥想象力，家长协助。7岁以上的孩子，用小颗粒乐高积木拼搭电动小车，7岁以下的孩子用大颗粒乐高积木拼搭天安门，孩子们用自己的小手，认真地完成了作品，他们的小脸乐开了花。这种对孩子社会实践性活动的有益引导，对孩子的成长是大有益处的。

安馨学堂推出的一系列社会实践和实践性活动，是课本教育的有益补充，是健全人格养成的必要途径。

虽然安馨学堂组织社会实践活动还在探索阶段，有些做法和经验还有待于进一步完善和提升，但这些活动十分符合孩子的成长规律和现实需求。社区通过联合相关教育机构，携手完成相关活动，这是对学生进行人格培养、素质教育的关键，能够把学生塑造成有文化、爱劳动的社会主义的合格接班人。符合新时期对孩子培育的总体目标要求。

四、初步效果

建立安馨学堂是苏庄三里社区为解决社区家长们后顾之忧的一项重要举措。苏庄三里社区党委书记邵雪松谈到这件事时深情地说："我就是一位母亲，我的孩子9岁，我上班工作繁忙，孩子的父亲也没时间照料她，孩子问题是我的一大难题，看看周边像我这样的家庭何止一个两个。由己推人，帮助这些家长就是我们的一项重大任务，什么是全心全意为人民服务，解决好群众的难点、痛点就是为人民服务。"正是因为有了这样的认识，苏庄三里社区才决心把这项工作做好。

（一）安馨学堂对孩子进行素质教育有了可喜成果

成立安馨学堂，把帮助家长教育孩子的工作作为社区工作的重要内容，有力地推动了辖区孩子的素质教育。安馨学堂从成立至今，每天托管50余名学生，并组织了40余次规模不等的活动。这些活动，上至十几岁的学龄少年，下至7岁以下的学龄前儿童。在兴趣小组学习中，学生的绘画、书法各类作品多达130余幅，孩子们参加社会实践活动不仅为社会公益事业做出了贡献，同时也培养了孩子们的健全个性，这些活动给孩子们幼小的心灵留下了积极的印象。教育从娃娃抓起，为孩子们将来成为社会主义新时代的建设者、接班人，奠定了很好的基础。

（二）安馨学堂解决了社区学生家长的后顾之忧

现在的家庭多是独生子女，孩子在家里是宝贝疙瘩，孩子安则家庭安，孩子好则家庭好，让孩子有一个稳定的校外环境，健康成长，是所有家长长期以来的心愿，苏庄三里社区工作之所以受到家长的欢迎，正是因为社区的工作，满足了家长的需要，解决了他们的后顾之忧。

安馨学堂的托管服务，为孩子们提供了午餐和晚餐与作业辅导，坚持能够实行免费的项目尽量实行免费。家长能专心在外工作，不用操心孩子的饮食和作息，不用担心孩子们的作业情况。节假日安馨学堂组织活动时，家长也能参与其中，还能亲眼看到孩子的进步和成长。家长们从心底里认为，安馨学堂对孩子的照顾、教养，比做家长的教育质量高、方法多、效果好。

（三）安馨学堂配合了学校的课堂教育和校外管理

学校是教育人、培养人的基地，但是并不能把学生全天候的教育全部包揽下来。学生在学校教育之外所存在的问题，正是校外教育机构应该加以完善和补充的。苏庄三里社区安馨学堂对学生的托管和各类教育，补充了学校教育的不足。暑假期间的"嘉年华"一系列活动，让学生感受到学校课堂上所没有的那种新鲜感和满足感。2019年暑假期间参加社区这类活动的学生达350人次。苏庄三里社区党组织创办安馨学堂的工作，开创了社区配合学校教育的新路子，相信随着时间的增加，安馨学堂一定会取得更好的成绩。

社区风采录 3-12

安馨学堂很"安心"

2018年6月，苏庄三里社区通过"社区搭台，社会组织服务"，引入社会力量开设了安馨学堂，由社区提供场地和社会资源，专业健康科技有限公司负责运营，帮助辖区内的家庭解决了孩子放学无人接管、无人辅导的难题。

社区多次与负责运行学堂的教育机构进行沟通商谈，确保做好学堂的运行工作，刚开始运行的时候，最难的就是招生宣传和学生的用餐问题。为了让大部分居民知晓社区成立安馨学堂提供更完善的"一小"服务这一措施，学堂在6个小区内分别开展招生宣传活动。

安馨学堂与专业、正规的配餐公司合作，为学生提供保质保量的营养餐，聘请专业老师对学生进行课后辅导，对接专业教育培训机构开展儿童早教、书法、绘画等相关服务。

为了争取家长的信任，学堂老师通过直播的方式向家长展示学生在学堂学习、生活的细节。同时，在社区干部的指导帮助下，利用社区的科普体验厅、图书室等资源开展烘焙制作、旧物改造DIY、彩绘脸谱等活动，提高了孩子的动手动脑能力，丰富了他们的课余生活。

渐渐地，来咨询的家长越来越多，报名的孩子也越来越多，现在安馨学堂的孩子已经有50余名。每天放学后，安馨学堂教室内准时坐满了刚刚放学的学生，他们像在学校教室一样，安静地写作业、看书，两位老师为孩子们辅导作业，答疑解惑。家长们也纷纷表示："孩子放学多在下午4点左右，这个时间点我们又都各自忙于手头工作，下不了班，孩子基本处在无人监护的'空档'期。现在有了安馨学堂，我们家长真省心。"

社区风采录3-13

小羿涵在学堂的"三变"

一开学，家长把二年级的小羿涵送到苏庄三里安馨学堂托管。几个月后，使妈妈惊讶的是，孩子竟然发生了3个变化。

变化一：不挑食了！

羿涵在家吃饭，总是挑挑拣拣。一次妈妈认为蘑菇营养价值高，在青菜里放了一点，让儿子尝尝鲜。谁知他没动一嘴，妈妈倒吃了闭门羹。进了安馨学堂，吃了几餐饭，小羿涵变了，跑到妈妈跟前说："妈妈，妈妈，学堂里有炒蘑菇，可好吃了，我把那一份吃了个精光，还舔了舔盘子呢？"边说边用指头抹了一下嘴唇，还说："学堂的饭菜都好吃，我有时还和伙伴抢呢。"这可把妈妈乐坏了："是啊！我儿子不挑食了！这可解了我的老大难啊。"

变化二:"我的朋友可多啦!"

一天,小羿涵在妈妈面前突发奇想,抱怨说:"妈妈,妈妈,你咋不明天给我生个妹妹?"妈妈笑了:"傻孩子,妹妹是说来就来的吗?我明天到商场给你买个布娃娃妹妹吧。"小羿涵噘嘴:"那她能跟我做游戏吗!"妈妈的笑容消失了。是啊,8年来,孩子在家是够孤独的了。但是自从进了安馨学堂,小羿涵再也不说这样的傻话了,告诉妈妈,今天给王晓刚过生日,明天配合张蓉蓉做表演。他还说:"妈妈,你不知道,我的朋友可多啦!"

变化三:"柔柔"制住了"怒怒"。

小羿涵哪样都好,就是话不投机时就挥起小拳头。这让妈妈最担心。这一天,从安馨学堂回到家,羿涵第一句话就是:"妈妈,我又长了见识。"8岁的孩子,长什么见识啊?妈妈很奇怪。羿涵说:"中午,在学堂,我和同桌顶了牛,我们谁也不让谁,都攥起了拳头。"妈妈听到这,担心了:"打架了?""没有!您听我往下说嘛。""老师过来,不给我们劝架,倒让我们俩放下拳头,静静想一想。我一静下来,心里就柔和了,那股怒气就消散了。那一方也是,我们还握了握手呢。"

小羿涵说着,还形象地在妈妈面前演示:"妈妈,你要明白,这叫'柔柔'(柔和)制住了'怒怒'(发怒)!"

社区风采录3-14

安馨学堂里的安老师

安淼老师,有丰富的托管经验,笑盈盈的她,总能带给孩子亲切感,身上有用不完的劲头。

她指导孩子们参加兴趣小组,学习绘画。虽然时间不长,却让孩子们一个个增长了本事。

她指导孩子们作画时,每人面前摆着画纸,摆好各色油彩,作画就开始了。先让孩子们了解了三原色。接着安老师给大家现场画风景，唰唰唰几笔，木板上这风景活灵活现，一下就把孩子的兴趣激发出来。画什么？每个人自己选择，孩子的想象力可丰富啦，有画花朵的，有画大马的，有画孙悟空头像的，五花八门。开始，三原色用得不对，不是涂多了，就是涂少了，该是红色的女子脸谱，涂成了一片蓝，那不成了窦尔敦了？安老师就耐心指点，一个个帮助纠正。画得好的，拿来做示范，画得不好的，也不硬性批评，不伤孩子的自尊心。就这样坚持着，时间一长，孩子们的作品都大有长进，有个孩子拿着自己画的鲜艳的桃花，给家长看，爸妈乐坏了，连连说："名师出高徒啊，你们的安老师画技好，会指导，我的孩子成为小画家了！"

安老师可没有满足，她带领着学堂的孩子们，从基本功入手，一点一滴的开始，努力去描绘属于安馨学堂学子们的春天！

社区风采录 3-15

孩子们的职业新体验

"我才 7 岁，我就参加工作啦！"孩子兴奋地说。原来，苏庄三里的安馨学堂，开展了一次有趣的尝试。让孩子们过了一把职业瘾。

2018 年 8 月 21 日上午，安馨学堂举办"职业体验嘉年华"活动，社区 15 个 3～7 岁的孩子分成 3 组，来体验育婴师、警察和厨师 3 种不同的职业。

职业体验的序幕徐徐拉开。

那个女孩儿，穿上了一身白衣服，像小天使一样，一手抱着她心爱的玩具娃娃，一手还轻轻地拍打着，生怕娃娃醒了，嘴里不停地说着："好宝宝，要睡啦！"——真是一个极尽责任的育婴师！

这个小朋友，头戴蓝色的厨师帽，腰里扎着块围裙，在老师的帮助下做着西餐。那样专注，一直忙活，小脑门上还浸出了亮晶晶的汗珠。——呵！这不是咱们的李大厨吗？

最亮眼的要数这一位了,你看他,身穿警服,头戴警帽,一身帅气,一脸威严,指挥着路上的车辆行人,遇到不按规矩过马路的人了,他挺直腰板,敬了个礼,说:"请走人行道!"——那模样,显示出人民警察的神姿!

体验职业特色,开发孩子的潜能,注重素质教育,孩子们在为他们搭建的平台上,尽情展示着自己。

图 3-9　邵雪松书记给安馨学堂的小朋友们讲故事

图 3-10　安馨学堂小朋友参加职业体验活动

图 3-11　安馨学堂的老师为小朋友检查作业

图 3-12　安馨学堂小朋友户外写生

第四节　关键小事抓成效　垃圾分类绽文明

导　读

本章内容介绍了在房山区西潞街道工委办事处的领导下，苏庄三里社区开展了党建引领垃圾分类工作，通过"育网式"工作法的实践，发挥党组织的组织力和政治功能，带动社区居民参与垃圾分类、养成源头分类的好习惯，动员社区党员、在职党员积极参与"看桶、守桶、护桶"行动，发挥基层党组织服务群众经费保障作用，以实际行动提升垃圾分类效果，居民文明素质有了新提升。

柴米油盐酱醋茶，废中求宝宛如麻。

万家和顺镌心底，送炭雪前众口夸。

2020年5月，新版《北京市生活垃圾管理条例》正式施行。在西潞街道工委办事处的领导下，苏庄三里社区党委通过深入推进党建"育网式"工作法，培育网格化的精细管理，按照"网管做表率、网员树形象、网点设桶站、网格现行动、网规定决策"的有力措施，齐心协力抓好垃圾分类这个"关键小事"，构筑了党建引领垃圾分类新格局。

一、主要做法

（一）网管做表率，发挥党建引领核心作用

社区党委成立了党建引领垃圾分类工作领导小组，每周召开5名网管参加的中心组会议，认真学习市、区、街道关于垃圾分类的指示精神，强化统筹，协调推进垃圾分类工作。组织召开垃圾分类专题部署会、培训会、现场指导会等，推动垃圾分类工作有序开展，确保抓牢抓实抓出成效。

5名网管分别承包1个大网格,他们靠前指挥,不怕脏累,亲自示范,带领社区干部走进居民小院,对每一袋垃圾进行检查,现场讲解,亲手示范,对投放错误的垃圾进行分拣,再次进行垃圾分类培训。网管每天安排工作人员对垃圾分类的纯净率、参与率和守桶率进行上报,掌握每个大网格内的垃圾分类问题并快速解决;与物业公司紧密配合,做好定点投放时间监测、分类投放的对接和协调工作。在网管的带领下,社区以高度的政治责任感和饱满的工作热情,投入垃圾分类工作中,由于起步早、管理细、执行严、效果好,苏庄三里社区成为全区最早实现定时定点垃圾投放的社区之一。

(二)网员树形象,培育垃圾分类骨干力量

面对垃圾分类这个生活习惯的"革命",社区党委对网员加强培育,提高思想认识和政治站位,在5个大网格内,共产党员承担起"看桶""守桶"行动的重任,在垃圾分类的"一长四员"名单中,党员占总人数的61.1%。作为垃圾分类的"先遣队",各位党员充分发挥"一个党员一面旗帜"的先锋模范作用,带头争当垃圾分类的践行者,签署党员承诺书,自觉学习垃圾分类知识,率先将垃圾分类的"主战场"转移到自家,将分类经验传递给左邻右舍。通过"垃圾分类我带头,主动而为做表率"主题党日活动,清理生活小院堆放垃圾12吨,带动社区居民自觉清理堆放杂物,共同维护社区环境整洁。在活动中,社区老党员李伟、葛智同、高建永、陈国庆虽然年事已高,还帮助其他生活小院共同清理大件垃圾,在烈日下工作了3个多小时,一直坚持到活动结束,展现了党员"不怕苦、不怕累"的为民服务精神。从左邻右舍,到自家楼门,再到整栋楼,老党员们的热情,感染着每一位居民。他们始终在9个垃圾分类投放站进行值守,引领居民们将垃圾分类变成新时尚。网员们勤奋工作,甘于奉献,展现了新时代共产党人勇于担当作为的政治本色,以自己的实际行动践行共产党人的初心使命。

（三）网点建桶站，完善垃圾分类公共设施

为了更好地发挥党建引领作用，解决关系居民切身利益和联系服务居民的实事，社区党委严格按照程序，使用基层党组织服务群众经费，在 5 个网点内撤桶建站，把 36 个散桶站合并为 9 个固定桶站点，规范了管理。先后对桶站位置示意图、相关责任人、投放时间、清运时间进行严格公示，有效引导居民做好垃圾分类定时定点的投放。社区自己设计垃圾桶站，有门窗房顶、铺设环氧地坪，有洗手盆和照明系统，投放区和整理区分离，做到防风防雨减少异味，解决了过去桶站分散、离居民近、有异味不卫生、妨碍停车等实际问题。同时，还建设了 5 个大件垃圾和装修垃圾暂存点，为这些垃圾暂时存放找到"家"。党委设计的垃圾房型的垃圾桶站既经济又环保，受到了广大居民的热烈欢迎。社区党委把垃圾桶站的建设与管理，作为服务居民、带动居民更好参与垃圾分类的载体和抓手，从源头上激发了居民主动投放垃圾的热情和积极性。

（四）网格见行动，全民参与形成新局面

社区从 15 个微网格内的居民中招募了 150 名的垃圾分类志愿者，针对居民垃圾分类知识不足、分类意识薄弱的问题，积极带动其他居民参加社区举办的讲座、培训、实操演练、"倡导垃圾分类，共建美丽社区"宣传活动、垃圾分类示范家庭评比活动；他们敲门入户，发放宣传资料，征求撤桶建站意见，签订《"垃圾分类我带头"——社区居民承诺书》，确保居民知晓率 100%。除此之外，在职党员、普通群众纷纷响应党组织号召，兑现承诺，回社区报到，从各行各业的骨干"变身"垃圾分类志愿者，对居民投放监督、疑难问题解答、开展现场指导。直至目前，370 人回社区践行承诺，共执勤上岗约 500 人次。网格内，做到了垃圾分类无死角，环境治理很精细。在志愿者的参与和带动下，网格内的居民对垃圾分类的思想认识不断提升，养成了垃圾分类的生活习惯，形成了人人参与分类的良好局面。

（五）网规定决策，发扬民主随民心顺民意

党组织结合管理和服务出现的新情况、新问题，不断制定和完善制度，如《民主协商制度》《居民自治制度》等。为进一步发扬民主拓宽居民参与决策的渠道，社区党委严格执行网规，先后召开苏庄一里院、蝶翠苑的"向前一步——垃圾分类桶站选址现场会"，让党员、楼门长和热心居民发表选址意见，并进行充分讨论，现场达成了共识，居民"自己的事自己办"，促进垃圾分类更快落地实施。5个大网格内，发扬民主，征求建议，同意率达81.4%，严格执行公示，走好民主程序，确保选址合理居民满意。

同时，社区党委严格落实网规规定的《居民自治制度》。16#17#院是无物业小区，居民自治小组成为推动垃圾分类工作的一个特色。自治小院自我管理，自治小组成立垃圾分类志愿服务队，服务队有党员、楼门长和热心居民，他们以身作则，尽心尽责，垃圾分类已经成了自治小组的一项"新工作"。面对很多居民对于垃圾分类不了解的实情，共产党员赵永聪坚持不懈做志愿者，两个月来风雨不误。夹子、抹布、手套、工作服是他志愿服务的"四大宝"，他时常把个别居民不按规定放在桶外的垃圾投到桶里，顺带着管理桶站，擦垃圾桶，有的再次进行二次分拣，特别是不厌其烦地给居民进行垃圾分类知识的普及。就是这样，在过去近两个月的时间里，队员们每日在投放高峰时期指导居民正确进行分类投放，不仅看桶守桶，而且管理垃圾桶站。随着垃圾分类工作的持续推进，越来越多的居民开始理解、配合和支持。在网规的规范指导下，虽然没有物业公司的服务，自治小组带领志愿者和居民把16#17#院的垃圾分类工作做得非常到位，分类意识清，分类很到位，小院干净又卫生，居民们非常满意。

二、初步效果

（一）党建引领垃圾分类深入人心

通过张贴海报、悬挂横幅、社区宣传栏、微信群、电子屏等多种方式进行全媒介、全时段、全覆盖式宣传；"楼组微信工作群"展开深入宣传，楼门长上门入户集中宣传，将垃圾分类定时定点投放规定宣传到户、传递到人，居民生活垃圾源头分类标准更加牢固。

（二）党建引领垃圾分类成效凸显

截至 2020 年 12 月，通过党建引领，垃圾分类工作做到 3 个 100%：一是居民生活小院新型厢房式垃圾桶站、大件垃圾投放点和装修垃圾投放点建成率 100%；二是居民定时定点投放率实现 100%；三是居民全民动员参与垃圾分类动员和参与率实现 100%。生活垃圾的分出率从 5 月的 9% 提高到 11 月的 34%。

（三）党建引领治理力量初步形成

截至 2020 年 12 月，通过党建引领，社区党员力量、在职党员力量和"一长四员"力量紧密配合，参与志愿宣传、指导分拣、监督分类等服务，以点带面、层层动员，形成社会治理全民动员、垃圾分类人人参与的良好局面。

总之，苏庄三里社区党建引领垃圾分类工作，正有条不紊地深入推进，逐步实现了"党建引领、以点带面、社会动员、全民参与"的目标，做好了这个"关键小事"，社区党委以实际行动发挥基层党组织的战斗堡垒作用，培育网格精细管理，提升了做好垃圾分类的社区治理效果，让鲜红的党旗在全心全意为人民服务的道路上高高飘扬！

社区风采录 3-16

书记亲手分垃圾　迅速提高精准率

5月11日是《北京市生活垃圾管理条例》施行的第11天。作为房山区垃圾分类试点小区，苏庄三里社区党委更是不折不扣地率先落实。由于社区起步早，从2019年8月起开展了宣传、培训、演练、评优等垃圾分类活动，鼓励激发广大居民投入新的生活习惯养成过程中。房山区人大号召代表对身边、路边和周边"三边"检查，特别是紧盯自己居住小区、社区和所在单位的物业管理情况、垃圾分类情况进行检查，并要求全面参与。

让市、区两级人大代表、苏庄三里社区党委邵雪松书记没有想到的是，她在建鑫园一里院带队检查时，一张盖着大红章的环卫集团的通报单摆在了她面前，因为小区厨余垃圾和其他垃圾分类不标准，环卫集团暂时停运，居民们纷纷抱怨："垃圾不清运3天了，垃圾桶已满，气味难闻，我们该怎么投放垃圾？"看来，环卫集团的倒逼机制在执行了。她上前认真查看，垃圾桶里依然是厨余垃圾、其他垃圾甚至有害垃圾的混装品。难怪环卫集团不给清运。怎么才能让居民切切实实受到教育？没有别的办法，只有做到分得准才能清运。二话不说立即整改。她带领小组成员迅速把3个垃圾桶拉出来，将3桶满满的垃圾全部倒在地上，带领大家把垃圾袋、快餐盒一个个打开，戴上手套，拿起夹子，重新二次分拣。5月天气日渐炎热，难闻的味道一阵阵袭来，尽管她们带着厚厚的口罩，仍然能被刺鼻的味道呛得恶心甚至头晕。脏和累在此时根本都顾不上，当时唯一的想法就是让社区居民、物业员工看到，"垃圾分类我带头，社区干部做示范"。

在分拣过程中，有很多居民在围观，居民们也认出邵雪松来了，惊讶地说："邵书记，您在亲自分拣垃圾呀？"面对大家的不可思议，她坦然地说："只有垃圾分类合格了，才能清运啊！"也许社区干部的现场分拣感动到了居民，越来越多的居民们也加入现场分拣的队伍中。有的居民还拍了视频发到微信群中。经过1个多小时的劳动,所有的垃圾通过她们的手各自找到了自己的"家"。分拣后,她们立即对地面进行了全面清理消毒,桶站和周边环境变得干净整洁。看到了劳动成果,她们感到无比欣慰。其实重新分拣垃圾,并不是像她们想象的那样难,和她们一起参与分拣的居民,也在刹那间觉得经历了一次集中分拣,垃圾分类其实是很容易做得到、做得好的。其他各组的干部也纷纷带队,在各个生活小院内亲手二次分拣、亲自示范。

书记亲手分垃圾的直播视频在微信群、朋友圈迅速传播开来,居民们有的私下说:"看看社区干部带头分垃圾,人家都能扑下身来,做好垃圾分类,我们只负责自己家的垃圾,还有什么理由不分好分准呢?"就是这样,短短几天内,效应传播,居民们迅速从源头分类、垃圾减量,精准度大幅提高。当环卫集团的清运车再次开到小院时,无不被苏庄三里社区居民垃圾分类的精准、快速整改所震撼。环卫工人夸赞地说:"目前,我们走过这么多小区,苏庄三里社区垃圾分类做的是最标准的,为我们减轻了很大的压力。如果大家都这样,我们的垃圾清运工作就更好开展了!"

社区风采录3-17

现场办公齐议事　向前一步共决策

为了进一步充分发挥民主协商作用,拓宽居民参与决策的渠道,2020年7月5日晚7点,蝶翠苑小区的小公园里热闹极了,印有"苏庄三里社区召开蝶翠苑生活垃圾投放站选址民主协商会"的标语悬挂在显著位置,小区居民很早就来到了现场,大家你一言我一语地讨论着小院的垃圾分类桶站,到底放在哪个位置好?

这里正是苏庄三里社区党建引领垃圾分类民主协商会的现场,党委副书记刘艳辉、物业公司经理邵春和宣传委员李玉英都来到了现场。他们首先详细说明了桶站设置的标准和要求,详细介绍了暂定的两套建站方案。楼门长殷艳芬阿姨首先代表单元居民说："我们楼门的业主商量好了，就是一个想法，垃圾桶站别离我们住的楼太近，不能有味儿，远点没关系，就当锻炼身体啦！"热心居民陈大爷激动地说："我觉得这个垃圾桶站设计得真不错，放在小公园这个位置比较好，我想说的就是桶站要有专人管理，要不然，垃圾袋又要堆起来了！"大家你一言我一语地讨论起来，依次发表选址意见，经过一个多小时的协商，最后现场居民都为将垃圾分类桶站建在小公园东南角的办法拍手叫好！随后，楼门长领取了楼门入户征求意见表，下一步按照民主程序走好入户征求书面意见，大家都表示会全力支持和配合社区的垃圾分类工作。

居民通过协商议事，积极参与社区治理，"自己的事自己定"，社区发扬民主，和居民共商大事，倾听民意，凝聚合力，进一步提高了居民参与垃圾分类工作的主动性和积极性。

社区风采录 3-18

落实人大代表建议　为居民提供便捷服务

垃圾分类工作在苏庄三里社区逐步推进，广大居民逐渐适应了垃圾分类的习惯，而且还能严格按照早晨和晚上各两小时的投放时间进行投放。社区为6个生活小院建设了结实耐用、美观价廉的厢房式垃圾桶站。一方面防止垃圾桶暴露在户外产生更大异味；另一方面也是想把垃圾桶站作为长久的公共设施进行使用，此做法受到广大居民的热烈欢迎。正当我们沉浸在社区垃圾分类各项指标逐渐变好的时候，一张人大代表督导检查的整改通知单"来了"。经过人大代表基层走访，居民反映箱式桶站投放口偏高，给居民投递带来不便。还有虽然配备了免洗洗手液，但是如果能有洗手的地方，效果会更好。"这个提议真是太好了！说实话，我们还真没有关注到这样的细小问题！"看来人大代表确实反映了广大居民的心声。为了创造方便投递的条件，我们迅速整改，继续筹措资金，在6个桶站安装投放台阶，并喷上"小心台阶，注意安全"的字眼，提示居民注意安全。为了解决居民在投放垃圾后方便洗手，再次投资，在6个生活小院逐步安装接通了上下水。当我们再次来到垃圾桶站边，看到站在台阶上有乐于垃圾分类的孩子们，还有驼着背投垃圾的老人们。上下水的接通，让居民们高高兴兴地投递，干干净净地离开。桶站管理员叔叔阿姨们每天擦桶、擦地、擦门、擦窗，维护桶站，干好垃圾分类工作的积极性更高了！

社区风采录 3-19

"垃圾散桶"光荣退休 "智能驿站"上岗工作

2020年5月1日早7点，在新版《北京市生活垃圾管理条例》施行的第一天，苏庄三里社区党建引领垃圾分类试点院——建鑫园三里小院"撤桶投站"全面启动，垃圾分类正式开启了垃圾分类定时定点的新生活。

一大早，建鑫园三里院内楼前的垃圾桶相继被房山区环卫集团的工作人员撤离，居民们拎着已按照厨余、其他、可回收和有毒有害4类分装好的一袋袋垃圾来到位于小院中心位置的垃圾驿站前投放，虽然才7点，但是社区的垃圾分类指导员、监督员、分拣员等已早早到达，等待着为前来投放垃圾的居民进行讲解、检查、帮助投放等。"阿姨，您的厨余垃圾投到绿色的厨余垃圾投放口里，塑料袋和用过的纸巾等要放进其他垃圾投放口里……""先生，您家的厨余垃圾里还有塑料袋，您要把塑料袋放在其他垃圾的袋子里才可以，您在家里分类的时候要注意一下，省得您来投放垃圾时还要重新弄，那不就更麻烦吗，您说是吧！"……面对络绎不绝前来投放垃圾的居民，指导员们有条不紊地指导着他们怎样操作智能垃圾柜、怎么投放垃圾、何种垃圾应该投放到哪类垃圾投放口内，指导员讲得仔细，居民们也学得认真，对于掌握还不是很清晰或是年龄稍微大些没有智能手机的大爷大妈们，一遍可能没有听懂，指导员就一边讲，一边带着大爷大妈们通过智能化手机扫码亲自动手操作几次，"这岁数一大，学什么都慢，你这么一讲，我自己再练练也就会了，孩子不在家我也能自己过来扔垃圾了！"一位刚刚投放完垃圾的大妈笑着对指导员说。

在正式开始垃圾分类前，苏庄三里社区党委充分发挥战斗堡垒作用，动员社区党员、在职党员、楼门长、居民代表等人员做表率、争先锋，带动居民加入垃圾分类的各项活动、工作中来，开展的宣传、科技培训、讲座、实操演练、示范家庭评比等活动大大提高了居民参与垃圾分类的积极性和主动性，这也为今天的全面启动奠定了坚实的基础。科学又环保的垃圾投放方式可能有很多居民还不习惯，投放的时候可能存在着这样那样的各类问题，但是在大家的共同努力与坚守下，一定会养成良好的垃圾分类习惯，为我们共同的大家园有个美好的生活环境而努力！

社区风采录 3-20

自制台账自查自纠　确保垃圾分类效果

如何抓好垃圾分类这件"关键小事"？苏庄三里社区是这样做的：党建引领在前，社区干部示范，物业公司负责，社区党员、在职党员、楼门长、志愿者桶前值守。更重要的是，自我监督、自我检查、毫不松懈，居民就会养成"源头分类、精准分类、定时定点投放"的好习惯。

为了进一步巩固垃圾分类成果，提高社区居民垃圾分类准确度，从2020年10月开始，苏庄三里社区全面开展垃圾分类自查自纠行动。根据北京市垃圾分类示范小区标准，结合社区实际，苏庄三里社区制定了垃圾分类检查台账，并将20余名社区干部分为6组，两委任组长，带领组员深入辖区6个生活小院内进行包片检查。6个小组严格对照台账内容对所有垃圾分类驿站、桶站内的公示牌、垃圾桶容器、通站建设、桶前值守、宣传横幅等建设情况进行自查，对垃圾桶内垃圾分类纯净度、垃圾桶洁净度、垃圾桶站、驿站内是否整洁、垃圾分类分拣员是否检查居民投放的垃圾分类情况、垃圾清运情况等进行了细致检查，并随机询问了多名社区居民关于楼门长入户宣传垃圾分类知识、居民家中是否按照要求进行垃圾分类等情况。对存在各类问题的桶站或驿站，要求分拣员立即整改，对未准确进行垃圾分类投放的居民进行再教育、再指导。

通过多次不定期抽查，苏庄三里社区垃圾分类分拣员的责任感不断增强，垃圾分类桶站、驿站建设更加规范，居民生活垃圾、源头分类的标准更加牢固，全社区居民在一个民主文明、干净卫生、环境优美、管理有序的社区生活里更加幸福！

图 3-13 邵雪松书记带领社区干部进行二次分拣

第三章 抓特色服务 提升宜居性

图 3-14 蝶翠苑小区生活垃圾投放站选址民主协商会

图 3-15 垃圾散桶换智能驿站,开启了垃圾分类定时定点新生活

115

图 3-16 社区全面开展垃圾分类自查自纠行动,两委带队包片检查

第四章 抓联防群治 提升安全性

第一节 蓝盾治安立新功

导 读

本节主要介绍了苏庄三里社区坚持党建引领,创新共建共治,依法建制,组建"12345蓝盾"治安志愿者服务队的实践探索。展示了这支队伍丹心为民安,立志求和谐,联防群治,精抓细管,为确保社区安全稳定而尽心尽职的风采。

心系平安令似雷,风吹雨淋挺松梅。
社区稳定百花艳,蓝盾晶莹绽新辉。

苏庄三里社区"12345蓝盾"治安志愿者服务队于2015年成立。成员共48人,志愿者平均年龄63岁,其中男性占35%,女性占65%。服务队队员全部来自社区居民,其中有党员12名。在共建共治实践的6年以来,这支组织严密、工作规范、成员广泛、服务互动的治安志愿者队伍,坚持公益性、长期性、群众性原则,不断提高了社区群防群治组织化程度、增强了社区社会化防控能力,促进了社区稳定,推动了平安社区建设水平。

一、创新建队，因势而为

习近平总书记在 2014 年全国"两会"期间，参加上海代表团审议时，指出"创新社会治理，加强基层党建"，是共建共治共享的好做法。苏庄三里社区党组织认真学习践行。"12345 蓝盾"治安志愿者服务队的成立，便是社区党委学习理论、联系实际，在新形势下发挥群众自治作用，推动平安社区建设的积极探索。其主要依据为：一是形势所需。随着经济社会的发展，人民幸福指数大幅提升，社会生活发生深刻变化，随之而来的社会矛盾日益凸显，社会安全治理面临新的挑战。创新社会治理的要求，比以往任何时期都更显迫切。二是民心所向。千件事、万件事，居民最关心的是社区安定、社会和谐。推进社会安全治理创新，其重点是要把居民的根本利益实现好、维护好、发展好，做到群防群治，平安稳定，为居民营造安心、放心、开心、舒心的生活环境。三是地域所处。苏庄三里为开放型社区，3 条交通主干道将社区分为 6 个生活小院，地铁房山线苏庄站紧邻社区。社区周边车水马龙，行人不息，且商铺林立，生意火爆，因而其外部环境治安压力较大。而社区内部亦有其他社区普遍存在的治安之难，治理之痛。民安则百安，创新解万难。因而，创新社会安全治理，实现党的引领，群防群治，共管共治共享，是大势所趋，虽有困难，也必须做起来。

经过调查研究，社区多次召开会议，积极动员社区退休党员发挥先锋模范作用，以党员带动普通居民，共同为社区建设做贡献，为此"12345 蓝盾"治安志愿者服务队应运而生。至于蓝盾的命名，也是经过一番热议。蓝盾，是一种安装在战斗机上，用于夜间作战的低空导航和捕获目标、跟踪目标的综合系统。而以蓝盾为名，旨在希望社区治安志愿者发挥蓝盾系统的巡视提醒作用，在社区内有效防范危害社会治安的活动，发挥治安志愿者保障人民生命财产安全的作用。就这样，一支由 12 名党员任组长，36 名居民群众组成的服务水平高、热心社区服务的治安志愿者服务队正式上岗，在辖区内开始了常态化的志愿服务。

二、加强管理，循制而为

从 2015 年开始，社区率先在全区开展"12345 蓝盾"治安志愿者服务品牌项目。其内容为："建立一个服务站、打造两支队伍、实行三种方式、做好四项管理、实现五星评定。"

（一）建立一个治安志愿者服务站

整合办公资源，设立志愿者服务站，并配备电脑、打印机等办公设备，安排专人加强志愿者管理，做到志愿者活动有基层组织、有办公场地、有活动场所，服务站重点工作是做好"12345 蓝盾"治安志愿者服务品牌项目的落实，加强治安志愿者队伍服务管理，确保对治安志愿者服务与管理工作扎扎实实推进。

（二）打造两支志愿者队伍

建设一支志愿者管理队伍。从社区内抽调 4 名社工，负责志愿者招募、培训、管理、宣传工作；做好志愿北京网站的志愿者实名注册、项目发布、时长登记工作；做好志愿者日常考勤、积分服务等各项工作。同时，社区加强对工作人员的思想政治素质、业务工作能力的培养，着力建设一支政治过硬、业务熟练、作风严谨、敬业奉献的社工队伍。

建设一支志愿者服务队伍。制订治安志愿者培养计划，传承"奉献、友爱、互助、进步"的志愿者精神；对招募的志愿者进行定期培训，组织学习党和政府关于综合治理方面的文件精神，开展国内外安全形势及各类安全讲座等，提高志愿者的思想认识和安全意识；组织志愿者开展丰富多彩的文化活动，调动志愿者积极参与、长期服务的主动性。在重大安保和日常性服务活动中，根据实际需要，为志愿者购买人身意外伤害保险。在特殊情况下，对志愿者在从事志愿服务活动中由本人所支出的交通、误餐等费用应给予适当的补贴；通过组织参观考察、免费体检、发放纪念品等方式对志愿者进行慰问和奖励。志愿者提出申请，社区将为志愿者开具证明，作为在单位或社会评价认证和激励表彰的主要依据。

（三）实行三种服务方式

实行储蓄式、对等式、反哺式的奖励方式，坚持以精神奖励为主、物质奖励为辅原则，定期召开志愿者奖励激励会，对优秀志愿者进行奖励和表彰。

储蓄式记录服务。志愿者服务站通过西潞街道"时间银行"智慧系统平台，将治安志愿者"服务时间"存储在"银行"里，作为电子信息登记和记录，志愿者随时可以对自己的时间储蓄情况进行查询。对于服务社区的治安志愿者，社区坚持"有存有取、激励兑现"的方式肯定志愿者的付出。

对等式激励兑现。坚持"志愿服务、时间存储、我为人人、人人为我"的理念，把存在"时间银行"里的"服务时间"提取出来，以此获得别人的帮助，作为对志愿者激励的一种方式。凡是志愿者存储服务时间后，根据本人意愿，如果志愿者希望也得到同样的志愿服务，社区将以对等式志愿服务兑现给志愿者，通过时间银行提取和其他志愿者的回报服务，以本人所付出的志愿劳动时间及工作量为等量代换单位。对志愿者实施对等式激励兑现。

反哺式激励兑现。社区对治安志愿者实施公益反哺式激励，以此来激励志愿服务精神，社区联合辖区商户，由商户提供优惠服务，为志愿者按照积分（每服务 1 小时可积 2 分）发放奖励激励品。

完成 20 小时志愿服务，积累 40 分，可兑换 25 元的奖励激励品；

完成 40 小时志愿服务，积累 80 分，可兑换 50 元的奖励激励品；

完成 60 小时志愿服务，积累 120 分，可兑换 75 元的奖励激励品；

完成 80 小时志愿服务，积累 160 分，可兑换 100 元的奖励激励品；

完成 100 小时志愿服务，积累 200 分，可兑换 125 元的奖励激励品；

完成 120 小时志愿服务，积累 240 分，可兑换 150 元的奖励激励品；

完成 140 小时志愿服务，积累 280 分，可兑换 175 元的奖励激励品；

完成 160 小时志愿服务，积累 320 分，可兑换 200 元的奖励激励品。

（四）实现四项管理

统一注册。社区对志愿者建立个人基本情况和参与志愿服务情况档案，进行登记注册，并在志愿北京网站进行电子注册。

统一标识。社区为治安志愿者统一制作带有苏庄三里社区治安志愿者标志的工服、小红帽和袖标，展示了志愿者良好的精神风貌。

统一服务。结合社区治安实际和重大安保活动，统一部署志愿服务任务，发挥治安志愿者服务对社区安全工作的重要支持作用。

统一考核。社区为治安志愿者及时记录服务项目、时长及效果等情况，实行每天一记、一事一记，并严格落实当时签字、当天计分、周核实、月汇总、季公示程序，作为星级评定和激励兑现的依据。

（五）实现五星评定

建立《苏庄三里社区治安志愿者星级认证制度》。坚持公平、公正、公开的原则，实行治安志愿者星级管理，共分一星至五星 5 个星级。志愿者星级晋升积分标准是：

1. 志愿者累计服务积分达到 150 分，评定为"一星志愿者"。
2. 志愿者累计服务积分达到 300 分，晋升为"二星志愿者"。
3. 志愿者累计服务积分达到 450 分，晋升为"三星志愿者"。
4. 志愿者累计服务积分达到 600 分，晋升为"四星志愿者"。
5. 志愿者累计服务积分达到 800 分，晋升为"五星志愿者"。

对于及时发现、报告、消除重大安全隐患、刑事案件、治安事件或者提供重要线索的志愿者，经社区及有关部门确认属实的，可酌情予以积分奖励；

确有重大立功表现的可破格晋升 1～2 个星级，对已达到五星级的，在评优活动中予以优先考虑。

三、维护治安，依法而为

（一）学习法规，提高素质

建好一支治安队伍，最基本的是使其成员知法懂法，提高法律观念。用法律思维处事，用法律规定执行。因此，社区党组织加强对蓝盾志愿者的培训力度，集中学习宪法，学习有关治安的法律条文，学习政府相关法规，学习居委会制定的村规民约等。通过每年至少两次的培训，志愿者增强了法律意识、提高了思想素质。

（二）依法上岗，尽职服务

"12345 蓝盾"治安志愿者服务队上岗后，任务明确，职责分明。治安区域划分为 3 片，分别在人口密集、热闹繁华的地铁路口，银行、医院路口，蝶翠苑小院南口，立交桥下设立了 3 个岗亭。以治安巡逻、隐患排查和街面守望的日常巡逻常态化治安服务为基础，积极助力全国"两会"安保、APEC 安保、"G20"安保、"一带一路"高峰论坛安保、党的十九大安保、中非合作论坛安保、亚洲文明对话安保等重大活动。在火情高发期，志愿者积极参与社区消防演练，认真学习消防器材使用方法和逃生、自救知识等；在汛期来临之际，志愿者们又会前往防汛演练现场，通过实地演习，掌握逃生路线及抽水泵的操作，以备突遇险情时，能够保障家人和邻里及时自救和撤离。为全力迎接北京市"创卫复审"工作，他们拿起扫把、抹布，清理小广告，捡白色垃圾，铲除卫生死角。他们的行动带动了许多社区居民加入环境整治活动中。

（三）发挥正能量，坚决反邪教

"12345 蓝盾"治安志愿者服务队是一支听党指挥，弘扬正能量的宣传队。每一名队员都是社区反邪教的斗士，他们积极参加反邪教宣传，志愿者们不辞辛苦走进辖区每一个商户，为他们发放"反邪教""平安北京"等宣传材料，在大街上为过往行人宣传反邪教、法治社区精神。同时还积极搜集社情民意，发现问题及时上报，为社区平安建设献计出力。

四、初步效果

（一）党建引领，建站组队有了新举措

在创建平安社区建设进程中，党建引领基层社会治理是关键。苏庄三里社区认真学习落实习近平总书记关于社会治理指示精神，积极培育、发展公益性、志愿性、服务性社会组织，摸索探讨创新成立了"12345 蓝盾"治安志愿者服务队。通过实践证明，这是一条在新时代城市社会治安的新路子。

近 6 年的春夏秋冬，这支队伍目标明确、任务清晰，在实践中不断完善了体制机制、加强了队伍建设、落实了服务保障、进行了依法治理。他们辛勤工作，保证了辖区稳定平安，保证了辖区周边的安全治理。截至 2020 年 12 月，累计志愿服务 63 744 小时，社区未发生一起重大案件。"12345 蓝盾"治安志愿者服务队是社区社会治理的主力军、是学法普法党的宣传队、是维护社区稳定的先锋队。

（二）发挥余热，老党员、老年人有了新作为

社区里老年人大多 60 来岁，有的刚从岗位上退休，有的有专业知识和技能，有的是健康达人。他们有"老骥伏枥，志在千里"之志，想为社会做贡献发挥余热。社区及时发现这个特点，结合年龄、身体、经历、个人意愿的情况

进行招募筛选，使这些老人高高兴兴加入"12345 蓝盾"治安志愿者服务队，让他们有了用武之地。这实际上是一举两得，一是满足了老党员、老年人发挥作用的意愿；二是社会治安增添了一支生力军。

（三）社区稳定，社会治安有了新提升

通过党建引领，建立"12345 蓝盾"治安志愿者服务队，依法维护治安，再加上其他群防群治的举措实施，使社区治安状况日趋好转。对社区内，这支队伍坚持全年参与矛盾纠纷排查化解、流动人口服务管理、重点人群帮教管控、社会面等级防控、环境秩序维护引导、安全隐患排查、法律宣传等公益性志愿服务，使原本向好的社区治安得到进一步提升。对社区周边的社会治安，这支队伍积极开展维护地铁路站、公交路站交通及客流疏导、帮助车辆及行人解难答疑等志愿服务，较好地营造了社会治安外部环境。特别是党和国家举行庆典、重大会议、重大活动和节假日时，"蓝盾"这支队伍更是坚守岗位、履行使命、尽职尽责完成任务。

党的十九大报告提出，要打造共建共治共享的社会治理格局，这为新时代我国国家治理和社会治理指明了方向。苏庄三里社区"12345 蓝盾"治安志愿者服务队便是基层社区实践的典型范例。"蓝盾"成立近 5 年来，不断强化志愿者责任意识、奉献意识，充分发挥了群众治理力量，全面提高了社区社会面防控能力，成为社区治安保障的一支坚强有力的队伍，多次受到上级表彰和群众赞扬。"12345 蓝盾"治安志愿者服务项目，荣获了 2015 年度北京市志愿者之星荣誉称号。2018 年，被北京市委社会工作委员会评为"北京社会好人榜"。正是：

京门金榜第一名，蓝盾送来暖暖情。

心系乡邻施大爱，阳光明媚写康宁。

第四章 抓联防群治 提升安全性

社区风采录 4-1

蓝盾反邪教　社区风气好

"12345 蓝盾"治安志愿者，不仅负责街面治安，邻里守望，还是社区的反邪教宣传员。寇永山，一名有着 42 年党龄的老党员，2015 年蓝盾志愿者队伍刚刚成立时，他就率先加入了这支队伍。

"绝不能让邪教宣传品祸害群众"，这是寇大爷经常说的一句话。一次，寇大爷拿着几张邪教宣传单走进了社区的办公室，说："哎，只截获了这几张宣传单，可惜没有逮着发单子的人。"原来是寇大爷在小区巡逻时，在自行车车筐里发现了这份特殊的单子。自此，蓝盾的任务增加了反邪教内容。全体志愿者加强巡逻，挨家挨户、挨个店铺发放反邪教宣传材料，并利用书法、曲艺等形式宣传反邪教知识，彻底铲除了邪教滋生的土壤。近几年，周边社区陆续发现了邪教传单，但自从志愿者寇永山发现那次传单后，社区加强巡逻，再没出现过此类现象。社区居民说：这是蓝盾志愿者巡逻起了威慑作用，吓破了那些人的胆。

社区风采录 4-2

社区"小喇叭"蓝盾不老松

在社区，一提起陈玉水大爷，那是无人不知，无人不晓。为什么一个老人能有这么高的知名度？那是因为社区的居民每天都能看到他戴着红袖标，穿着红马甲，拿着小喇叭在社区里广播的身影。那句"防火，防盗，关好门窗"已经成为社区随口就说的顺口溜。近 5 年来，他风雨无阻，默默奉献，和"蓝盾"战友一起，全心全意为居民服务，践行一名共产党员的忠诚信念。

陈玉水，退休教师，今年 71 岁，是苏庄三里社区一名有着 51 年党龄的老党员，他热心、热情、朴素而又低调，被居民亲切地称为"社区小喇叭"。

每年夏冬两季，社会上频频发生入室盗窃事件，为了让居民提高安全防护意识,社区急需一名安全宣传员。陈玉水听说这一消息后,主动请缨,用小喇叭录好宣传口号,到小区每栋楼前进行宣传,让居民提高安全防范意识。陈大爷还拿两个小喇叭交替使用,就怕一时宣传不到,盗窃犯就钻了空子。

就是这样,他每天按时到辖区苏庄一里、二里、三里、蝶翠苑、小佳世苑、16#17#6个生活小院进行宣传,这一圈走下来足足一个多小时,每天来回行程近10千米。炎热的夏天,陈大爷热得满身是汗,天气不好也从不间断。有时候,他还遭到冷嘲热讽,有人说他没事找事;有人说一定是居委会给了他好处。可是不管别人怎么说,他从不理会,默默地继续播放他的小喇叭,唯一的想法就是让每家每户居民少受损失。

APEC安保执勤期间,蓝盾负责人对全体志愿者排了班,但这次却少了陈玉水,因为他刚做完心脏支架手术,考虑到陈大爷年纪大,身体还在恢复期,便决定让他好好在家休息。可是,让人没想到的是,执勤的第一天,穿着蓝棉袄、黑棉鞋、红马甲,戴着小红帽、红袖标的陈玉水又出现在岗位上。初冬的北京天寒地冷,五六级的大风刮个不停,他在寒风中热情地为行人指路,与过往的居民亲切地打招呼,发现问题及时反映,哪个岗位人力不足他就主动支援哪儿,陈玉水用他的热情,温暖了APEC的冬天。

有人问陈玉水:"志愿服务,没有任何补助,你这么大岁数站岗,图个啥?"陈大爷说:"我啥也不图,就图我是一名共产党员,是一位蓝盾治安志愿者。只要社区交给我任务,我都会积极圆满地完成任务,我愿意在我的有生之年为社区治安、为社区居民做点力所能及的事儿!"

社区风采录 4-3

浇灭小火苗　巡查除隐患

"志愿者们,你们快去车站那儿看看吧,那儿着火了。"一名候车的中年妇女从苏庄大街的车站向苏庄路口执勤的志愿者们急匆匆跑来,一边跑还一边喊着。听到这一情况，党员志愿者寇大爷和几名志愿者立即向车站跑去。到了车站，发现是车站旁的一个垃圾桶起火，而起火原因是垃圾桶内一小截烟头没有熄灭，并且没有正确地放在垃圾桶内上方的专属位置，而是被吸烟者直接扔在了垃圾桶内，烟头的火星点燃了可燃物造成的。寇大爷连忙跑到了车站对面的商店，买了一大桶饮用水，气喘吁吁地跑回起火点，在几名志愿者的帮助下，拧开盖子就往垃圾桶内倒去，70多岁的寇大爷，他顾不上考虑这一桶水的重量，也顾不上自己他那么大的岁数跑来跑去身体受得住受不住，他的第一反应就是要赶紧灭火，不能让火势蔓延。终于，在几人的努力下，火被扑灭了，周围的行人纷纷为几名志愿者鼓掌，但是寇大爷和几名志愿者很平静，觉得这是自己应该做的，火灭了，他们便又回到了岗亭，继续巡逻执勤。

社区风采录 4-4

无私奉献的"红衣卫士"

2018年3月，随着全国"两会"的召开，在苏庄三里社区的重要路口、重要区域内涌现出了一批批"红衣卫士"，他们头戴小红帽，身着红棉服、红马甲，佩戴红袖标，不惧风寒，坚守在"两会"安保的岗位上，为"两会"的顺利召开保驾护航。

初春的天气乍暖还寒，而在寒冷的街头，苏庄三里社区"两会"安保志愿巡逻队的志愿者们仍然有条不紊地工作着。这支近200人的安保志愿巡逻队中，"12345蓝盾"治安志愿者队伍起了主力军作用。

"大爷，请问一下，我想去青龙湖怎么走？""您好，请问去码头乘坐哪路公交车？"……因临近城铁站和公交站，每天前来问路的行人络绎不绝，每到这个时刻，志愿者们都会耐心地为他们解答。这天上午，在苏庄路口城铁站下执勤的志愿者，看到路口一辆车一直停滞不前，几分钟的时间造成后面车辆严重拥堵。这时，党员秦素平、葛志同、田广会及几位志愿者上前一边询问车主情况，一边指挥交通，提醒车主立警示标识。通过交谈，志愿者们得知是因为汽车没油了，联系不上拖车，而且车上还坐着两位老人和一个尚在襁褓中的婴儿。看着后面越来越多的车辆被堵着，无法通行，志愿者们主动提出先帮忙把车推到路边，解决后面车辆堵塞问题，虽然他们都已年过半百，但是他们没有一个人向后退，在大家齐心合力下，终于将没油汽车推到了路边，还不等车主下车，志愿者们就已转身走回岗亭，继续进行安保巡逻。看着顺畅通行的车辆，他们没有因此而炫耀，只是默默地为"两会"期间的良好公共秩序奉献着、付出着。

社区风采录 4-5

人老志不老　愿为社区做贡献

赵成是一名退休的老党员，是社区"12345 蓝盾"治安志愿者服务队的资深队员。2003 年，他在苏庄社区购买了房子，把家安在这里。2012 年退休后，就把组织关系和户口同时转到了苏庄三里社区。赵成虽退休了，但回社区过组织生活却特别有劲。

2015 年社区成立"12345 蓝盾"治安志愿者服务队，他第一批积极报名参加。这一干就是 4 年多，无论刮风下雨、暑热雾霾，只要有日常执勤、两会安保或者国家的各个重大会议，他都会克服自身一切困难参加执勤。执勤中，他认真观察周边情况，为过往行人提供各种方便。即便家中有事，他都安排好，从没有请过假，也从没有打过退堂鼓。后来，由于身体不适，但觉得还可以坚持做志愿者，就让社区志愿者管理员把他安排在距离家比较近的执勤点执勤。

赵成没有轰轰烈烈的事迹，但是在社区治安志愿者服务的近 5 年时光中，他始终如一日地坚守岗位，默默无闻，发挥着作用。用他自己的话说："我是一名党员，就要用党员的标准严格要求自己。这些年，我都被评为苏庄三里社区优秀共产党员，我不能辜负这个荣誉，要好好地为社区和居民服务，做到老有所为，为苏庄三里社区的和谐做出自己的贡献。"

社区风采录 4-6

我愿意为社区发挥余热

73岁的付秀清，是一名有着50年党龄的老党员了。2012年11月，在党的十八大召开之际，她作为一名党员志愿者，参与了苏庄三里社区安保服务。大会期间，她和队员们在三里院卡口执勤，那时的付秀清已经66岁，身体还很硬朗，每天都会按时到岗，这一连就坚持了十几天。她认真履行这份职责，卡口周边的治安情况，她都了如指掌。看到社区主要领导每天都来巡检察看，她深感社区对这份工作的重视，她的退休生活就这样与治安志愿服务结下了缘。

"12345蓝盾"治安志愿者服务队成立以后，她主动请缨，每周按规定坚持上岗。几年里，她经历了全国"两会"安保、国家"一带一路"、"中非论坛"、党的十九大等重大活动的社会治安保卫工作。寒来暑往，年轻时当民兵连长时"招之即来、来之能战"的口号，总在她耳边响起。

2016年年底，付秀清搬家到距离社区十几公里以外，要参加执勤每次都要花半个小时的时间乘公交车前往。女儿劝她说："妈，您别去执勤了，岁数也大了，别再给组织添了麻烦！"一边面对女儿的关心，一边是党员的使命，她心里有个信念："只要身体允许，就不停下来。"一到执勤时间，她就会把小红帽、红马甲、蓝盾治安红袖标佩戴好，精神焕发地上岗巡逻。可能真是年纪大了吧，有一次乘坐公交车来执勤时，竟坐过了站。但是，每当她想起党组织授予的"优秀共产党员"称号时，就忘不了共产党员的初心！

社区风采录 4-7

行人的知心大妈

72岁的共产党员范秀敏，是2015年因丰台区拆迁，到苏庄三里社区买房定居下来的。2018年，她把组织关系转到苏庄三里社区第二党支部，也是在这一年,"12345 蓝盾"治安志愿者服务队扩招队员,她很高兴地报了名。作为一名党员,她深知一定要坚守岗位,不能出半点差错,在工作中必须忠于职守,一定要起模范作用。

在执勤中,她和另一位志愿者王振武同志是一个小组,在农业银行前的治安岗位服务。在执勤时,她们常遇到不够自觉的路人,把汽车停在斑马线上,造成行人过路不方便,还很危险。她每次都主动劝阻这些不遵守交通规则的人。特别是有的司机不讲道德,蛮不讲理地冲她嚷嚷:"我学开车时就知道斑马线不能停车,不用你教育我。"听到这样的话,范秀敏很难过,年轻的小伙子这样对待好心规劝的老人,但是她忍住了。面对志愿服务这份责任,她很耐心地劝导:"你这样的态度和做法会影响交通安全。"经过说服教育,年轻的司机认识到错误。在执勤时,她也常遇到过往行人特意找到岗亭问社区定点医院在哪儿呀、房山区良乡地区社区卫生服务中心在哪儿、药店在哪儿等问路的问题,只要有问路的,她都热心给予解答。虽然她做的事情不多,但她清楚地知道:"一滴水能够影射太阳的光辉,一名党员的一举一动能够体现党员的形象!"

图 4-1 "12345 蓝盾"治安志愿者上岗执勤

第四章 抓联防群治 提升安全性

图 4-2 志愿者陈玉水用小喇叭宣传防范入室盗窃标语

图 4-3 志愿者及时灭火

图 4-4 志愿者为行人指路

第二节　党群同心战疫情

导　读

本节主要介绍了苏庄三里社区面对突如其来的新冠疫情，坚持人民至上、生命至上，实施科学精准防控，充分发挥基层党组织战斗堡垒作用和党员先锋模范作用，团结带领社区居民风雨同舟、众志成城，共同构筑起疫情防控的坚固防线，党群同心共渡难关的生动过程与感人事迹。

> 风霜雨雪立街头，呐喊冲锋欣放喉。
> 荡除阴霾迎晓日，锤镰指处竞风流。

2020年春节，与往年的春节过得不一样。突如其来的新冠疫情席卷全国，为本该喜庆祥和的节日蒙上了一层阴影。"疫情就是命令，防控就是责任，人民利益高于一切，防控阻击疫情蔓延刻不容缓。"在西潞街道工委办事处的领导下，苏庄三里社区以前所未有的力度，全力以赴投入疫情防控工作中，强化网格精细化管理作用，筑牢三级网格体系防控基础，为疫情防控阻击战高效合理布阵前行。广大党员主动请缨、冲锋在前，充分发挥战斗堡垒作用和先锋模范作用；广大居民群众群策群力、积极配合，构筑了一幅幅"党群同心、众志成城"抗击疫情的生动画面。

一、迅速行动，把疫情防控作为重大政治任务

疫情来势汹汹，生命重于泰山。面对未知的发展形势，面对近6000名社区民众，面对防疫工作的千头万绪，如何确保社区居民的生命安全，打好打赢这场疫情防控阻击战？

（一）党组织成为坚强的战斗堡垒

社区党组织坚决落实街道工委的部署要求，把疫情防控当成最重要的工作来抓，第一时间成立应对疫情工作领导小组，加强党的领导，统一思想认识，坚持站位靠前、谋划靠前、防治靠前。从 2020 年 1 月 22 日开始，先后召开 10 余次社区疫情防控工作会、每日碰头会、现场处置会，及时传达最新的防控指示精神，对疫情防控工作进行再研究、再部署、再动员。

在人民群众最需要的时刻，要豁得出来才能顶得上来。所有社区干部不顾感染风险，抛家舍业，冲锋陷阵。社区书记身先士卒，靠前指挥，无论工作多忙，每日都到各防疫卡口检查工作，及时掌握情况，及时采取措施，及时回应群众关切。几名支委分别带队，带领入户摸排组、卡口执勤组、信息报送组、综合办工组、物业保障组开展工作，做到守土有责，守土担责，守土尽责。社区在辖区 6 个小院和 1 个商务楼等重要位置设立关卡，100 名工作人员率先投入战斗，分成两组两班倒，24 小时全天候在岗，核查、测温、登记、上报、消毒等，以高度的政治责任感和饱满的工作热情，带头深入防控第一线开展工作。为准确掌握社区人员动态，入户摸排组挨家挨户走访排查，持续对多次入户家中无人的住户进行电话排查，详细记录家庭情况；每日对辖区复产复工的企事业单位和商户逐户走访，进行人员排查、消防安全检查等。14 名社区干部分组包片对接辖区返京人员，每天询问身体状况，登记体温，做到已返京人员全部居家隔离，居家隔离人员全部追踪记录，预返京人员全部提前报备。

越是在群众遇到危难的时候，党组织越要发挥强大的政治功能和组织力。在社区党组织的号召下，35 名社区党员、183 名在职党员、50 名楼门长、20 名居民代表、7 名退役军人先后以现场、电话和微信等形式主动报名，积极投入防疫工作中，形成了强大的群防群治防线，充分发挥了基层党组织的战斗堡垒作用，让党旗在防控疫情斗争第一线高高飘扬。

（二）切实筑牢三项基础工作

一是筑牢三级网格体系防控基础。为加强防控，对社区实施封闭式管理，防控卡口24小时全天候有人值守，严格按照核查、测温、询问、登记四步工作法开展工作，做到逢车必检、逢人必查，最大限度地切断疫情输入传播渠道。坚持"育网式"工作方法，形成了"单元门口—小院卡口—居委会入口"三级网格的无死角对接防控区域；建起了"楼门长（报告信息）—卡口组长（小院管控）—社区书记主任（全面指挥协调）"三级责任分工模式。领导班子压实防控责任，包片、包户、包人，开展联防联控、精准施策。

二是筑牢疫情防控智能技术基础。对社区内6个生活小院的10个出入口进行了技术监控，164个单元门口的门禁进行改造，加强人员管控的精准度。在居家隔离人员家中安装智能门磁，掌握出入动态，在写字楼宇检查服务岗安装门框式体温检测仪，提高测温效率。建立起全覆盖、无死角的监控网络系统，把社区的监控体系从"枝干"延伸到"细节"，进一步完善了社区从"人防"到"技防"的管理体系。

三是筑牢健康教育全民保护基础。采用"报、语、屏、栏、群"5种宣传手段长期宣传，加大疫情防控健康教育宣传力度，普及相关医疗知识和防范措施。物业公司坚持每天对辖区约22万平方米的公共区域和164个单元门进行消毒处理。在居民防控意识松懈时，社区居委会联合西潞派出所管片民警，对辖区鹭园及刺猬河苏庄三里段沿岸进行巡查，对未戴口罩的遛弯人员进行劝导，对扎堆儿聊天、下棋的居民进行劝离。

二、不忘初心，一名党员真正扛起了一面旗

疫情就是命令，防控就是责任。全社区党员和在职党员挺身而出、积极作为，带头坚守防控一线，带头联系服务群众，带头做好宣传引导，带头遵守纪律规矩，展现了新时代共产党员勇于担当作为的政治本色。群众有了"主心

骨",社区有了"守护神",苏庄三里社区阳光诗社更是创作了优美诗篇,热情地歌颂了抗疫斗争中党员们无私奉献的感人事迹。

共克时艰——有感苏庄三里邵雪松书记亲为居民采买生活必需品

(马宏侠)

外地归来居闭户,疫情阻断门前路。

亲临采买送家门,恰似干涸逢雨露。

此情此景,正是邵雪松书记挤出时间,亲自为社区居家隔离人员采购消毒用品和生活用品。"隔离不隔爱,防疫不防人",邵雪松书记总是把关心关爱社区居民摆在优先位置,特别是对途经疫区的返京人员更加关注,及时了解他们的健康状况、疏导心理情绪、做好生活保障等,让他们感受到社区党组织的温暖和关怀,帮助他们度过艰难时期。

致敬老党员

(王立祥)

出入盘查测体温,夜来坚守数星辰。

谁言年迈无多用?誓保龙乡这扇门。

在社区坚强的防疫力量中,有这样一群人格外引人瞩目。他们头发花白,或身形硬朗,或行动稍显不便,却都有着同样高昂的热情,每日坚守在防疫卡口。他们就是社区的老党员。一直以来,社区老党员都是参与社区治理的重要力量。别看他们平均年龄66岁,可工作劲头一点也不比年轻人小。在此次疫情防控工作中,当了解到社区防控力量不足时,夏淑贤、黄振申、李伟、葛志同、赵成、陈国庆、安兆会等17名老党员放弃了与家人相聚的美好时光，主动找到党组织要求参加执勤。无论天气怎样，每天老党员们都会按时来到防控卡口，最少站岗 2 小时，对进出小院的行人和车辆进行测温、询问、登记等，并耐心提醒居民少聚集、出门带好口罩、回家立刻洗手等。空闲时，他们还对小院内居民容易接触的公共区域进行消毒，帮助社区干部一起扫雪等。冬天天气寒冷，执勤时间长了，有的老党员身体有些吃不消。但他们轻伤不下火线，实在需要休养的，也是时刻惦记着替班人员，稍有好转就立刻归队，不愿"拖后腿、添麻烦"。

"作为一名党员，能为社区居民做好服务，就是对抗击疫情最有力的支持啊！""我现在退休没有什么事，身体状况也不错，只要社区需要，我就随叫随到！"在他们的言谈话语中，时刻透露出身为一名共产党员的责任感和使命感。

竹枝词香茶连心——有感苏庄三里居民为党员干部志愿者送姜茶

（谭 泽）

大雪纷飞脚下滑，同心征战送姜茶。
口甜身暖情尤切，共盼春风催幼芽。

63 岁的李淑珍是居住在小佳世苑的一名老党员。从疫情防控开始，她就向党组织申请站岗执勤。她有一副热心肠，把社区的干部和志愿者都当成自己的孩子，为了让他们能喝上一口热水，每天上岗前她都在家里烧好一壶热水带到卡口。雨雪天，她就煮好姜茶，生怕冻坏了执勤的干部。

还有很多居民像李淑珍一样，看到干部和志愿者们的无私付出，有的采购消毒水、口罩、方便面、一次性手套等物资，有的亲手制作姜糖茶、早餐、汤圆等爱心食品送到疫情防控服务站，温暖了所有工作人员的心，传递了强大的精神力量！

同心携手

（颜景河）

庚子时节大疫临，雪中送炭到家门。

查来送往严精细，宛若苏庄三里人。

这首诗是为区直机关干部火线集结，支援社区开展防控工作而创作的赞歌。各支援单位第一时间组织志愿者参与到社区疫情防控工作中来，主动与社区进行沟通对接，协助社区开展人员排查、卡口值守等志愿服务工作，及时解决了社区一线人员不足的问题。区委党校每天安排10名下沉干部，与社区干部同吃苦、共患难。区生态环境局发扬铁军精神，主动问需社区，周一至周五每日抽调10名工作人员，充实一线防控力量。区园林绿化局落实"周末上一线、值守做贡献"，每周末安排16名工作人员协助社区共同做好疫情防控工作。

他们从不讲条件，按时到岗到位，认真落实防控责任，展现了坚定的意志和优良的作风。看到这些机关干部快速融入社区，社区工作者们信心倍增，相信在大家的共同努力下，一定能打赢这场疫情防控阻击战。

三、守望相助，党群同心齐抗疫

为人民而战，靠人民而胜。这是一场人民战争，只有紧紧依靠群众，充分发动群众，党群一条心才能共克时艰。

（一）居民齐配合，心中有底气

看到社区干部们忘我的奉献精神，社区居民骨干代表、楼门长自愿加入防疫队伍，利用自己对小区情况熟悉的优势，协助工作人员快速完成居住人员排查，及时反馈居民动态，守好每一个楼门。广大居民群众在党组织的动员和凝聚下，自觉服从大局，配合防疫卡口出入核查工作，不光主动出示证件，扫码登记，还会在人流量大的时候主动提醒其他人提前准备好证件和健康码，迅速提高自我服务、自我防护的能力。有的热心居民自发为卡口执勤人员送来热水、红糖姜茶、水果、汤圆等，不光暖了身体，更暖了心。有了社区居民的理解与支持，社区干部的苦累都抛到了脑后，身上有干劲，心里有底气，坚信党群携手一定能够取得最后的胜利。

（二）社企献爱心，防疫有信心

新冠疫情发生以来，社区在做好人员排查的同时，不断解决居民关注的各类难题，同时对社区民生保障企业提供人力支援。一是在苏庄中路封闭路段专门开辟出银行专用通道，并安排志愿者在通道口处进行引导，保证非本小区居民的银行业务办理需求。二是组织志愿者支援辖区民生保障企业华冠超市苏庄店，协助测量体温。同时为辖区达到复工条件的商户提供消毒液等防控物资，指导督促商户做好消毒杀菌、登记测温等工作。社区还为封闭范围内的商户制作工作证，严格把控封闭区域内商户居民工作、生活安全稳定。

辖区企业商户积极配合防控工作，严格执行复产复工申报制度，做好人员排查、日常消杀和访客登记。苏庄三里社区组织党员开展自愿捐款支持疫情防控工作活动，社区党员、辖区复工复产商户积极响应，纷纷献上自己的一份爱心。爱心企业房安新月公司党支部、北京东方毅拓展文化发展集团有限公司送来消毒液、方便面、口罩等抗疫物资，向始终坚守在防疫一线的干部和志愿者们表示真诚的致敬。

（三）社区解民忧，生活更舒心

社区坚持"民有所呼、我有所应"。特别是在疫情防控期间，面对社区居民心里焦躁、害怕和不理解而产生的委屈、愤怒的情况，安排了有经验和持有心理咨询师证的社区干部共同解决居民的诉求，针对一些难度较大的问题，由社区书记亲自上门或联系解决。刚开始实行小区封闭管理时，居民对严禁外部车辆人员进入、进出需要出入证、小区只开放一个出入口等非常不适应，认为这给生活带来诸多不便，很多人向社区干部表达不满。对此，组织委员臧小洁耐心地向居民解释，这些措施都是为了严防病例输入，防止居家隔离人员随意活动，最大限度地保障社区内居民的生命安全。经过几天的宣传引导和耐心疏导后，绝大部分居民认识到了防控措施的重要性，开始自觉配合。社区居委会副主任陈爽在一次走访中，发现一些返京人员因长时间不能外出，出现了紧张、烦躁、易怒、作息时间紊乱的情况，她就发挥自己心理咨询师的专业特长，经常在居家观察群里推送一些心理健康的小知识，引导大家舒缓压力，调整心态，使返京人员顺利度过了14天的居家医学观察期。为了加大疫情防控力度，又不失人性化服务，苏庄三里社区不断在完善、不断在思考，这样的温暖之举也得到了居民的认可和感谢，也为这个特殊的时期留下了别样的温情。

四、初步效果

疫情无情人有情。在社区全体党员群众的携手下，全社区没有出现一例三类人员，更没有出现一例疑似病例和确诊病例，做到了人员排查全覆盖、重点人员管控全落实、返京人员服务保障全到位，辖区企业商户有序复产复工，辖区居民生活和谐稳定，创建了"无疫情社区"。

（一）提升了党组织的领导力和战斗力

在这场防疫抗疫战中，社区党组织坚决贯彻街道工委的决策部署，充分发挥政治优势和组织优势，防疫动员成效显著，坚决保障了社区居民生命安全，维护了社区安定和谐，党组织的领导力和战斗力在疫情防控阻击战中得到检验、提升和彰显。

（二）增强了党群的凝聚力和向心力

经过几个月众志成城的抗疫战斗，社区党组织把群众力量紧紧团结在党的周围，组成了最广泛的疫情防控战线，形成了社区防控工作的整体合力，加强了同居民群众的血肉联系。距离近了，心也近了，全社区形成了前所未有的凝聚力和向心力。

（三）完善了治理体系，提升了治理能力

在这次抗击疫情过程中，苏庄三里社区做到因时而变、因势利导，强化了育网式工作方法，建立了应急防控和常态化防控工作机制，在人口流动阻断、居家隔离观察、居住人口核查、社区生活服务、公共安全维护等方面取得了新的进展。在防疫期间形成的工作方法、取得的广泛群众基础，使党建引领垃圾分类、党建引领物业管理等工作快速起步、顺利推进，社区群防群治体系更加完善，社会治理能力有所提升。

"当前，疫情仍在全球蔓延，国内零星散发病例和局部暴发疫情的风险仍然存在，夺取抗疫斗争全面胜利还需要付出持续努力。"苏庄三里社区将继续绷紧常态化防控这根弦，坚决筑牢疫情防控围墙，当好社区居民的守护人。

社区风采录 4-8

人民的代表　战"疫"的先锋

2020年，一场无情的疫情在人们毫无防备下席卷而来，面对来势汹汹的疫情，作为北京市第十五届人大代表、房山区第八届人大代表、苏庄三里社区党组织书记的邵雪松，她用瘦弱的肩膀扛起苏庄三里社区居民的健康重任，她迎难而上，亲自指挥，从严部署，用实际行动诠释着"人民代表为人民"的神圣职责与使命。

面对艰巨的疫情防控任务，她带领社区干部们在社区内开展地毯式排

查，快速掌握居民的居住情况。随着越来越多的返京人员相继归来，她主动沟通疏导，第一时间安排社区工作者主动对接，加强对他们居家医学观察管理的同时保障他们的生活服务。空闲时间她更是亲自为社区内返京人员采购消毒用品和生活用品，让他们感受到社区的温暖和关怀。面对辖区商户陆续复工、返岗人员大幅增加的情况，她及时调整了工作重点，亲自带领社区干部深入辖区摸排企业商户情况，认真了解企业、商户测温仪、消毒液、口罩等防疫物资情况。

邵雪松书记还肩负着海悦嘉园社区抗击疫情的指导工作和西潞街道5个社区返京人员的督查工作。她每天只睡四五个小时，近两个月没有回过家，没日没夜，没早没晚。有人问她，"战'疫'工作中，您最大的感触是什么？"她随手打开了一个微信群，"书记，看着你们每天为了大家那么忙碌，我也想加入你们，给我也安排个执勤的岗位吧。""明天我不值班，也可以参加。""给我也排上。"指着手机，她笑着说："这次真的感觉到社区居民一家亲，联防联控工作，我们在一起，真好！"

社区风采录 4-9

老兵新传战疫"情"

2020年，在全国人民齐心协力共战新冠疫情的时候，社区倡议集结号一经吹响，苏庄三里社区老兵新传退役军人服务队的队员们闻令而动，积极加入社区疫情防控阻击战中来，使飘扬在疫情防控站上的党旗更加鲜明。

退役军人高建勇，身兼楼门长的他每天早上8点准时到岗，测量体温、查看出入证、检查车辆后备厢一丝不苟。因为在小佳世苑居住了10多年，对于小区的常住人口较为了解，每当看到面生或者不认识的人员要进入小区时，他都会格外留意，将人员拦截下来仔细核查。用他的话说："身为一名退役军人，不管到哪里，不管到何时，咱永远都是党的合格兵！"

67岁的韩振银，从社区号召广大退役军人为疫情防控增添力量那天起，他就第一个响应，迅速上岗。"请您出示出入证！"客气中透露着严苛的话语，从他的口中一天不知道要说出多少次。2月，韩振银要和老伴儿一起照顾刚生产完的儿媳和孩子。本来想着他可能要1个月后才能再来，或者可能都不能上岗了，没承想短短几天后，卡口又出现了韩振银的身影。他说："现在疫情这么严重，相比起我们家，咱们社区更缺人，家里边儿我们都说好了，我站几个小时岗回去再照顾也没问题！要不然我心里也不踏实！"

同样作为退役军人的程志勇，在隔离期满后，马上到小区门口的服务站去报名上岗，他说："身为一名退役军人，国家有难时就应该冲锋在前，虽然我不能去湖北支援，但也希望能为社区的疫情防控工作出一分力，尽一份心。"3月18日，北京刮起了10级大风。原本在房山南关店铺的他看见起风了，心想服务站可能人单力薄，又基本都是女同志，应对大风天气可能会吃力，他就马上关了店门开车赶了回来："刚进小区就看到干部们正在奋力地拆卸帐篷，我也没多想停好车就跑了过去！"没有想过可能会被不知从哪儿刮来的坠物砸伤，没有考虑到自己会不会受伤，只是一心想着能帮上忙就好，能帮干部们解决困难就好，而往往这种"不自觉"不就正是他刻在骨子里敢于担当、无私奉献的意识吗？

除了以上几人，还有很多奋战在防疫一线的退役军人。崔宝全下了夜班后，从六里桥赶回社区继续上岗2小时，每天按时到岗，轻伤不下火线。王征不光将自己的上岗时间调换到中午，让干部们能踏实地吃顿热乎饭，还自购水果、饮用水等送到服务站供干部和志愿者们食用。

越是严峻的形势越是能考验和识别每个人，而社区的退役军人们在这场疫情战役中，用自己的方式和行动践行着"为人民服务"的庄严承诺，为打赢这场没有硝烟的疫情阻击战奉献全身心的力量！

社区风采录 4-10

疫情阻击战中的抗疫家庭

自新冠疫情发生以来，社区党员和在职党员们积极响应社区号召，义无反顾地加入这场疫情防控工作中来，共产党员李伟一家人就是其中的代表。

李伟，今年63岁，共产党员，他不仅是一名退役军人，还是小区居民代表、楼门长。自从社区吹响疫情防控的集结号后，他第一时间响应，每天坚持上岗。最初的几天，李伟每天乘坐公交车往返于社区和老母亲家。同样是共产党员身份的老母亲对他回社区值守的意义和重要性，表示了理解和支持，几天后，李伟的弟弟也主动将老人接到了自己家中。从此，党性和责任心驱使着他全身心地投入防疫一线中，他常说："一个党员就是一面旗帜，入党誓词不是说说就算了的，是要以实际行动践行的，保护好我们的家园是每个共产党员义不容辞的义务，这个时候我不能退缩，必须要往前冲！"

同样坚守这份初心的还有他的爱人李淑珍。63岁的她和其他党员错时上岗，只为确保每个时段都有共产党员在岗，即便身体不是很好，她也从不喊累、从不早退。她将社区干部当成自己的孩子，每天上岗之前都会在家中烧好开水，带到岗位上给社区干部和其他党员喝，寒冷的风雪天就会煮姜糖水，生怕冻坏了值守的一线人员。

李伟的儿子李岩捷同为党员，在单位负责办公室和党务工作。自疫情发生以来，他24小时坚守在自己的岗位上，很多天才能回家一次，但只要有时间，他都会走上社区的疫情防控岗，李伟曾笑称："妈妈下岗，儿子上岗！"

还有近期加入党组织的儿媳刘淼，深知党员冲在前面的必要性和面临的潜在危险，虽然即将临盆，但依然支持着公婆和丈夫上岗执勤，唯有每次家人出门的时候嘱咐上一句"保护好自己"。

就是这样平凡的普通家庭，用不平凡的坚守，生动诠释着共产党员的使命和担当。像他们一样的党员还有很多，都用自己朴实而真诚的力量为社区疫情防控贡献着!

社区风采录 4-11

青春志愿行 "疫"战勇担当

28岁的王野,是苏庄三里社区蝶翠苑的一名普通居民。因为单位尚未复工,看到作为党员的好朋友到小院儿门口支援社区疫情防控岗,便也向社区提出了报名申请。

王野与爱人刚刚结婚3个月,爱人是一名奋战在医院的血液科护士,每天送爱人上班后,王野便来到疫情防控岗。认真的他,严格按照防控要求,逢人必查。一次一位老大爷出来取快递,王野把人拦下,让其出示出入证,大爷像没有听到一般拿完快递就走。王野再次询问的时候老大爷便急了:"我刚出门儿,就拿了个快递,查什么出入证!"王野耐心地解释说:"社区有居家观察人员,是不能出来的,他们没有证,每天进进出出的人也不少,我们只能凭证出入。"大爷听后表示理解,并向他出示了出入证。

暖心的他,每当有居民外出归来手提重物或推着自行车不好测量体温时,他都会一手测体温一手帮忙扶车、拿菜,一来一往,居民们都认识了这位热心肠的青年志愿者。"您回来啦!""您吃了吗?""您遛弯儿去啊!""你们辛苦了""今天天冷,你们在外面执勤要多穿点,注意保暖"虽然只是简短的问候,却在无形中拉近了社区与居民的距离,使防控岗变得暖意融融。

从2月的雪花纷飞到3月的春暖花开,无论是阵风七八级还是春雨朦胧,王野都每天坚持上岗,有时一站就是五六个小时,白天执勤完,晚上接着上岗。有人问王野为什么如此坚持,他笑着说:"一开始我是在朋友的带动下参加的,可后来发现社区工作者们为防疫工作付出了太多,真的特别辛苦,白天服务岗又基本都是姐姐们在,我一个男生,不光可以帮她们分担一些工作,还可以给她们壮壮士气。"

王野虽然只是一名普通居民，却用自己的行动为抗击疫情做着自己的贡献，以自己的方式诠释着不负青春、不负韶华的真正意义！

社区风采录 4-12

心中的那份坚守

赵岳霞，今年46岁，她的脸上每天都挂着明媚的笑容。如果不熟悉，还真不知道这样一个工作认真，关心居民和同事的她已经身患尿毒症6年。而这6年中，每周周二、周四、周六她都要到房山医院进行透析治疗，每次一做就是4小时。

2020年的一次透析中，放在腿上的热水袋突然破裂，滚烫的热水将她的腿烫伤一大片，虽进行了治疗，但也不得不在家中进行休养。

在家休养的她，看着同事们在邵雪松书记的带领下团结奋战在防疫一线上，内心也是无比的焦急，申请上岗的请愿也被驳回，书记告诉她，一定要以自己的身体为主，把身体养好了再去也不迟。好在，经过半个多月的休养，她的烫伤已经基本痊愈，再次向社区申请回归一线。这一次，在社区领导再三确认她的烫伤康复后，她的复工申请得到了批准，于是她马上就投入到社区的疫情防控工作中。

现在，赵岳霞每天都跟同事和志愿者们一起，坚守在疫情防控的岗位上，她说："比起以身体为由不能上岗，却看着同事们克服各种困难与疫情不断抗争，我更愿意和他们一起奋斗在一线，为了疫情早日结束献上我自己的一分力！"

社区风采录 4-13

大疫当前 敢于担当

当社区副主任陈爽接到社区要求返岗的电话时,她正在照顾因患急性胰腺炎刚刚出院回家的丈夫。电话那头是急需人员力量的同事、战友,这头是需要休养的丈夫和年幼的两个孩子,她没有过多犹豫,向家人说明了当前形势,与父母商量后,便将两个孩子送到了父母家居住。对于她的决定,她的丈夫和家人表示理解和支持,这给了她莫大的力量——来自家人的力量。

回到岗位后,她迅速与同事们一起进入紧张的人员排查工作中,白天不在家的晚上去,晚上不在家的电话联系,她所负责的11个单元132户,只用了短短3天时间便全部排查清楚。随着疫情形势的越发严峻,北京市要求所有的返京人员都应进行14天的居家医学观察,这一通知发布后,作为返京人员居家观察组组长的她,为了确保社区返京人员严格遵守此项要求,便通过微信和入户的方式向返京人员反复宣传居家观察期间的健康知识和各种注意事项。得知返京人员的日常生活物资短缺时,她就主动帮着大家采购蔬菜水果、消毒用品等生活必需品。其他干部因在服务岗执勤无法及时为所对应的返京人员送快递、送外卖时,她就主动承担起送快递的任务,一天几十个快递、外卖送下来,她的脚都是肿胀的,可她从不喊累,第二天继续一栋楼一栋楼地跑,辖区每一户返京人员的家门口都留下她的身影。

每天12个小时的工作后,当她拖着疲惫的身躯回到家时,仍会坚持与孩子们视频通话,看着视频中哭着问她什么时候能回家的女儿,她强忍着泪水说:"等疫情结束了,大家都安全了,咱们就回家。"一次视频时,女儿向她展示一幅画,画中的她戴着口罩,穿着棉衣,旁边歪歪扭扭地写着:"妈妈,加油!"女儿对她说:"妈妈,电视里说你们是最美逆行者,是你们保护了大家,可是妈妈你自己也一定要戴好口罩,保护好自己!"听着女儿稚气的话语,她备受鼓舞,工作的劲头更足了,不管遇到什么难题、不管工作有多苦多累,她都始终坚守在疫情防控工作的最前线,用实际行动为这场疫情阻击战贡献着自己全身心的力量。

图 4-5　为返京居家观察人员代购日用品

图 4-6　房山区生态环境局支援疫情防控岗

图 4-7　社区干部检查居民出入证，测量体温

图 4-8　区委党校下沉干部参与社区防控

第五章 抓制度规范 提升公正性

第一节 人民调解促和谐

导 读

本节主要介绍了苏庄三里社区坚持党建引领，普及法治知识，抓好"许顺"人民调解工作室的工作历程，展示出一个普法规、解民忧、顺民意的老百姓信得过的人民调解室的风采。

> 大千世界有忧烦，总会锅勺碰碗沿。
> 亦理亦情通大路，社区普法上高端。

2014年10月，苏庄三里社区党组织在普及法治社区的工作中成立了"许顺"人民调解工作室，这是社区党建工作的一项重要举措。当时的情况是：苏庄三里刚从农村转型为城镇社区不久，有很多历史遗留问题亟待解决。为了应对可能出现的各种问题，化解居民之间的矛盾，做到小问题不上交，纠纷随时解决，调解不出社区，社区成立了这个专门为居民提供法律服务的机构。经过5年多的艰苦工作，"许顺"人民调解工作室化解了社区内外的很多矛盾纠纷，"许顺"人民调解工作室出了名，普法工作积累了丰富的经验，为苏庄三里社区建成法治社区、平安社区、和谐社区贡献了力量。

一、面对社区转型，做好法律服务

"许顺"人民调解工作室一成立，就迅速投入工作，着手解决相关问题。转居后，一些历史遗留问题成为影响社区安定和谐的隐患。

年终老户村民股权分红问题就是其中一项。社区新建后，股权分红是社区经济组织即苏庄村经济合作社要经办的一项重点工作，是社区原住户每家每户都极为关心的切身利益大事。一旦处理不好，就会造成苏庄村经济合作社与股民及其家庭产生矛盾。"许顺"人民调解工作室对股权分红情况详细摸排后，每天耐心接待股民们的咨询，为他们一一解答股权分红的要求、程序及具备股权资质等相关问题，通过调解员细致讲解，股民们很快明白了这些规程，对自己的分配情况也有了一定了解。除了这些工作室还提供"超前服务"，就是当老人还健在时，提供上门服务，帮助老人确定股权继承等问题。许多社区股民文化不高，遇到需要签订有关股权协议的事宜时，他们就委托调解室工作人员办理。调解室工作人员乐此不疲，为股民代书协议125件，帮助851名股民顺利实现了分红。当股民拿到分红时，赞扬"许顺"人民调解工作室及时帮助解决了农村转型社区的老大难问题。社区也认识到，党建应该这样抓，要把社区法治工作列入党建工作的重要议事日程。

二、就地化解矛盾，促进邻里和谐

6年多来，居民遇到的大到房产继承、工伤赔偿，小到烦心事、操心事、揪心事，"许顺"人民调解工作都成功调解，能够在社区内解决的事情，绝不上交法院。

一是居民遇到难以解决的法律问题。"许顺"人民调解工作室接到申请后马上出面调解，帮助解决。赵某上班时，路遇车祸，本人很苦恼，究竟通过哪种方式解决工伤赔付问题？"许顺"人民调解工作室及时为他指明了解决路径——让当事人直接找到劳动仲裁部门，受到伤害的事实经相关部门认定后，工伤问题得以圆满解决。类似的案例还有高某的母亲，2017年11月她被车撞伤，住院治疗一个月才痊愈。肇事方通过保险理赔的方式支付了一部分医药费，但仍有一部分金额没有得到赔付，这就成了一个疑难问题。许顺在了解受害一方的情况后，为双方进行了调解，认为保险公司已赔偿的金额，双方已经没有异议，而剩下的金额，双方应该坐下来协商。通过调解室的调解及双方的平等协商，受害人医疗费用中余下的这部分金额，肇事方给予了应有的补偿。

二是家庭纠纷，厘不清的难题法律来解决。"许顺"人民调解工作室对这些纷争了解后，对当事人晓之以理，动之以情，使得矛盾冲突双方握手言和。朱某家有弟兄5人，2016年1月，他们找到"许顺"人民调解工作室，他们要在父亲留下的宅基地上盖房，却遇到了阻拦。原来，朱某五兄弟还有个叔叔。他叔叔认为，这宅基地还有他的一份，并且拿出朱某爷爷在世时的遗嘱，来争这块宅基地的使用权。双方争得面红耳赤，不可开交，只好来到"许顺"人民调解工作室理论。许顺让双方平心静气，给他们讲明法律上的规定：首先，他让双方当事人确定了朱某爷爷确立遗嘱的时间，又确定了朱某父亲与叔叔兄弟俩分家的时间。并要求朱某弟兄5人拿出当时的分家协议书。分家时，5人都在协议书上签了字，对老人的赡养也写得很清楚，这份协议书是有效的。最后，许顺律师说明，法律规定，农村的宅基地，土地归集体所有，是没有继承权的。因此，朱某叔叔拿出的遗嘱不产生法律效力。这样一说，朱某叔叔也就无话可说，一场冲突被化解了。

三是较为复杂的矛盾，经过"许顺"人民调解工作室的调解，也都得到了圆满解决。侯某因二婚问题产生了房产纠纷，就是一个很棘手的案例。二婚时，侯某与妻子1990年3月结婚，妻子带来了与前夫生育的两个孩子。而侯某也带着与前妻的两个孩子一起生活。他与现任妻子婚后购得一处房产，侯某想把购买的房子留给前妻生下的孩子，就找到"许顺"人民调解工作室，说明这个愿望，并请求用遗嘱的方式在法律上确认下来。许顺经过认真研究，对侯某进行了耐心细致的劝导，对他讲明这套购买的房产是同后来的妻子生活期间共同购置的，如果在遗嘱中写出留给前妻的两个孩子，就等于侵害了现任妻子应得的财产，是不可以的，也会产生纠纷，闹得家庭不和。在法律上，这样的遗嘱属于无效遗嘱。如果所写的遗嘱专指与现任妻子婚前的房产，倒是可行的。许顺律师一席话，使侯某豁然开朗，认识到以前的想法是错误的，如果按照原来想法写遗嘱，不仅不能生效，还会引发家庭矛盾。他感谢许顺律师的透彻解读，从而避免了一场家庭纷争。

还有一种复杂的案例情况，也是"许顺"人民调解工作室来成功调解的。案例是，李女士拿出一笔钱作为首付款给女儿购买了一处房产，房产登记在女儿名下，当时女儿未婚。女儿婚后，生下一女，后因病不幸离世。当年女儿是结婚不离家，遗下的孩子一直跟女婿一起生活。现在，女婿提出继承房产的要求。为此双方产生分歧，纠缠不清。于是，李女士找到"许顺"人民调解工作室，希望房产由外孙女一人继承，双方争执不下，要求法院解决。许顺律师看到事态严重，把双方召集到一起，对事情进行调解梳理。他要双方首先承认一个事实，即房产是写在女儿名下，而女儿已经过世，也就成为遗产了。这一点双方都予以承认。其次，许律师解析，根据法律继承关系，李女士是过世者的母亲，女婿是过世者的丈夫，双方都属于第一顺序继承人，继承权力是平等的，都不能提出否认另一方继承的要求，这样做缺乏法律依据。经过调解，双方都消了气，坐在一起，协商处理了这宗遗下的房产。

以上一系列案例，只是"许顺"人民调解工作室成功调解的其中一部分，个个都是棘手的难题，如不能及时合法合理地调解，都可能会酿成较为严重的后果。但是，经过调解室春风化雨的工作，不用走出社区，纠纷迎刃而解，为社区居民化解难题，维护权益，得到广大居民拍手称赞。

三、提供司法援助，诉讼不用求人

"许顺"人民调解工作室不是大包大揽，什么纠纷都能调解，遇到必须通过司法程序才能判定的案件，怎么办呢？那就是做依法审理案情的援助者，为受害者指明诉讼路径，帮助弱势群体打赢官司。有下面几件事，都是经过"许顺"人民调解工作室帮助，进行了法律咨询。

贾某近年在良乡商业街租了一个店铺，出租方当时说定租期为3年，且能够办理营业执照。承租之后，情况却变了，一年过去，出租方并没有提供办理执照的相关材料。办不了执照，贾某就不能正常营业，但租房费还得照常交。贾某登门索要办照材料，却被对方拒绝，并扬言要把他赶走。开店时所购置的设备及房屋装修，花去了一大笔钱。贾某为了挽回经济损失，决心通过法律维权，准备起诉对方。但是，具体怎么办？他心里没有底，于是他来到"许顺"人民调解工作室。为了帮助贾某打赢官司，经过对案情的认真研究，许律师提供了法律咨询服务，建议他到法院起诉对方，维护自身利益。但是，要起诉，就必须持有确凿的证据，这些证据或者是双方原定的协议，或者是照片，或者是其他文字材料，用这些证据较为准确地说明自身损失的标准，而不要无凭无证，信口说来。在许律师的帮助下，贾某心里有了谱，他依据这些条件积极准备了诉讼材料，最终打赢了这场官司。通过这件事，社区内外的居民对"许顺"人民调解工作室的法律指导也更为信赖了。

这样的例子还有，2007年，王先生及其兄妹三人协议共同出资，为其父母购置一处房产，供老人居住。协议中同时明确，房产不属于老人，而属于兄妹3人共有，不能作为遗产处置。而老人却瞒着另外两个出资人，将房产转到王先生弟弟的名下。其他两位出资人知情后，强烈要求重新获得房屋所有权。但兄妹俩不知如何通过法律程序实现诉求，到"许顺"人民调解工作室求助。调解室工作人员给予了及时的法律解读。首先告诉兄妹二人，共同购房时3人订立的协议是有效的，要把这份协议作为诉讼的依据，任何一个协议人违背了协议，都会输理儿，法院会依照协议书的约定来宣判。但原告二人必须去有关部门了解清楚，是通过何种途径变更房产的。在这种情况下，如果被告一方坚持不变更，走诉讼的程序完全可行。至于有理的原告一方如何采集证据，"许顺"人民调解工作室积极"支着儿",使得受损害的一方通过法律维护了自身权益。

四、初步效果

（一）社区普法工作扎实有力，法治全面推进

"许顺"人民调解工作室自成立以来，坚持"调防结合，以防为主"的工作原则，将社区的普法工作做得扎扎实实，调解工作不出社区，为居民的司法诉讼提供了强有力的法律援助。在日常工作中，"许顺"人民调解工作室作为社区的工作助手，全面抓好对居民的普法教育，大大提升了居民的法治意识，逐步消除社区一个个的法律盲点，全社区形成了讲法治、讲和谐的大好局面。2015年6月12日，"许顺"人民调解工作室荣获"北京市调解优秀工作品牌"称号，2018年北京电视台科教频道进行了报道。

（二）解决社区矛盾纠纷，促进社区和谐氛围

5年来，"许顺"人民调解工作室预防工作做在调解前，调解工作做在激化前，力争减少矛盾纠纷发生。在西潞街道司法所指导下，调解工作做到人员落实、责任落实、措施落实，明确工作任务和完成时限。实行上下联动、左右协调、齐抓共管、层层抓调处的工作格局，将一大批矛盾纠纷化解在基层，消灭在萌芽状态，切实为维护社区和谐稳定起到了积极的推动作用。共调解各类纠纷282件，调处成功275件，调处成功率达97.5%。对提起诉讼当事人进行法律援助2件，法律代书122件；进行法律公益咨询活动352次；共涉及当事人805人。社区居民百姓得到了实惠，他们高兴地称"许顺"人民调解工作室为可以信赖的"娘家人"。

（三）为创建法治社区和谐社区奠定基础

"许顺"人民调解工作室以自己出色的普法工作，在创建法治社区和谐社区工作中起到了重要的基础性作用。因为普法工作出色，苏庄三里社区正能量得到彰显，社会上的歪风邪气、邪教的歪理邪说在这里也就没有了市场。在"2015百县千乡万村无邪教创建示范工程"活动中，苏庄三里社区被国务院防范和处理邪教问题办公室授予"创建无邪教社区"荣誉称号。

（四）法律武器常用常新，以法维权深入民心

近年来，苏庄三里社区居民已经从原村民不足1000人发展到现在常住人口近6000人，社区周围商户已经达到288家，流动人口急剧增加，企业、机关、学校等机构增多，导致苏庄三里辖区人口膨胀、矛盾趋于多元化。"许顺"人民调解工作室适应了人口急剧增加的新形势，为更多群众、机关企事业单位等及时提供了强有力的法律咨询、矛盾调解和普法宣传服务。单位之间、居民之间发生了矛盾、纠纷，首先想到的是拿起法律的武器，来维护自己的合法权益，有效地避免了一些可能出现的恶性案件的发生。这是社会发展的巨大进步，更是依法治国在社区得到深入落实的有力体现。

社区风采录 5-1

人民专职调解员　法律服务不花钱

许顺，苏庄三里社区人民调解工作室主要成员，退休前在房山区人民法院燕山人民法庭担任副庭长，资历深、业务熟，人们亲切称他"老法官"。2012年12月退休。2014年10月担任房山区苏庄三里公益法律服务工作站"许顺"人民调解工作室调解员。他退休不退岗，对调解工作十分热心，成了"专职调解员"后，天天上岗，风雨无阻，苏庄三里社区的居民对他也就逐渐熟悉

了。谁家有了纠纷，邻里之间抬杠拌嘴，都会说咱们找许律师给评理去！人们黑着脸进调解室，乐呵呵地走出来。来的时候，两户人家还你扭着我隔着；走出调解室，两家人手握手，似亲朋。不用问，都是老许有办法，会黏合，成了苏庄三里社区化解矛盾纠纷的"黏合剂"。这类问题调解多了，老法官也就有了更多的心思，他想能不能把这块牌子打出去，让社区以外的十里八村都知道有这么个"许顺"人民调解工作室，为更多的居民服务。苏庄三里社区为他在楼前树起"许顺"人民调解工作室的牌子。广告做得出色，许顺的调解工作出色，这个调解室名声在外。人们说："有纠纷找许顺，省时省力不花钱。"

社区风采录 5-2

公益法律送上门　卧床老人表谢忱

2015年7月10日上午，苏庄三里社区的杜老先生跌跌撞撞地来到"许顺"人民调解工作室求助一件自己爱莫能助的事。原来和他再婚的老伴儿董太太今年已经83岁了，又患有骨癌，卧床不起。老两口儿商议，如果现在不把房产析清，万一过世，房产继承可能会造成麻烦，不如赶快让法律机关代写一份关于房产的遗嘱。杜老想，人家调解工作这么忙，能来咱家帮助代书吗？他抱着试一试的想法，来到了调解室。许顺和其他助手了解情况后，及时赶到了董太太身边，对老人说："您的事，就是我们大家的事，保证把您托付的事情办好！"董老太太看到许顺同志登门，紧锁的眉头舒展开了。

可是，代书遗嘱并不是写上几句心愿，按个手印就能应付的，工作可得一步步来，要现场进行录音，让老人一字一板地把话说清楚、道完整，含糊不清的地方，还要重新录制。录音之后，为董老太太拍照、录像，连同书写遗嘱，要有非亲属关系的两个人做见证。通过全过程跟进，总算合法合规地完成了。董老太太如释重负，十分感动地说："为做这份遗嘱，连做梦都在想着，没承想你不嫌麻烦来家里帮我完成了一件天大的事儿。我都不知说什么感谢的话好了!"

临走时,老人依依不舍,向走出门的人们挥着手,一挥,再挥,直到她看不见大家了,那颤抖的手还没有放下。

社区风采录 5-3

法理融通情意真　暖心服务四时春

2017年8月1日这一天,"许顺"人民调解工作室响起急促的电话铃声,原来这是社区的苏女士打来的。

苏女士当时遇到了一个大难题,一直想求助"许顺"人民调解工作室帮忙,却因腿脚不便,延搁多日,又担心调解室工作忙没时间。这次她鼓足勇气打去了求助电话。电话这一端,许顺了解情况后,立即带领工作人员,来到了苏女士家中。

原来,老人女儿耿某,对她孝敬有加,冬天冷了,给她买来过冬的棉衣、棉被,夏天热了,又给她安装上了空调。女儿对自己的好,她都一桩桩、一件件记在心里。一次,女儿来了,她说出了心里话:"你对我这样照顾,也不是一天两天了,我越来越品出你是我依靠的人。我想把现住的这套房屋赠送给你,要你来承担我的赡养,别人我也就不用求助了。"女儿满心欢喜,一口应承。话是这么说,真的执行起来可不容易。把房产给女儿,有什么证据?谁又能认可?到时候跟其他亲属肯定会发生纠葛,也许这个想法最终不能如愿。

许顺听了苏女士的疑虑,就坐下来耐心给她讲解有关的法律知识,告诉他,只要通过调解室办理赠予协议,就能板上钉钉,实现老人的心愿。老人听了非常高兴,当时就表示愿意签订。

许律师当场对女儿耿某怎样照看母亲进行了深入了解,做完笔录后,老人签字盖章,接着进行了录像和拍照,见证了赠予的全过程,这份赠予协议正式形成，产生了法律效力。

这件事一经传开，"许顺"人民调解工作室的名声更响了，不仅体现了对老年人的关爱，还在社区群众中倡导了一种正能量，这就是提倡孝道、提倡美德，为社区尊老敬老良好风气的形成又出了一分力。

社区风采录 5-4

社区民调那些事儿

司海燕在苏庄三里社区民调委员会工作已有两年多的时间了，这期间她参与了各类法律咨询、法律援助、民事调解等大大小小几十个案件，其中有不少都是居民马勺碰锅沿的事儿。

2018 年的一天，社区居民王女士来到调解室寻求帮助，司海燕在了解情况后得知，原来是王女士 90 多岁的婆婆时常犯糊涂，经常把零花钱忘了放哪儿，找不到就赖上了儿媳妇，明明吃完了饭，却说儿媳妇不给饭吃，被冤枉了的儿媳妇委屈地哇哇大哭。司海燕和民调小组成员开导王女士后表示将会上门拜访老人家，帮助调解婆媳之间的误会，王女士听后高兴地离开了。可当晚 9 点多，老大妈就直接先去了司海燕家，王女士丈夫和她跟在老人身后，进门就说："小燕儿啊，实在没辙了，我们怎么说都不听，你晚睡会儿，赶紧帮着劝劝吧！"听着他无奈的话语，司海燕感受到了一家老少对她的信赖，于是她耐心地做着老人工作，老太太最后语重心长地说："我岁数大了，总一阵阵犯糊涂，我儿媳妇跟我过了这么多年，对我的照顾一直都很细心周到，可有时候我就是控制不住自己，你说她不会记恨我，是不是？"作为晚辈的儿子和儿媳妇开心地笑了，边搀扶着老太太边说，您给小燕儿添了多少麻烦呀，咱们走吧，赶紧让人家睡觉吧！他们一家人走了之后，司海燕的心像一块石头落了地。她每次给人家化解矛盾之后，都会特别开心。

像这样的情况还有很多，一件接着一件，但她不管遇到什么样的当事人，都会不厌其烦地跟他们去讲法律、讲亲情，最终让每个当事人都怒气而来，满意而归！

图 5-1 "许顺"人民调解工作室为群众调解纠纷

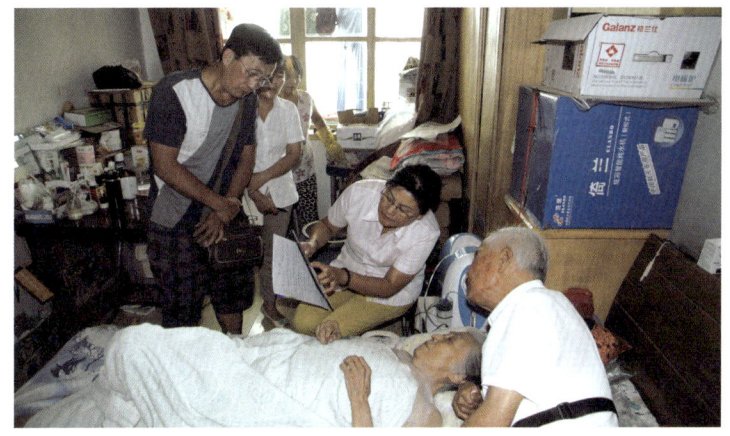

图 5-2 许顺走进居民家中，为居民代书遗嘱

图5-3 许顺被评为"北京社会好人"荣誉称号

图5-4 许顺接待居民法律咨询

第二节　两袖清风话廉政

导　读

本节介绍苏庄三里社区认真落实习近平总书记加强党风廉政建设的重要指示，从建立健全各项管理工作制度入手，让制度"长牙"、纪律"带电"，让权力在阳光下运行的实践探索，多侧面、多角度地展现了苏庄三里社区党风廉政建设的突出成效。

> 锤镰灿灿闪金光，不忘初心奔小康。
> 清风廉政逐大梦，誓言铭记语铿锵。

多年来，苏庄三里社区坚持把党风廉政建设作为全面从严治党的重要抓手，全面落实中共中央关于加强党风廉政建设的重大战略部署和勤政廉政的方针政策。针对社区群众反映强烈的热点、难点等问题，有针对性地加以认真解决。坚持靠制度约束、靠群众监督，摸索出了一套有高度、求实效、易操作、行之有效的措施和方法。

一、学习提升明重点

党的十八大以来，以习近平同志为核心的党中央，以坚定的决心、坚强的意志、空前的力度，推进全面从严治党工作。社区党组织按照党的十九大和习近平总书记的讲话精神，以进一步完善反腐倡廉的工作制度，以查找党组织自身建设的差距和不足为起点，结合社区实际，不断创新工作方式方法，坚决把权力关进制度的笼子里，用制度和监督做保障，全面推动党风廉政建设。

社区党组织形成了自己的工作整体思路。其主要内容是：始终坚持以理想信念教育、宗旨观念教育、党性党风党纪教育、法律法规教育、传承红色文化教育为重点，建立起横到边、纵到底，覆盖全社区党员、干部、群众的廉洁教育工作机制。通过开展读书思廉、警示促廉、制度保廉、家庭助廉、为官清廉、争做新时代的"雷锋""焦裕禄"等学习教育活动，做到廉政教育每月每季逢事必讲，警钟长鸣，长提醒、多敲打，使反腐倡廉教育实现常态化，不断提高党员干部对反腐倡廉重要性和重大意义的认识，不断提高抵御风险的主动性和自觉性，为加强党风廉政建设营造良好氛围，让社区的天成为晴朗的天。

社区党组织严格按照中央关于推进全面从严治党向基层延伸的要求，深入开展"新时代、新担当、新作为"专题学习教育活动。从"三个注重"入手，即学习态度上注重"端正"；学习方式上注重"灵活"；学习效果上注重"实在"。具体做法是：一是坚持干部集中学习与自学相结合，不断提升学习的高度。二是领导学与带动党员学相结合，不断提升学习的广度。三是一般学与深研相结合，不断提升学习的深度。先后学习了《习近平新时代中国特色社会主义思想三十讲》《中国共产党纪律处分条例》《习近平谈治国理政》《中国共产党章程》《政治纪律和政治规矩》等学习材料；广泛开展了《中华人民共和国监察法》《中国共产党纪律处分条例》网上答题和知识答卷等活动；配合宣传党的十八大、十九大精神，聘请了专家学者，解读《论语》和《道德经》等优秀传统文化经典；邀请中国人民解放军原北京军区战友文工团副团长、解放军文职少将马子跃讲红军、讲长征的故事。四是内化廉政意识与促进工作相结合，不断提升学习的力度。党组织在提高社区干部廉政意识的基础上，努力实现廉政建设工作全覆盖，努力做到家喻户晓，人人皆知。一方面在社区繁华街道制作了"遵纪守法、廉洁文化"宣传墙，营造宣传氛围；另一方面组织社区党员、干部开展"廉洁的你、幸福的家"廉政文化进家庭倡议书活动。观看《"四风"警示录》"防微杜渐""平谷四风警示教育片"《代价》等警示教育片，筑牢了社区干部拒腐防变的自觉性。

二、公开事项全透明

苏庄三里社区党组织充分认识到民主监督的重要性，采取多种有效措施，在接受群众民主监督上做足了功课。

主动公开解决群众关心的难点、热点问题及措施和程序，严格按程序公开办事。社区成立了监督干部工作行为、作风建设专项监督小组，定期进行督促检查。

坚持党务、政务、财务公开，便于群众监督。党务、政务、财务公开先从影响群众切身利益的大事小事做起，按规定应该公开的全部公开，对群众不保密，不掩盖。公开的内容包括：党务、政务和班子建设情况；党风廉政建设、制度建设，党组织服务群众经费使用、党费收缴、党员捐款等情况；经济合作社重大开支、项目招投标、居委会公益金使用情况、低保户申请决策结果和重大事项落实情况等。以上事项均按时公开，随时接受广大居民的监督。

三、严格制度堵漏洞

在认真坚持好、执行好、落实好上级党委、政府的各项规章制度的基础上，苏庄三里社区还创新了财务审批"双签"、重大事项"五不决策"等制度。

（一）《财务审批双签制度》

财务是老百姓关注的焦点之一，也是廉政重要风险点。为了有效地防止干部在财务管理上出问题，社区制定了严格的财务管理制度，其核心是《财务审批双签制度》，这一制度使财务审批由"书记一支笔"变为"书记、社长两支笔"。几年以来，社区始终坚持"双签"制度，每一笔支出，在"两支笔"签字之前经手人必须签字，主动说明开支的去向和原因。社区还坚持开支前请示制度，凡未请示的开支不予报账。为了保障财务管理无死角，社区又将财务审批"双签"制度主动向经济合作社下属企业延伸，规定企业重大支出必须上报经济合作社进行审批。

（二）《"五不决策"制度》

民主决策、科学决策是避免工作失误的重要保证。苏庄三里社区遇到重大事项决策时，都要按照《"五不决策"制度》执行。即事前不沟通不决策；意见不一致不决策；书记个人不决策；没有民主基础不决策；提交的事项不成熟不决策。《"五不决策"制度》避免了以权谋私，通过集体决策增加了工作透明度。

①"事前不沟通不决策"。重大事项决策前，需由书记牵头在党委与经济合作社范围内通报事项、沟通情况、交流看法和意见。这就要求决策前，在会下做大量的交流工作，主要工夫在会下，不在会上，从而避免了硬性决策可能造成的不利影响。

②"意见不一致不决策"。指党委委员、经济合作社成员对上会决策的事项存在较大分歧时不上会不决策。只有通过反复调研，多方论证，征求意见，进行集体讨论形成共识后再进行民主决策。

③"书记个人不决策"。作为社区书记首先要找准自己的位置，邵雪松说："我是社区一班之长，不是一家之长，我们党的规矩是民主集中制，而不是家长制。"民主集中制的前提是先民主再集中，集中的是正确的意见和建议，反映的是人民意愿。坚持重大事项集体决策，不搞暗箱操作，凡是重大事项，一律上会，决策权交给集体，确保最大限度地减少失误。

④"没有民主基础不决策"。民主是科学决策的前提，凡是重大事项做决策之前，要广泛倾听民声，了解民意，发扬民主。在符合政策又力所能及的条件下，办多数人想办的事，做多数人拥护支持的事。相信群众、依靠群众、广泛发扬民主，就可以把老百姓的事办好。"两委"班子以这样的态度，以这样的胸怀，正确对待权力，自然就没有想不开的事，没有做不好的事。

⑤"提交的事项不成熟不决策"。无论是支委会还是股东代表大会，社区

坚持一个原则：任何重大的事项没有讨论清楚，没有多方可行性论证，坚决不做决策，避免盲目决策造成重大失误。因此，社区在做决策之前，要求一定要做好深入细致的调查研究，请专家，听意见，虚心求证，认为决策条件成熟之后，再按照程序决策。

执行《"五不决策"制度》，弱化了主要领导个人决策，推动了民主决策，实现了领导班子的团结和统一，促进了社区和谐稳定。

四、民主程序规范运行

房山区经管站推出《房山区村集体经济事项权力清单制度》（以下简称《权利清单制度》）。有了《权力清单制度》，才真正把权力关进了制度笼子里。《权力清单制度》让权力在规定范畴运行，有力避免了杂乱无章的自选动作。苏庄三里社区认真落实《权力清单制度》，针对经济组织、社区财务"权力清单"和"三资监管"审批手续这两个中心环节，坚持做到"五个"不动摇。

（一）坚持"权力清单"不动摇

《权力清单制度》依法界定了村集体经济事项中每个岗位的职责与权限，并以清单的形式进行列举和图解。可以说《权力清单制度》让干部更清醒了，更能够踏踏实实地、理直气壮地阳光执政。苏庄三里社区坚持推进制度创新，坚持以制度约束权力，做到了村集体经济各种事项决策公开、透明、民主。

（二）坚持民主管理不动摇

苏庄三里社区为让权力得到有效的民主监督和管理，努力做到民主程序不简化，决策力度不弱化，落实制度不软化。

例如，在处理苏庄三里社区建鑫园三里 1# 楼进行地基加固这一重大事项时，社区按照民主程序进行决策，保证了决策的正确性。建鑫园三里 1# 楼建于 1997 年，在 2012 年 7.21 洪灾之后，地基出现不均匀沉降现象，导致墙体的伸缩缝变大。经过专业公司监测评估和认定，必须进行加固。为了保障60户居民的生命财产安全，社区立即召开了三委联席会议，对加固事项进行充分讨论，形成一致意见，再召开股东代表大会进行无记名票决，票决通过后将加固方案、加固预算报上级党委，进行工程造价审核。在决策之前，也有风言风语，"又该花钱了""得花好多钱""花那冤枉钱，不加固也塌不了，有那钱不如给大伙儿分了。"面对种种压力，社区党组织没有退缩，而是克服畏难情绪，支持了民主决策，把好事办好了，把实事办实了，让60户居民满意了，同时也维护了民主制度的严肃性。

（三）坚持"三资"监管不动摇

什么是"三资"？简单说就是"资金、资产、资源"，这是苏庄三里社区原村民的"全部家当"。因此，"三资"监管工作是确保农村集体经济在阳光下运行的根基。社区党组织把"三资"监管自觉纳入党建工作中，并将其作为党风廉政建设的一项重要内容。

苏庄三里社区自2009年村转居后，全村股民851人，股东代表33人。20世纪90年代初，苏庄村大部分集体土地以非常低廉的价格相继被征用，1997—2003年，苏庄村实行旧村改造推进城市化进程，村民回迁上了楼，现在苏庄村可利用的集体土地非常有限，还有一些重要的集体资产需要管理经营。苏庄三里社区通过实施"育网式"工作法，对"三资"进行长期、及时、有效的民主监督管理，既实现了资产保值增值，又实现了权力运行公开；既抑制了不正之风，又增强了社区和群众之间的密切联系。

（四）坚持制度落实不动摇

制度不是空中楼阁、束之高阁，做个样子让人看，其核心最重要的是执行，是照着办。苏庄三里社区先后制定了《重大事项请示报告制度》《党员干部廉政制度》《财务管理制度》《党员干部工作制度》《党员干部民主生活会制度》

《党员干部考察考核民主评议制度》等各项制度，不断强化自上而下的监督，改进自下而上的监督。

例如，社区完善了村经济合作社集体资源管理机制。在西潞街道"三资"监管核算中心全程监督下，实施公开竞价和招投标制度、公开公示制度、登记和台账管理制度、资源监管问责制度等配套制度措施，确保苏庄村集体资源监督管理到位。凡是重大工程和项目，实施《乡镇（村）委托招投标工作办法》，在保证街道、村两级对招投标事项所有权、处置权不变的情况下，将有关招投标事项委托给"招投标委托中心"代理。凡涉及苏庄村集体资产权属转让、土地流转、工程建设等在规定标的数额、规格以上的，均需进行公开招投标。社区纪检委员做到全程监督，确保招投标过程按规范化流程操作，做到公开、公平、公正。

再如，社区严格执行西潞街道各类经济合同格式范本规范，凡是签订村集体经济合同的，均要严格按照西潞街道监管程序审核通过后方可履行手续，避免集体资产资源处置中出现合同条款不清、合同不规范等问题。

几年来，苏庄三里社区按政策办，按制度办，已经成为一种良好的风气，更成为一种自觉行为。

（五）坚持发展惠民不动摇

党的十九大报告指出："带领人民创造美好生活，是我们党始终不渝的奋斗目标。必须始终把人民利益摆在至高无上的地位，让改革发展成果更多更公平惠及全体人民，朝着实现全体人民共同富裕不断迈进。"社区党组织始终不忘初心，牢记使命，使党的温暖体现在保障和改善民生工程之中。从居民最关心、最盼望解决的问题入手，无论大事小事，都踏踏实实做好、做精、做细。例如，2010—2012年，苏庄村集体资产实行产权制度改革，村民成为股民。在村监事会、理财小组、纪检委员共同监督下，进行了产权界定、登记造册、劳龄登记并按规定张榜公布，做到公开、公正，保证了股民的合法权益。每年不但按照股权比例分红,同时重大节日把发展红利与股民分享。"六一""七一""八一"等节日,社区都要为少年儿童、困难党员、退役军人及现役军属发放礼品进行慰问,对原老户村民提供 60 年不变的半价物业费、取暖费。每年端午节、中秋节、春节,都要向全体村民发放米、面、油等各项福利,让全体股民享受到村集体发展带来的实惠。

五、初步效果

(一)党风廉政建设提高了党员干部依法办事自觉性

社区组织全体党员干部开展学习党的十九大精神,贯彻《中华人民共和国监察法》等法律法规、开展"学《条例》守纪律,做合格党员"主题党日、反腐倡廉警示教育和家风建设等活动,提高了社区干部学法、知法、守法的自觉性,增强了党员干部的政治责任感、使命感,构筑干部拒腐防变的一道铜墙铁壁,堵住了干部以权谋私的漏洞。强化了干部的民主意识,让民主管理、民主决策、民主监督落到实处,营造了风清气正的社区发展环境。

(二)党风廉政建设制度得到有效落实

通过召开专题会议,采取多种有效手段,完善各项工作制度 47 项,印制了网规汇编,并将这些制度公示上墙。2018 年,通过对党员干部开展"新时代新担当新作为"学习教育活动,进一步增强了党员干部的政治责任感,促进了各项工作制度有效落实。

(三)民主监督力度不断加大

社区积极探索完善各种民主监督的渠道,全面建立了党风廉政监督评议制度及党务、村务、政务定期公开制度,加大了对社区党员干部的监督力度,织就了覆盖社区的监督网络,加强了社区民主监督力度,让群众真正享受到知情权、参与权和决策权。实践证明，群众的有效监督，是党员干部工作的强大推动力。

社区风采录 5-5

群众的操心事就是我们的"集结号"

苏庄村转居后，村民成了市民，住上了楼房，过上了现代生活，而他们最关心的一件事就是自己房子的产权证问题。由于历史原因，一部分住户房产证办理难度非常大，成了社区老大难问题。

2017年5月，建鑫园一里院8号楼的7户回迁户找到社区党组织，反映因回迁时未签订商品房购房合同，也未开具购房发票，导致16年来一直未办理房产证，大家认为不能依法对自己回迁的房屋行使占有、使用、收益和处分的权力非常不方便，这成了7户村民的一块"心病"。社区立即成立了"历史遗留问题房产证办理"专班，多次召开专题会，并安排两名社区干部专门负责协调相关单位，逐步推进房产证办理。专班同志可谓是绞尽脑汁，磨破了嘴，跑断了腿，奔走于开发商、住建委等部门之间，终于在2019年1月22日为这7户老村民办理了期盼已久的房产证，大家非常开心，为社区干部送来了锦旗，表示衷心感谢。

同样的问题还出现在建鑫园二里院甲7号楼，也是由于种种原因13年未办理产权证，因为时间久远，问题较多，办理难度非常大，96户居民要求办理房产证的呼声非常高。社区专班的同志们从2014年至2019年年中，多次与西潞街道办事处、住建委、国土分局等相关部门沟通协调，促成了区信访办召开甲7号楼房屋产权证办理工作协调会议。在各部门的共同努力下，于2015年4月办理了甲7号楼的土地证，又经过艰苦的努力，于2019年5月，成功办理了甲7号楼的不动产证。办房产证的另一个困难就是要把产权人的个人信息、身份证、户口本等申报材料全部收集齐全，但这13年来，有的产权人出国了，有的房子已经卖了，产权人变动较大，而要将所有住户的相关资料收集齐全非常难，也不是短时间内就能完成的。专班的社区干部说："为了这件事，我们通过各种关系找到业主，实在没办法的就寻求派出所的帮助。"困扰甲7号楼居民们多年的房产证难题于2019年7月彻底得到解决，让百姓的"痛点"变成了"喜点"。

社区风采录 5-6

三本台账实又明，风清气正战疫情

2020年年初，全国暴发新冠疫情，我单位全体干部、社区党员及志愿者走上疫情防控的第一线。疫情防控是总体战、阻击战，物质保障必不可少。

自开展防控工作以来，苏庄三里社区按有关要求对防疫物资实行严格管控，用三本台账做到了四个"清"，让风清气正的廉洁行政成为疫情防控的又一道防线。

三本台账就是根据物资的不同来源，建立上级拨付、接收捐赠和社区自购三本台账。

四个"清"就是风气、入库、出库、存量四个清。

一是有规有据风气清。在街道工委的正确领导下，制定了《苏庄三里社区新型冠状病毒感染的肺炎疫情防控下拨捐赠资金物品管理使用暂行办法》，指定专人负责，确保下拨、捐赠的资金、物品及社区自购物品的管理使用合法合规。在使用时，严格按照财务制度规定，做到专款专用，用途明细及时公开，确保目清账明。社区疫情防控督查小组对物资使用和发放的情况每周督查，防止物资私留、截留等现象发生。这样就使疫情防控下拨捐赠物资的管理使用实现了有据可依、全程监管。

二是不同来源入库清。本着"货到账立"的原则，对收到的物资及时填写入库单，并附发放单。对于接收捐赠的资金，由社区报账员为捐赠者开具收据

并存入社区基本账户,将收据及银行进账单复印存档。

三是分类发放出库清。按照入库单分别制作口罩、消毒液等具体防控物资发放表,如3月1日收到口罩、消毒液等,领取日期以实际发放日期为准,且须领取人亲自签字,按需发放。

四是三色便签存量清。为了便于统计物资发放情况和节省时间,制作绿色、黄色、粉色三色便签贴在相应发放表上,并在便签上注明相应物资名称。对于已经发放完的物资,粘贴绿色便签;对于还未发放的物资,粘贴黄色便签;对于正在发放,还未发完的物资,粘贴粉色便签。每日下班前,工作人员要整理库存,将剩余物资数量用铅笔填写在入库单"备注栏"中,做到心中有数。

近两个月的时间,社区对疫情防控物资的管理使用,真正做到了账账相符、账实相符、账证相符,确保了资金、物品依规依据专款专用、专物专用,在及时有效为疫情防控提供坚强物质保障的同时,让领导和同志们更加安心做好防控,也让清正廉洁的行政成为疫情防控的坚固政治防线。

图5-5 "学《条例》守纪律 做合格党员"主题党日

图 5-6 社区组织党员干部观看警示教育专题片

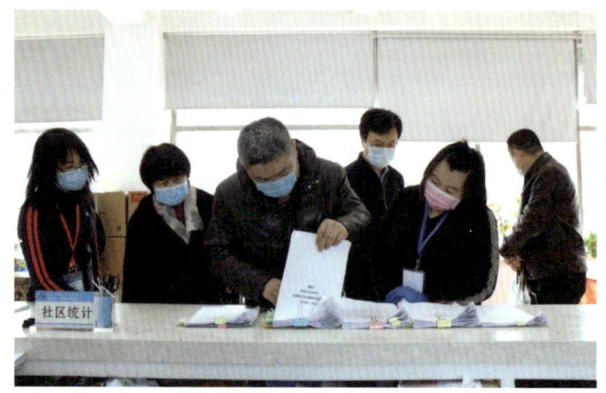

图 5-7 市纪委领导到苏庄三里社区督查防控物资使用情况

图 5-8 苏庄村股东分红

第五章 抓制度规范 提升公正性 | 治理之行

第三节 接诉即办同治理 未诉先办共提升

导 读

本节介绍苏庄三里社区党委、居委会牢固树立"以人民为中心"的发展思想，在接诉即办工作中强化党建引领，探索建立"五有五制"工作机制，从解决社区居民最关心、最直接、最现实的问题入手，坚持接诉即办、未诉先办相结合，全力办好群众身边的操心事、烦心事、揪心事，努力打造和谐幸福社区。

> 经纬相连网络清，同心携手为民生。
> 千头万绪精心办，一路高歌唱复兴。

一、工作背景

从 2019 年起，北京市将各类热线逐步整合到 12345 市民服务热线，由市政务服务中心接到群众诉求后，直接派给属地乡镇街道。西潞街道作为北京市首批实施党建引领"街乡吹哨、部门报到"改革的试点单位，始终坚持党建引领，以人民为中心，围绕"七有"要求和"五性"需求，不断完善"快速受理、精准派单、高效办结、精心回复、暖心回访"的运行机制，严格落实接诉即办工作要求，这种闻风而动、全时响应、接诉即办的高效率响应机制，带动了基层治理和便民服务的大变革、大提升。

为了进一步贯彻落实习近平总书记的重要讲话精神，北京市委书记蔡奇要求，做好民生工作要坚持民有所呼，我有所应，抓住群众关心关切的操心事、烦心事、揪心事。房山区委、区政府和西潞街道工委、办事处严格按照市委工作部署，认真落实"街乡吹哨、部门报到"和接诉即办工作要求，坚持市民的诉求就是哨声，不断压紧压实各方责任，健全完善接诉即办工作机制，提高城市精细化管理水平。

二、特色做法

在西潞街道工委、办事处的领导下，苏庄三里社区根据接诉即办工作部署，依托"育网式"工作法，全面落实"未诉先办、主动治理"的要求，探索新思路新举措，积极构建党建引领接诉即办组织体系，逐步形成了"五有五制"工作机制（五有即有组织、有速度、有保障、有质量、有反馈；五制即教育宣传制、走访调研制、预防疏导制、网格责任制、联商联办制），变"群众上门找"为"干部上门办"，从群众诉求集中的共性问题出发，举一反三，系统梳理解决，努力实现一个诉求推动解决一类问题，一个案例带动一片治理。两年多来，先后解决了小区路面修复、步行街改造、路灯更换、管道修复等多项民生问题，赢得了群众的好评。

（一）积极构建党建引领接诉即办组织体系

苏庄三里社区积极构建党建引领接诉即办组织体系，形成了环节清晰、步骤顺畅的接诉即办工作流程，保障各个环节合理有序进行。接诉即办组织体系及工作流程清晰反映了社区党建引领接诉即办工作各个部门之间的逻辑关系和工作职责。

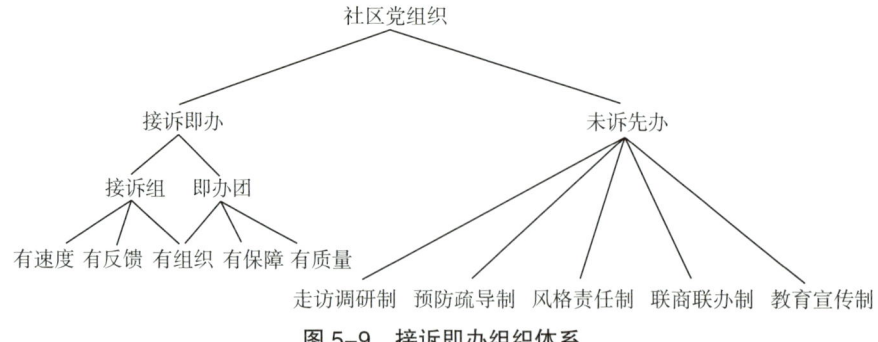

图 5-9　接诉即办组织体系

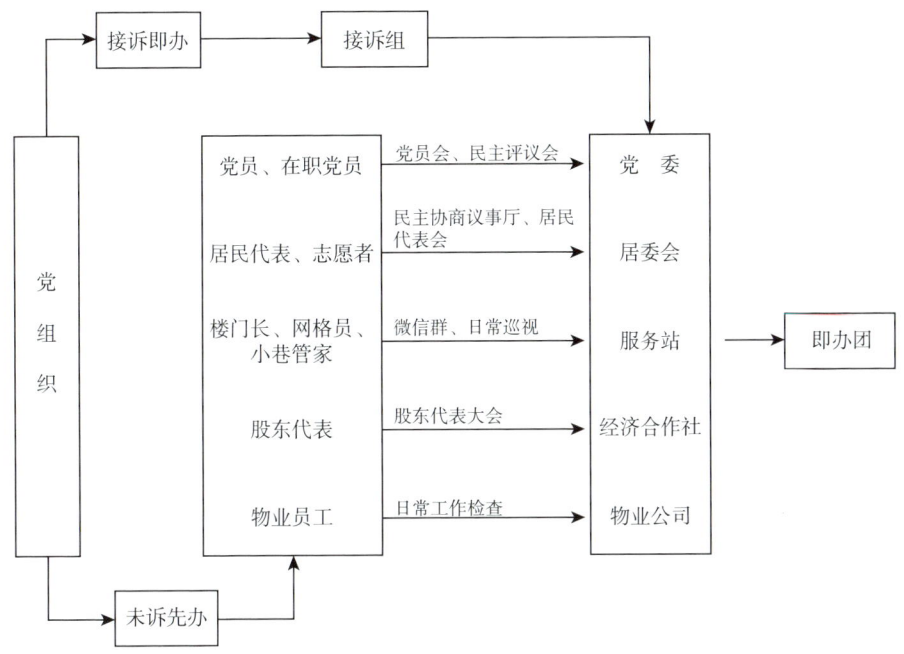

图 5-10 接诉即办工作流程

（二）坚持"五有"工作标准，将接诉即办办到群众的心坎里

苏庄三里社区对照接诉即办工作要求，结合社区实际，坚持"五有"工作标准，从组织领导、工作流程、后勤保障等各个方面细化工作举措，加大接诉即办工作落实力度，确保民有所呼，我必所应。

一是有组织。结合社区工作人员的个性特点和业务关联性，分别建立"接诉组"和"即办团"，接诉组由党委书记、居委会主任、服务站站长、居委会副主任组成，接诉组均是耐心细致、善于沟通的女同志，主要负责响应、沟通、协调和回访。即办团由党委、居委会、服务站、村经济合作社、各物业公司组成，即办团执行力强，具体承担诉求的办理和解决。接诉组和即办团由社区书记统一指挥调度，每周例会时，书记组织社区中心组成员、村经济合作社社长、物业公司经理召开会议，传达相关会议精神，安排部署接诉即办工作，

175

共同分析研判矛盾问题，全面提升接诉即办工作效率。

二是有速度。始终坚持一个"快"字。快响应，3名接诉组成员24小时保持通信畅通，节假日轮流值守，接到诉求后接诉组快速响应，立刻联系诉求人，详细了解其诉求内容，找准诉求人的诉求点，同时做好诉求人的情绪安抚工作。对诉求人同意见面沟通的，由社区两委干部上门面对面沟通了解情况，在提高联系率、解决率、满意率的基础上，增加与居民的见面率。通过面对面的沟通交流，更详细、清楚地了解居民诉求，拉近干群关系，为矛盾化解奠定基础。为方便居民联系，社区制作了"便民联系服务卡"并入户发放，在各小区显著位置张贴接诉组联系方式；通过微信、QQ、公众账号等信息化渠道，健全完善群众诉求快速响应机制，真正做到群众诉求快响应、快解决，努力实现诉求受理迅速响应、现场核实准确无误、沟通渠道顺畅便捷。

三是有保障。社区从"人、财、物、权"四方面建立对接诉即办工作的全方位保障体系。社区联合经济合作社，提供资金保障，把钱用在刀刃上，加大对接诉即办工作的资金支持，同时为负责接诉即办的工作人员提供录音电话、公务用车、应急设施、心理咨询室等配套设施设备，对工作人员充分赋权，明确负责接诉的工作人员可以随时协调两委班子成员及各个小区物业公司。实现了各环节的快速无缝衔接，提升了接诉即办的工作效率，保障了接诉即办的工作质量。

四是有质量。严格按照市、区和街道的工作标准和要求，建立衔接紧密、运行高效、结果导向的接诉即办工作流程。接诉即办不只是要为居民解决问题，更重要的是真正从根儿上解决居民的诉求，而不是走过场、做虚功、流于形式。即办团在接到接诉组提供的诉求问题清单后，第一时间到达现场核实情况，情况属实的，当场安排处理解决，并将整个处理过程的照片资料上报接诉组进行审核，查验合格后由接诉组及时向诉求人反馈办理进度或结果。对于突发诉求、同人同诉、一人多诉或是恶意诉求等情况，依据相关措施妥善处理。为做好有迹可循，接诉组对所有诉求电话进行录音，确保群众诉求办理的速度和质量。

五是有反馈。紧盯诉求办理的反馈环节，努力做到"事事有回音、件件有落实"。居民诉求解决后，接诉组第一时间将办理结果和处理措施向居民详细说明，争取赢得居民的理解和支持。如果遇到一个办理周期内（7天）不能解决的难点问题，及时做好沟通解释和办理期限承诺，主动接受居民监督。对于不属于社区管辖范围内的问题，积极提供指导性建议，并协助居民联系相关责任单位，尽力帮助居民解决其诉求。

（三）探索建立"五制"工作制度，强化未诉先办主动治理

苏庄三里社区在严格落实接诉即办工作要求的基础上，依托社区网格力量和基层各类治理资源，研究制定未诉先办"五制"工作制度，从教育宣传、走访调研、预防疏导、网格责任、联商联办五方面探索社区主动治理的有效途径，真正做到问题发现在基层，解决在末梢。

一是教育宣传制。一方面，加强业务学习。组织社区干部认真学习市、区、街道开展的相关培训和会议精神，学习借鉴先进社区的治理经验，不断探索社区治理的有效方法。另一方面，加强思想教育，借助社区多种宣传平台，多渠道多样式将惠民政策、文件通知、会议精神等内容及时传达给居民。积极开展环境卫生、消防安全、法律法规等各类宣传活动，教育引导居民遵守法纪，主动参与社区建设。此外，借助社区精神文明创建活动平台，加强社区文化建设，营造健康向上的社区文化环境。

二是走访调研制。强化党建引领，主动问需于民。巩固党史学习教育成果，深化未诉先办，社区制定了包楼干部每月走访制度，以月为单位，征集百姓微心愿，制定问题清单，把为民小实事落到实处，真正做到早想一步、早做一步。社区党委充分发挥"育网式"工作法党建品牌优势，将6个小区分给6个党委委员的网管，社区干部作为网员负责30栋居民楼，包楼干部落实建群、入户走访，全面了解和掌握本楼的居民信息和居住情况，形成"网员入户发现事解决事，居民有事找网员找网管"的工作氛围。根据工单难度，实行科学分类，落实网员、网管和书记三级办理，小事网员快解决，较难事网管协调解决，大

事书记亲自解决，需要协调上级部门的，向街道办事处申请"街乡吹哨、部门报到"，提高工作效率，增强问题的解决能力。此外，通过社区制定夜间巡查、每周排查工作制度，每天开展夜间巡查，每周对商户、小区开展一次全面排查，主动发现处理了小区噪声扰民、临时飞线充电、日常维修等一些日常问题。

三是预防疏导制。立足于未诉先办，坚持抓早抓小。社区根据包楼干部每月走访制度，每月深入各自所负责的区域开展入户走访、随机检查、抽查，发现问题立即整改处理。通过召开征求意见座谈会、居民协商议事厅、居民群体访诉求沟通会等方式与居民面对面协商、沟通，充分听取党员（在职党员）、楼门长、居民代表、股东代表、志愿者等群体的意见和建议，发挥群防群治力量，实现社区共建共商共治。对排查发现的重点隐患矛盾、不稳定因素、群众反映集中等突出问题，社区会第一时间进行认真收集梳理、仔细分析预判，提前介入问题，主动抓好解决，切实从源头化解不稳定因素。

四是网格责任制。充分发挥网格长、网格员及小巷管家作用，调动党员（在职党员）、楼门长、居民代表的工作积极性，按照网格划分，大家分工合作、各司其职，主动发现处理问题，织密了社区治理的工作网格，为社区与居民搭建了沟通联系的桥梁，快速高效地解决了居民提出的停车乱、汛期险情、小区治安、邻里矛盾、道路隐患、安全出行等实际问题。这种"市民热线+社区网格管理"的结合不仅提高了问题信息采集量和问题处理的效率，而且提高了未诉先办的服务效率。

五是联商联办制。社区两委班子、村经济合作社社长、物业公司经理每周召开会议，共同协商研究居民的诉求问题，制定出高效、切实可行的解决办法，已经形成了党委牵头督办，社区居委会、服务站、村经济合作社、物业公司具体专办的工作格局，使各个职能单位在解决处理问题时更加有针对性和操作性。同时，通过在窗口设立综合服务岗和AB岗，提高社区服务职能，保证"一站式"解决居民诉求。此外，社区将"我来办"工作室与"五位一体"矛盾调解站深度融合，整合党建协调委员会成员单位、政策相关方、调解员、政法部门、社会组织等力量，共同出主意、想办法、解难题，形成汇聚城市基层治理的工作合力。

三、初步效果

（一）党建引领接诉即办，实现"一个结合""一个转变"

接诉即办工作开展以来，苏庄三里社区严格压实社区责任，把党的领导始终贯穿接诉即办的全过程，坚持把接诉即办工作作为党建引领社区治理工作的重要环节抓紧抓好。特别是把接诉即办与主动治理结合起来，干部换位思考，把群众的诉求当成自己的事，切实站在群众的角度去想问题、解决问题，真正把服务做到群众的心坎上，把问题解决在群众家门口。通过"五有五制"工作机制，社区党组织能够充分发挥党建引领作用，凝聚党员力量，主动上门，主动服务，把问题想在前，做在前，实现了从接诉即办向未诉先办转变。"一个结合""一个转变"夯实了党建引领社区治理基础，提高了接诉即办的工作质量。

社区党委在从接诉即办到未诉先办这一转变过程中发挥了重要作用，这种作用一方面体现在精准办好接诉即办每一个环节的同时将党的关怀送到每一位居民的心中，让居民体会到"有温度"的接诉即办；另一方面体现在未诉先办机制的建立上，社区重点锁定建立长效社区服务机制，力求减少问题矛盾的发生，做"有力度"的未诉先办。

（二）"五有五制"工作机制彰显作用，接诉即办构建基层治理新格局

"五有五制"工作机制成为苏庄三里社区接诉即办的独特方法，为进一步解决群众诉求、提升社区治理水平提供了强有力的保障。该机制建立实施以来，社区各方力量被有效整合调动起来，较好地解决了社区环境整治提升、公共服务设施改造、安全隐患排查化解等关乎居民切身利益的问题，提升了社区居民的幸福感和满意度。与此同时，通过社区干部主动深入各个小区楼栋，主

动发现并解决问题，赢得了群众的支持和信任，进一步密切了党群干部关系。在这个过程中，党员、居民代表和普通群众也积极参与进来，为社区建设献计出力，体现了他们的"主人翁"意识和责任感。两年多来，社区接诉即办工作"三率"稳步提升，实现了降量提率，党建引领共建共治共享的社区治理格局已经初步形成。

（三）与时俱进转变服务理念，社区治理水平显著提升

社区党组织变被动为主动，在确保群众反映的问题有回应有处理的基础上，将群众诉求从源头解决，从群众关注的高频问题出发梳理共性，从一个问题延伸到一类问题，从一个点带动一片治理，对社区矛盾抓早抓小，对社区隐患防患于未然，对社区发展未雨绸缪，化解社区的安全隐患，解决居民与物业、居民与社区之间的矛盾，减少市民服务热线投诉量。无论是接诉即办还是未诉先办，都是为了更好地服务社区群众，维护社区的和谐稳定。社区党委从接诉即办向未诉先办转变，坚持服务理念与时俱进，将居民的期望落实在前，将实干担当推动在前，提升了社区治理水平，提高了群众的获得感，为加强新时代社区治理体系探索出新的模式。

社区风采录 5-7

接诉即办快当先　安装路灯保安全

2019 年 8 月，社区接到苏庄一里社区的居民反映，在苏庄三里建鑫园一里小区北转门和苏庄一里社区之间有一条近 200 米南北向的道路没有路灯，影响居民夜间出行。接到居民诉求后，社区接诉组立刻联系诉求人进行情况核实和点位确定，经了解居民所反映的这条路是村级路，隶属原苏庄村，苏庄三里社区即刻安排工作人员联系路灯安装公司到该路段进行实地勘察和测量。经过勘察、测量、挑选路灯样式、进场安装等配套工程，于 9 月 2 日正式将该路段

路灯安装完毕并投入使用。社区之间的路灯亮了,不仅照亮了居民夜间出行的路,同时也照亮了两个社区居民之间的连心桥。

社区风采录 5-8

未诉先办解难题　改善环境顺民心

翠柳大街位于苏庄地铁站北侧,平时车辆多、人流大,两侧还有很多商户、学校,停车难、秩序乱、道路破、隐患大,居民群众对此也有很大意见。为了解决这一难题,苏庄三里社区在西潞街道工委、办事处的协调支持下,决定引入社会资本对此路段进行改造升级。因改造涉及多个部门,西潞街道牵头多次召开协调会,会同区城管委、区交通局、区园林绿化局、公交集团等单位反复研究完善工程方案,并提前告知沿街居民、商户和驻区单位有关翠柳大街改造的相关信息。改造工程包括重新铺设辅路路面、加装护栏约2000米、新增路边停车位200余个、增设盲道等项目。2019年年底,改造后的翠柳大街以更加文明靓丽的姿态呈现在广大居民面前。现在的翠柳大街停车秩序良好,道路平整,环境优美、便捷,大街两旁原有的3处公交车站合并成为两个宽敞、干净的公交港湾,便于居民候车、公交车停靠。每天晚上都会有很多居民在街边散步、跳舞,这条街现在已经成为苏庄三里社区的一条靓丽的风景线。

社区风采录 5-9

公交港湾存隐患　社区治理保平安

翠柳大街"苏庄大街"公交站附近的雨水井盖由于车辆碾压常出现破损情况,存在安全隐患。社区及时排查了解情况,经实地调研,翠柳大街两处公交港湾共计8块雨水井盖均是水泥井盖,承压能力弱,易破损。苏庄三里社区立即将两处公交港湾原有的 8 块水泥雨水井盖更换为加重铸铁雨水井盖，及时消除了安全隐患，保障周边居民及车辆行人的出行安全。

社区风采录 5-10

未诉先办解民忧　联商联办除隐患

苏庄三里社区建鑫园三里小区属老旧小区，共有 11 栋居民楼，其中 7 号楼前的道路为居民出行必经路线，由于多年的雨水冲刷和车辆碾压，导致道路出现长约 80 米的破损路段，不仅影响居民出行，也存在安全隐患。2019 年 11 月 12 日，一位居民代表和一名楼门长将此事报告至社区，社区书记接到报告后当日到现场查看路面破损情况，并迅速组织"两委"干部召开会议进行研究探讨。会议研究决定由村经济合作社出资，立即对该段路面进行修复。几天后，7 号楼前的破损路面全部修复完成，创造了苏庄三里社区"未诉先办"的新速度。

图 5-11　翠柳大街改造提升完成

第五章 抓制度规范 提升公正性

图 5-12　为苏庄一里路段安装路灯

图 5-13　社区书记现场查看破损道路情况

图 5-14　破损道路修复完毕

第六章　抓群团管理　体现多样性

第一节　社区文联展新姿

导　读

近年来，一个文学文化团体出现在房山区，引起了不小的轰动。这就是苏庄三里社区党组织领导下的北京市第一家社区文联。这个社区文联开展了丰富多彩的活动，取得了骄人的业绩。

> 东风吹绽一蓬花，红过天边万朵霞。
> 大腕草根同管护，浓香飘溢到咱家。

2012年7月，苏庄三里社区成立了文联组织，这是北京市第一个社区文联，有会员280余人，涵盖了社区居民、驻区商户、驻区学校教师及爱好文学艺术的各界人士。社区文联以"人民对美好生活的向往，就是我们的奋斗目标"为宗旨，以"扎根基层，服务居民"为出发点，以党的群众路线教育实践活动为载体，以培育居民的社会主义核心价值观为目标，传播社会主义的正能量，对社区居民实施文化引领，成为全社区建设社会主义文化阵地不可或缺的群众性组织。

8年多来，社区文联有力地配合社区党建的中心工作，扎实推进社区的思想文化建设，得到了广大居民的认可和肯定，并积极投身到社区的各项文学、文艺、文化活动中去，社区文联影响力越来越大，社区的文化氛围越来越浓。这个焕发社会主义文化生活正能量的组织，犹如花朵那样，越开越绚丽，越开越夺目，绽放出醉人的芳香。

一、党建来引领，当好"助推器"

社区文联紧紧围绕党组织的中心任务开展工作，社区书记兼任文联主席。文联成立后，先后组建了社区书法班、社区合唱队、社区交谊舞队、社区广场舞队、社区秧歌队、社区表演队、社区模特队、社区管乐队等11支文体队伍。社区为文联协调了300平方米活动场所，可容纳近百人开展活动，并配备网络、多媒体等音像设备。同时，开辟室外600平方米的街区文化活动广场，配备相应设施；此外，依托共建单位西潞成教中心，提供1000平方米的学习场所，还有共建单位北京工商大学附属小学提供的多功能厅，可容纳300人召开会议，组织演出。

有了组织，有了场地，接下来是制定详细的规章制度，明确职责任务。8年多来，社区文联每次组织重大文化活动，都制定实施方案，明确项目目标和执行人，并将每周三定为会员活动日，会员在活动日交流作品，相互切磋技艺，研讨活动计划，提出活动建议。大家畅所欲言，群策群力，展示才艺，不断推出好作品。

文联建立之初就注意到一个现象：近些年，文化领域出现了一些"负能量"的东西，某些不健康的书籍、影视作品等充斥于荧屏和一些场所，一些低级颓废的文化糟粕，侵蚀了民众的思想，对青少年身心健康造成恶劣的影响，不利于社会主义核心价值观的弘扬和正能量的传递。

针对这种状况，社区组织文联积极开展社会主义文化活动和健康积极的文艺活动，向社区居民传递正能量，带领社区居民开展了一系列文化、文艺活动，占领文化领域主阵地。2013年，社区文联开展了"社区文化公益行"活动，开展了居民广场舞教学、古诗词鉴赏讲座、优秀现代作品赏析讲座、中老年书法绘画讲座等活动30余次，累计服务居民2600人次，发放宣传资料1000余份。2014年，推出了"优秀传统文化、红色历史文化、时代英雄文化"学习品牌项目，开展了"社会主义核心价值观培育"项目，受到培训和教育的居民达到3000人以上。

每年春节，文联还邀请北京市、房山区书法协会的书法家到社区为居民开展"迎新春、送春联"活动，书法家们的幅幅春联都表达社区百姓对党的歌颂，对幸福生活的热爱，对中国梦的追求，社区居民的文化生活得到极大丰富。

2014年上半年，社区文联应邀参加房山区民政局"平西抗日战争纪念馆"展览内容的修订和文字整理工作，经过3个月的辛勤努力，于6月底完成布展，9月3日，北京市民政局、房山区人民政府及河北省、北京市12个区县的领导齐聚平西抗日战争纪念馆，举行了隆重的"向抗日英烈致敬"的公祭活动，该公祭活动的文字稿本，全部由苏庄三里社区文联提供。

社区文联充满开放意识，既走出去，又请进来，既传经送宝，又虚心学习，取长补短。2013年，应邀参加在北京市国际会议中心举行的"让文化志愿服务走进生活——2013北京'学习雷锋、为民服务'"志愿服务推动日活动，不仅做出贡献，而且开阔了眼界，学到了本领。

社区文联在房山区文联的指导下，工作得到创新和发展。2017年"八一"建军节，社区文联与房山区民政局联办"书法、绘画进军营"活动，对10余个驻区部队进行慰问，受到了广大部队官兵的热烈欢迎。

8年多来，社区文联的所有重大活动，都是党组织开展党建工作的中心内容，因此，社区文联已成为苏庄三里社区党建工作的"助推器"，有了社区文联，社区的各项工作更为得力、顺畅。

二、栽种"梧桐树",引来金凤凰

苏庄三里社区是一个村转居的社区,虽然全社区居民人口已近 6000 人,但由于社区成立时间短,住户文化层次不同,社区文化积淀不深厚。文联成立初期,尽管许多文艺爱好者积极踊跃参加活动,但限于文化素质偏低,缺乏高层次人才,活动效果还未能做到尽如人意。

为提升文联工作水平,苏庄三里社区采取引进、招贤、聘请等方法,诚邀北京市内的专家学者参与指导文联工作。一时间,众多文化名人、文艺大家纷纷被邀请到苏庄三里社区,为社区文联工作出谋划策,奉献才艺。各路学者专家纷至沓来。

张文星——著名播音艺术家、中央人民广播电台主任播音员、中国传媒大学凤凰学院教学总监、共和国 70 年 70 人杰出演播艺术家。2011 年 7 月,第一次应邀指导苏庄三里社区文化工作,协助社区成功举办了"爱党、爱国、爱家园"庆祝"八一"建军节联欢活动。2012 年上半年,他被聘请为苏庄三里社区文化顾问,策划、导演了多场大型的联欢晚会,指导了大型的诗歌朗诵会,亲自走进文艺队伍中间,帮助排练节目,指导表演班学说快板、讲演等。自 2013—2019 年,每年的"庆七一"文艺会演、社区居民春节联欢会,都离不开他的指导,他成了没有户口的苏庄三里人,成为苏庄三里社区文联最受欢迎的专家。

伍嘉冀——中国著名作曲家,《好大一棵树》《中国功夫》的曲作者。2015 年,他被聘请到苏庄三里社区担任文化顾问,定期指导社区合唱队练习,积极参与歌曲创作,为社区文联推出的原创歌曲《百姓托起中国梦》谱曲并指导演出,使社区文联在音乐教育培养上前进了一大步,开阔了文联会员的视野,被社区居民称为"我们社区的音乐家"。

马子跃——原北京军区战友歌舞团著名男低音歌唱家,20 世纪 60 年代大型音乐史诗《长征组歌》的表演者,亲历《长征组歌》演出 50 年。2014 年,被聘请为苏庄三里社区的文化顾问，2016年4月，为社区党员讲党课，题目就是《80年的长征50年的歌》，讲述《长征组歌》的创作背景、创意、编导及整个排练、演出的过程，加深了广大党员对《长征组歌》及长征精神的理解与认识，他还号召社区居民传承伟大的长征精神，党课在居民中引起强烈反响。在社区文联举办大型文艺演出时，他多次不辞辛苦来到苏庄三里社区，登台献艺，把心扑在社区文联的事业上。

张培公——中国文化部书画研究院研究员、北京大地画院副院长，幼年曾拜师齐白石老先生。2013年，被聘请到苏庄三里社区，担任苏庄书画院名誉院长，定期来到书画院为会员讲课，辅导书法绘画。2015年，张培公积极参加社区举办的"国学大讲堂"活动，为广大社区居民讲解了《国画欣赏》国学课，把书法、京剧、国画等艺术讲的妙趣横生，得到了现场居民的好评。2017年，积极参加"书法进军营"庆祝建军90周年活动，为广大官兵挥毫作画，送上了地方百姓对人民子弟兵的祝福。

苏庄三里社区的诚心邀约，使四方名家大师争相前来。中央人民广播电台著名播音艺术家方明，为苏庄三里社区文联欣然题词："文化是民族的血脉，是人民的精神家园"。著名播音艺术家曹灿为社区文联题词："弘扬文明道德风尚，建设社会主义文化强国"。著名电影表演艺术家谢芳、张目夫妇，曾数次来到社区登台表演。著名播音艺术家虹云、张悦来到苏庄三里社区担任艺术指导。

除此以外，苏庄三里还聘请房山区颜景河、谭泽、林宗源、赵国庆等社会文化名人担任社区文化顾问，共同研讨规划社区文联工作，不断把社区文联工作推向更高水平。

三、兴办大讲堂，立德育新人

为了拓宽苏庄三里社区居民的知识面，提高社区文联全体会员的文化水平和艺术水平,从 2013 年年初到 2019 年 11 月,社区文联坚持举办国学大讲堂。以党的十八大、十九大精神为指导思想,围绕实现中国梦的总目标,发挥党建引领作用,依托社区文联主体,充分利用社区文联艺术家的作用和成教中心的师资力量,采用名家讲座形式,开展文化素养提升和各种艺术门类的指导。为了让社区广大居民了解中华民族的伟大历史,弘扬中华民族的传统美德,学习继承祖国文化艺术中的精华,社区文联成立至今,每年都会举办专家讲座,让社区居民成为用先进文化武装起来的新型居民。居民与专家一起打造社区文化、社区文艺、社区文学。

国无德不兴,人无德不立。苏庄三里社区认识到要想在全社区形成"讲道德、守道德、做好人"的良好风气,就要通过社区文联的国学大讲堂来普及知识,积淀学养。针对社区中有的家长纵容子女做一些不文明的事,甚至打架骂人的消极现象,国学大讲堂从解决这些问题入手,邀请张文星教授主讲"继承中华传统美德,严把家教关,把孩子培养成为栋梁之材";邀请和谐中国书画院李耀君院长讲"弘扬优秀传统文化,培养孩子良好道德品质";邀请社区文联副主席刘水讲"改革开放以来的英雄事迹"等讲座。国学大讲堂提高了社区居民和社区文联会员的思想觉悟,各家各户向道德模范看齐,管教好自己的孩子,自身也争做道德高尚的人。全社区良好的风气逐步形成,争做好人好事的人逐步增多,杜绝了伸拳打架、当街吵闹的现象,社区内外逐渐形成了和谐的氛围。

针对社区文联的许多文体队伍成员渴望求知,急于学到各种文学艺术的情况,国学大讲堂以提高社区居民国学素养,陶冶道德情操为目标,先后推出"楹联欣赏"(主讲人颜景河),"古诗词朗诵"(主讲人方明),"中华好诗词"(主讲人宋家骧),"国画的技法"(主讲人张培公)等系列讲座。这些讲座帮助广大社区文联会员了解了各类艺术基础知识,拓宽了广大会员的知识面,启发了他们进行艺术创作的灵感,他们纷纷尝试对联、诗歌、绘画等艺术创作,一时间,会员和居民的创作热情空前高涨,奉献出一些水平较高的绘画、诗歌、书法作品。国学大讲堂开办至今，参加学习的居民达 5000 余人次，不少社区居民学有所得，学有所用，成长为文艺骨干，道德之星。每年元旦，苏庄三里社区文联在党组织的指导下，评选出学有成效的会员，授予全社区的学习先进、道德之星称号，形成了积极的导向，极大地激发了广大会员的学习热情，这些先进分子在工作中是表率，在文艺活动中是骨干，在书法、绘画等创作中成为"行家里手"。社区文联培养和造就了一批懂艺术、能创作、能及时通过不同文艺形式反映社区的新生活、新气象，反映社区的好人好事的骨干人才。

此外，社区文联还利用宣传橱窗、电子显示屏、社区网站和微信群等方式，对国学大讲堂培训中涌现的优秀会员，进行大力宣传，树立了标杆和榜样，及时传递给各家各户，做到了人人皆知，形成了积极的示范引领效果。

四、搭建大舞台，百姓纵情歌

社区文联作为社区活动的重要承担者，肩负着培训文艺活动骨干的重任，有了文艺骨干，就能够组织会员和社区居民开展丰富多彩的文艺活动。社区文联首先加大对文体骨干的培养力度，外送学习 120 余人次，社区内举办多场文艺骨干培训班。这些经过培训的会员回到社区，成为文艺活动的中坚分子、骨干力量。社区边培训，边组织活动，参加舞蹈、秧歌表演的会员纷纷走上舞台，展现风采。

社区文联的大舞台，主要依托室外的街区广场，到了活动时间，广场舞队、交谊舞队的队员们纷纷来到文化广场，伴随着欢快的舞曲，尽情舞蹈。他们当中有下至三四十岁的中年人，也有上至六七十岁的老年人，他们脚步轻快，舞姿优美，欢快的舞蹈使他们的心情也随之愉悦起来。社区美好的文化生活气氛感染了周围的群众，吸引了许多居民前来观看，还有的加入热情奔放的舞蹈中来。

在社区文联骨干的带动下，社区文化广场开展了多种形式的文化活动，合唱队、表演队、秧歌队尽展风姿。社区的文化活动影响越来越大，周围的观众有的是本社区居民，还有的是外社区居民，离家远的他们骑自行车或是乘公交、坐轻轨来社区参加活动、观看演出。这些多彩多姿的活动，得到各级媒体的宣传报道。

苏庄三里社区文联，年年有文艺活动，季季开展演出活动，往往结合一个主题，进行策划、组织、指导，让合唱队、舞蹈队、秧歌队、太极队在每年的元旦、春节联欢会上展现风采。举办了"社会主义核心价值观故事会"；举办了"党旗飘飘——我的中国梦"演出，举办了"社区梦想秀——周末大舞台"演出；2019年1月，社区文联举办迎新春联欢会，搭建起社区和居民沟通的平台，增进了情感交流，深得社区居民的欢迎。2019年5月，社区文联举办"壮丽70年歌唱新时代"周末大舞台文艺演出，节目丰富多彩，教育面广，居民喜闻乐见，引得过往行人纷纷驻足观看。8年多中，社区文联策划、导演大型演出30余场，苏庄三里社区文化活动呈现出蓬勃向上的良好局面。

社区文艺队成员对自身要求严格，单从舞蹈队来说，他们定期排练，从不懈怠，动作的一招一式都要求准确到位，几年来，他们排练了《祖国——你好！》《东方红》《和谐中国》《国家》《最美的歌唱给妈妈》《没有共产党就没有新中国》《阳光路上》《走向复兴》等舞蹈作品，以此来歌颂祖国的繁荣富强，歌颂伟大的中国共产党，展现了改革开放40年中取得的成果，鼓舞社区居民永远跟党走，坚定走社会主义道路的信心和决心。

社区合唱队坚持每周一、周三进行学习、排练，几年间50多名社区老年人变成了拿谱能唱的优秀演唱队员。在社区文化活动中，他们是一支不可多得的队伍。

社区表演队倡导自编自演节目，收效良好。例如，"保食安 共创建"的宣传活动，他们自编响板《食药安全大如天》，受到观众一致好评。2018年迎新晚会上，社区干部自编的小品《还我一片蓝天》，用诙谐幽默的语言，宣传了社区环境整治的重要意义。音乐小品《迷途》揭示了邪教的本质和对社会的危害，使在场观众深受教育。2019 年西潞街道深入开展扫黑除恶专项斗争文艺演出中，表演队自编自演的音乐小品《扫黑除恶换新颜》节目生动展现了党和人民与黑恶势力斗争到底的决心。队员们演社区的新鲜事，说自己的心里话，同时受到教育，提高了文化素养。大家说："这种文化形式好，我们既是演员，又是观众，既教育了别人，又进行了自我教育。"

社区文联同时组织会员开展书法、绘画等活动，在文联活动展厅，常常是艺术家的作品与会员的创作共同展示，雅俗共赏，彼此切磋，共同推动文化活动向高层次发展。会员的一些书法作品、美术作品，还参加社区内外的各类比赛，取得了优异成绩。

五、推出好作品，讴歌新时代

苏庄三里社区文联始终将"能不能搞出优秀的作品最根本的还在于是否能为人民书写、为人民抒情、为人民抒怀"，"欢乐着人民的欢乐，忧患着人民的忧患，做人民的孺子牛"作为社区文联文学创作的方向，先后出版了《阳光　大地　家园》《激流逐梦》《阳光苏庄》《人间正道》等书籍，创作成果不断涌现。

第一部作品是《阳光　大地　家园》。2009 年春，苏庄三里从农村转为社区，是一个新生活的起点，也是改革开放以来苏庄三里社区人民从贫困走向小康的见证。老百姓打心底里热爱共产党，称颂改革开放带来的幸福生活。苏庄三里社区以老百姓对幸福生活的向往为创作题材，开始了《阳光　大地　家园》的创作。一部分文章来自老人们对改革开放前艰苦生活的回顾。社区文联骨干走家串户，进行采访，老人们通过回忆过去苏庄村的贫穷景象，从吃、住、婚嫁等多个角度对比了过去和现在的生活，描绘了苏庄村的巨变。另一部分文章来自参加苏庄三里社区建设的年轻人，他们亲身感受到苏庄三里的快速发展，决心把自己的聪明才智，贡献给可爱的苏庄三里社区。还有一部分是文学作品，邀请云水诗社等文学、文化团体来苏庄三里社区采访创作，入选了冯绍邦、颜景河、谭泽、林宗源等一批诗社社员歌颂苏庄三里社区创业新成果的作品。这些作品有散文、现代诗歌和古典诗歌，都用朴实真挚的话语来赞美苏庄。云水诗社宋家骥先生创作了《苏庄赋》，这篇赋用中国传统文化的深厚底蕴写出了苏庄村从建村立埠到中华人民共和国成立前的荒凉破败，到翻身解放的喜悦及社会主义建设时期的光辉历程，深情歌颂了改革开放后取得的重大成果，气势宏大，较为典型地反映出人民拥护社会主义、向往幸福明天的心愿。成书后，苏庄三里社区文联举办了盛大晚会，著名播音艺术家方明深情朗诵了这篇赋，产生了强烈反响。

《阳光　大地　家园》结集之后，苏庄三里社区文联召开了表彰会，对书中的文章评定奖项，表扬了积极创作的作者，大大激发了社区文联会员创作的积极性。

第二部作品是《激流逐梦》。2012年7月21日—22日8时左右，北京大部分地区遭遇暴雨，特别是房山区及其周边地区遭遇62年来最强暴雨及洪涝灾害。房山是"7·21"暴雨灾害的重灾区，损失极大。但是，房山人民英勇抗灾，不怕牺牲，涌现了许多可歌可泣的英雄人物。2013年，为了纪念抗洪英烈，房山区民政局决定编写一部颂扬英雄事迹的报告文学，这个任务交给了苏庄三里社区文联。

苏庄三里社区文联立刻组建写作班子，开始了材料的搜集和整理。有不少重灾区远离城区，河北镇、蒲洼乡路途遥远，翻山越岭，要驱车百十千米才能赶到。编写组中有年过70的长者，却不辞艰辛，拄着竹杖，亲自到受灾的农户家，搜集第一手资料。他们在7月酷暑，顶烈日，爬山路，把在"7·21"中发生的感人事迹用小本本记录下来。特别是把当时坚守岗位，不顾个人安危的典型人物一一访查到，作为重点资料收集起来。两个月的时间，编写组采访的对象，从乡镇领导到普通百姓，不下百人。凡是洪水冲刷最严重的地方，都一一验看过，一些村庄河流都留有洪水冲击的痕迹。这给编写组的写作，形成了最直观最真实的印象，为这部书的完成，积累了丰富的资料。

编写过程，也是最困难的过程。为了按时、按质完成，编写组联系稿件，审核文字，修改章节，调整段落，夜以继日，连续奋战，用了两个月的时间，终于完成了这套报告文学的编辑工作。文集共分两册，第一册为《激流逐梦》，第二册为《激流赞歌》。其中有"7·21"抗洪抢险的当事人亲口叙述怎样和洪水搏斗的事迹，有乡镇领导冲上抗洪第一线，抢救乡亲的故事，有普通百姓在受灾后得到党和政府物资援助和关心的故事。还收集了诗歌创作，颂扬人民团结一致，抗击洪水，保卫家园的壮举。这套书一共40余万字，充分表现出房山人民在"7·21"抗洪中发挥的巨大力量，表现出房山人民在党和政府的领导下能够战胜任何灾害的雄心壮志。

这套报告文学作品的出版，得到了有关部门领导的认可。他们认为，苏庄三里社区文联，真正是一个过硬的文化组织，能够招之即来，来之能战，战之能胜。

2015年，苏庄三里社区文联又编辑画册《阳光苏庄》《人间正道》。通过新旧生活的对比，反映出改革开放以来苏庄的巨变。多角度、多侧面地选取了苏庄三里社区居民积极参加各种文体活动的摄影上百幅，表现了社区居民蓬勃向上的幸福生活。画册也选取了张文星等10余名文化顾问的影像，并把他们对苏庄三里社区的热爱，把他们愿意倾心服务社区的心情，通过真挚的话语充分表达。画册是苏庄三里社区文联的又一杰作。

2016年，西潞街道文化艺术节作品集《十年筑梦西潞畔》的文学版，选取了苏庄三里社区文联秘书长刘艳辉《小社区　大舞台》的文章，文章对苏庄三里社区文联进行了详细介绍和高度肯定。林宗源的《浣溪沙·苏庄的变迁》、谭泽的《卜算子·老汉今儿个真高兴》等歌颂苏庄三里社区的诗作也入选其中。此外，作家赵书平《西潞街道苏庄寄情》等，都是在苏庄三里社区文联组织和领导下完成的创作成果。

苏庄三里社区文联，还积极配合有关部门，开展创作活动。2018年夏，房山区民政局应北京市民政局要求，创作两篇表现见义勇为模范人物的报告文学。社区文联副主席刘水召集林宗源等，参加了民政局召开的与英雄人物见面的座谈会。接受了任务，大家马上投入调研采访，历经两个月，林宗源完成《激流三勇士》，文良、舒平完成《千钧一发见良心 热血炽热谱爱曲》，两篇稿件上交到北京市见义勇为基金会，编入《首都见义勇为报告文学》（第三辑）。此外，社区文联还帮助民政局联系诗人冯少邦撰写霞云岭王家台烈士陵园碑文。以上创作活动得到区民政部门的高度认可，他们认为苏庄三里社区开门办文联，彰显出创作实力，是一个"特别能战斗"的创作型社区文学团体。

六、一曲中国梦，唱响大会堂

苏庄三里社区在党组织的引领下，社区居民走向新的生活，幸福指数越来越高。社区做到了老有所养，幼有所教，经济困难人家得到及时帮助。社区文联经常组织活动，歌声和笑声在楼群中回荡，一个和谐文明的社区展现在面前，居民们坚定地相信，在习近平总书记的领导下，他们在小康的路上大步迈进，中国梦一定能够变成现实。

在这种背景下，2014年下半年，社区文联就有了一个更新的想法，创作一首歌曲，来赞美苏庄三里社区的新生活，来歌颂新时代，抒发百姓心头喜悦欢快的感情。也就是人民群众按照习近平总书记的指引，一定能够实现梦想，那么，歌曲的题目也就有了，叫《百姓托起中国梦》。这样，词曲创作的任务开始启动，由社区文联顾问宋家骧执笔，歌词一连写出多稿，直到认为确实写出社区居民的美好生活，写出居民的心声，歌词才确定下来。又聘请社区文联顾问，著名作曲家伍嘉冀作曲。伍嘉冀一直忙北京音乐界的重大活动，接受这个任务，没说二话，挤时间把曲子谱好了，这首歌就成功了。整首歌曲昂扬激越，唱出苏庄三里社区全体居民的幸福感、欢乐情。

《百姓托起中国梦》首先在社区合唱队排练，由资深的音乐教师指导。舞蹈队按照歌曲的节奏，跳起欢快的舞步，彩绸飞舞，鼓点昂扬，承载着社区居民的无限喜悦、无限欢欣。在很短的时间内，这首歌就响遍了社区内外，唱进了百姓的心坎。

几年来，这首歌在市、区级乃至全国的歌曲展演和大赛中，荣获奖誉，并得到有关部门的表扬。2015年，在北京市区县（局）、产（行）业文联原创歌曲比赛中荣获一等奖；同年参加农业部小康委在河南新县组织的全国农村优秀村歌会演，并于同年被中央电视台农村频道迎新春联欢节目选用。

2016年12月11日，社区文联会员参加了由中国合作经济学会、中国大众音乐协会等单位主办的首届"美丽乡村好声音"会演，苏庄三里社区文联歌曲《百姓托起中国梦》作为开场曲目在人民大会堂唱响。

七、初步效果

（一）彰显社会主义文化自信，开创社区文化建设新路

2012年7月，北京市第一个社区文联在苏庄三里社区安家落户。2014年年初，在北京市文联系统大会上，市文联主要领导对苏庄三里社区文联取得的成绩给予了充分的肯定，称赞苏庄三里社区的做法是彰显文化自信的突出表现。原房山区宣传部部长赵佳琛在以后的数年中，十分关心这个社区文联的建设和发展，多次亲自带队参观视察社区文联，对取得的成绩高度赞许，并做出一系列重要指示。房山区文联主席史长义、副主席刘月辉调研社区文联工作，并对苏庄三里社区文联的工作进行了高度评价，他们认为，苏庄三里社区文联第一能够应时而谋，在北京地区率先组建社区文联；第二能够因势而动，按照党的方针政策，搭建文艺大舞台；第三能够顺势而为，倡导开发性发展，融合发展，创新发展，务实发展。苏庄三里社区文联的成功实践，充分显示了基层社区级文联的重要作用。

（二）占领社区居民思想阵地，引领社会新风尚

苏庄三里社区文联建立之后，牢牢占领了社区的意识形态高地，对社区培育和践行社会主义核心价值观，起到了极大的推动作用。文联工作抢占了社区的思想文化阵地，占领了社区文化大舞台。社区全体居民共享文化成果，积极传播正能量，把文化糟粕扫除干净。社区居民在社区文联的引领下，排练歌舞，写诗作画，充实精神，身心愉悦，感受到了新时代给他们带来的幸福，并用歌舞唱出跳出这种欢乐。居民们成为文化艺术活动的常客和主角。苏庄三里社区文联也已成为社区一张叫得响的名片。

（三）"以文化人 以文育人"，促进社区和谐进步

苏庄三里社区把文联作为促进社区和谐发展的重要依托。社区文联的各类组织机构纪律严明、管理有序，起到了凝聚人心的作用，无形中也形成了一种社区的管理力量。文联自导自演节目，用居民自己的事儿做素材，用亲切的语言、真挚的感情道出了居民的心里话，对广大的居民是一种极大的教育。文化的力量是无穷的，历史上歌剧《白毛女》教育了多少人，对中国革命形成了多大的推动力是不能用数字形容的。苏庄三里社区文联认识到这一关键点，加大"以文化人、以文育人"的力度，在抓好队伍建设的同时，着力抓好文化品质的建设，保证文联作品、节目的正能量和高质量，让居民们在潜移默化中形成正确的世界观、人生观、价值观。社区文联推出的文艺作品，丰富了社区的文化，凝聚了居民力量。

社区风采录 6-1

领读誓词语铮铮

这是一个重大的节日——中国共产党 97 岁生日。社区文联在党组织的指

导下举办了隆重的庆祝晚会。参加晚会的有西潞街道的领导干部，有社区文联的顾问名人，有苏庄三里社区及各领域的党员干部、先进工作者，也有刚刚入党的新同志，几百人济济一堂。当屏幕上现出习近平总书记的巨幅画像和鲜艳的党旗时，社区书记、文联主席邵雪松大步走到舞台中央，领读入党誓词，这一刻，会场庄严肃穆，全体起立，每个人高高举起右手，跟读誓词。邵雪松书记开始领读誓词：

"我志愿加入中国共产党，拥护党的纲领，遵守党的章程，履行党员义务，执行党的决定，严守党的纪律，保守党的秘密，对党忠诚，积极工作，为共产主义奋斗终生，随时准备为党和人民牺牲一切，永不叛党。"

邵雪松书记领誓一句，全体与会者宣誓一句，声音响亮庄重，久久回响。那是一个不同寻常的时刻，每个党员心中，都涌起波澜。领导干部跟读誓词，想到自己应该怎样做好本职工作，敬业奉献，做到风清气正，全心为民；党员跟读誓词，想到自己应该时刻不忘党的培养，戒骄戒躁，兢兢业业，自觉履行好党员义务；退休的老党员跟读誓词，想到自己经历的不平凡的岁月，而今更应该退休不褪色，离岗不离党，应发挥余热，继续为人民做出贡献；新入党的年轻人跟读誓词，想到今后的路还很远，要扬起风帆，勇往直前，在新时代建功立业，为党旗增光彩。

重温入党誓词结束后，庆祝建党 97 周年的演出节目开始了，每一位党员似乎还沉浸在誓词的声浪中，不忘庄严宣誓的这一刻，人们仿佛又历经了一次考验，历经了一次战斗的洗礼。他们会把这一刻当作鼓舞自己勇敢出征的号角，当作激励自己前进奋发的鼓点。

这次领读和跟读誓词，不是一个普通的仪式，而是一次浸入每个党员的肌肤，融入每个党员的血液，让他们奋起、振作、向前的教育活动。

社区风采录 6-2

国学大讲堂搬到了小学堂

也许有很多人都知道苏庄三里社区文联开办国学大讲堂，却又很少有人知道这所大讲堂曾经搬到过小学堂。

那是 2014 年的一个秋日，张文星教授正准备在苏庄三里社区搞国学大讲堂讲座，却被宋家骧先生拦了下来，说有重要任务等待张文星教授去完成。原来，房山区韩村河镇五侯中心校孤山口小学的学生热爱古典诗词，养成了诵读古典诗词的习惯，有不少小学生开口就能背诵百来首唐诗宋词。这件事引起了北京诗词学会领导的关注，经过考察，北京诗词学会准备为这所小学挂上中华诗教先进单位的牌子，但是，学生们在朗诵技巧方面还有待提高。云水诗社的宋家骧先生听到这个消息，决定恳请张文星这个朗诵专家去帮忙。当天，已经是下午了，到孤山口还有 20 多公里的路程，其中还有一段是山路。社区文联副主席刘水说："不要紧，我找车。"于是，三人乘车来到孤山口小学。到了学校，正赶上学校放学，校领导立即召集学生集中在一个大教室，不一会儿，教室里就挤满了学生。张文星教授先是请两个同学背诵了几首古典诗词，然后，根据孩子们诵读的表现一一点评，强调了注意事项，耐心地告诉孩子们应该怎样才能读好，读得有语气，有感情。张文星教授一会儿做出示范，一会儿点评指导，如春风化雨，很快帮助孩子们掌握了一些朗诵技巧。有的孩子说："我原先以为读得声音大就是有感情，就能感动人。张文星教授一讲，我才明白，诵读是要有技巧的，要正确使用轻重缓急的声调，才能有效果。"夜幕降临了，3 位没顾得喝上一口水，吃上一口饭，就离开了学校，临走时还鼓励学生们多读多练，争取早日挂上中华诗教先进单位的牌子，为房山区的教育事业争光。

小学生们真的很争气，他们按照张文星教授所教的方法刻苦训练，朗诵水平迅速提高，不久就挂上了北京诗词学会颁发的中华诗教先进单位的牌子，而已经辞世的宋家骥先生的倾心付出，也永远铭记在小学生的心中。

社区风采录 6-3

没有苏庄户籍、自甘奉献的苏庄三里人

苏庄城铁站斜对面共创大厦6层，是苏庄三里社区的工作单位。总见上班族的年轻人里掺杂着几个上了年纪、斜挎背包的老年长者。他们在这里上班？担负什么职务？身边的年轻人会告诉你，他们是这个社区的常客——一个4人组成的文化顾问团。

这4人，说得上老字当头：老刘——刘水，是常驻的首席顾问；老颜——颜景河；老谭——谭泽；老林——林宗源。4人只要有任务，拔脚就往社区跑，唯恐落后，他们就像4棵老树，扎根苏庄三里社区，为社区做着他们认为自豪、光荣而又快乐的事。

2012年，苏庄三里社区提议建立社区文联，顾问团二话不说，延请北京文化界知名人士，在很短时间内，培养造就了苏庄三里社区的文化骨干，把文化大舞台创办得风风光光。顾问团与专家合作，一首《百姓托起中国梦》歌曲由此诞生。顾问团按照社区的部署，专门研究社区的文化建设，开办国学大讲堂，搭建社区大舞台，开办书画院，一时间，苏庄三里社区旗幡招展，声名远播，用两个字形容——"火"了。

2015年，社区书记带领社区干部，把社区治理得井井有条，社区居民有了幸福的生活。顾问团与书记精雕细琢，精心遴选，印制了一本反映苏庄三里社区居民大步跨向新生活的画册《阳光苏庄》。翻开画册，诗画俱佳，表现出社区居民在习近平总书记指引下不断迈向小康之路的豪情壮志。这本画册，上级领导肯定，社区居民爱读，社区的新光景、美画图展现在读者的眼前——"靓"了。

2018年，苏庄三里社区决定编写一本党建引领社区社会治理的书籍，宣传苏庄三里社区社会治理创新的实践方法和历程，顾问团闻风而动，和社区骨干一起编写了《育网聚智》一书，为党建工作添了彩，争了光。

在社区举办的"不忘初心 牢记使命"知识竞赛中，4个顾问担任评委，老谭因保护嗓子不能过多发言，却不甘落后，为此写了一首七言律诗，让老刘给朗诵，老刘手捧诗稿，激昂高亢地诵道：

群情激越语铿锵，顿挫抑扬七彩光。

绿水青山织锦绣，驼铃古道溢馨香。

初心不改逐新梦，大爱无垠铸小康。

高路通天连浩宇，携手并肩奔远方。

朗诵之声刚落，掌声四起，为两位老顾问的默契合作喝彩，为苏庄三里社区党组织发挥坚强战斗堡垒作用由衷礼赞。

老刘、老颜已经做了十几年的顾问，付出了十几年的辛劳，老谭也来了6年之久，老林刚来4年多，但他感受到了苏庄三里社区领导和工作人员对他们的敬重和关爱。

那么，他们又为何如此不辞辛劳、尽心尽力？听听这4位的心声吧：

——我们看到苏庄三里社区落实习近平总书记的指示："踏石留印，抓铁有痕"；我们学习年轻的党组织团队招之即来，来之能战，战之能胜的优良作风；我们看到蓬勃的苏庄三里社区奋发向上、创新发展的灿烂前景。

——我们是4棵刻下时代印痕的老树，我们又是植根沃土的老树，我们要尽自己所能，催发苏庄三里社区的新芽。一句话，我们是没有苏庄户籍、自甘奉献的苏庄三里人！

社区风采录 6-4

社区文联的"四大教头"

"歌唱教头"——孟淑英

孟淑英是一名退休教师。2003年来到苏庄三里社区居住,曾任音乐教师,不仅歌唱得好,而且也有教学方法。2009年,当社区领导找到她,希望由她负责组建一支合唱队时,孟淑英听后二话没说,立即同意了。很快,合唱队成立起来,每周一、周三下午准时活动,这一坚持就是11年。

合唱队刚开始时,报名的都是老年人,他们记忆力差、不懂节奏,不会用气,又不识简谱。她就采取循序渐进的方法,一点一点教,一遍一遍唱,直到学会为止。现在队员的演唱技巧提高一大截,大家看着谱子就可以唱起来,颇有专业的味道。

11年来,在孟淑英坚持不懈的教学下,合唱队队伍不断壮大,从20余人发展到50余人,演唱水平不断提高。2019年合唱队参加西潞街道合唱比赛时,现场观众掌声十分热烈,并获得了优胜奖。合唱队的进步令人惊叹,领导说她们不比专业的差,居民说他们是社区的骄傲。

为了提高自己的教课水平,带好队伍,孟淑英还积极参加培训,上午学习,下午就回到社区传授经验,组织排练,经常一站就是半天。有时候嗓子哑了,腿也麻了,仍然坚持着。孟淑英也是60多岁的人了,自己也很累,但是她仍然尽心尽力地指导。11年来,她为了实现队员们的唱歌梦想不懈努力着,队员们对她的爱也越来越浓厚了。

有的队员开玩笑地问她:"孟老师,您比上班还要忙,人家给你多少报酬啊?"她说:"有生之年能为社区和居民做点事情是我的荣幸,我非常感谢社区为我提供这样一个舞台,我才能把对音乐的热爱带给居民,让幸福和快乐洋溢在每个人的脸上,也留存在每个人的心头!"

"舞蹈教头"——王淑珍

苏庄三里社区活跃着一支舞蹈队，2012年，这个48人的舞蹈队在"五月的鲜花"国家级广场舞大赛中一举夺魁。从此，"舞蹈教头"王淑珍也远近闻名。

王淑珍不是专业舞蹈家，虽年近七旬，却引领着社区的舞蹈爱好者，用矫健的舞步，展现出苏庄三里社区健康向上的生活态度。她早年从师范学校毕业，由于热爱各类舞蹈，自苏庄三里社区倡导丰富居民业余生活以来，她就以"舞蹈教头"的身份融入了社区舞蹈活动，一跳就是10年。

她这个教头，可不是为舞蹈而舞蹈，不是只负责教会队员某种技巧，而是用艺术的理念去设计动作，编排花样，使舞蹈表现出极强的感染力。每次排练，她都仔细推敲乐谱、歌词，让表演效果达到极致。2018年，在苏庄三里举办的社区居民春节联欢晚会上，她编排的舞蹈《祖国——你好！》亮相了。开始，舞者们踏着节拍，迈动细碎的舞步，平缓而庄重，表现出每个舞者对祖国的无比热爱，观众随舞者们的动作屏住呼吸，凝神观赏；当演出达到高潮时，鲜艳的裙子像飘动的彩霞，像燃烧的火焰，展现出高亢昂扬的情怀，大气磅礴，充分表达出苏庄三里社区居民对祖国的祝福。那一刻，观众被感染，产生强烈共鸣，掌声雷动、经久不息。走到台下，人们还向她伸出拇指点赞："太美了，太棒了！你们表达出咱苏庄三里老百姓爱国、爱党的心声啊！"有谁知道，这精彩的节目，是她引领舞者们连续排练50个夜晚才呈现给观众的！

人们问她为什么10年来持之以恒，有一颗不老的心？她的回答铿锵有力："我是共产党员，我每日每时都在按照一名党员的承诺去做事，我要把舞场当作宣传社区的窗口，让居民们舞出时代的风采，舞出奔向幸福生活的精、气、神！"

"演出教头"——刘淑玲

刘淑玲，今年已经69岁了，曾任北京市房山区石楼中心幼儿园园长，凭着她的爱心、智慧、执着和一名共产党员的担当，工作做得有声有色，并获得

"全国优秀教师"的称号。

退休以后的她,扎根苏庄三里社区,主动请缨,组建社区表演队并担任队长。在组建过程中,她带头创作了《老年朋友来相会》这首歌曲,并携带自己多年积累的节目和队员们回顾昨天、编织今天、畅想明天,一起分享交流,对节目进行改编排练,使大家成为知心朋友。大家常说,这是我们自己的家,家和万事兴,我们共同努力,携手齐心,把演出队办好。就这样,很快就有30多人坚持参加活动,成为演出队骨干。

刘淑玲创作的作品构思精巧,安排合理,联系实际,因地制宜。为此,她付出了大量的时间和心血。为了创作节目,她总是在台灯下,苦思冥想。一个节目的出炉,往往要几个、几十个不眠之夜。为了排练快捷方便,她还购置了电子琴供活动使用。近年来,她带领演出队的兄弟姐妹们,认真学习党的方针政策,学习领会党的十八大、十九大精神,用自己的话、身边的事,编排居民喜闻乐见的文娱节目。先后用群口快板、山东柳琴、小话剧、说唱朗诵等形式排演了《两学一做方向明》《孝亲敬老代代亲》《房山人民齐抗战》《还我一片蓝天》《逛西潞》《十九大精神指航向》《迷途》等80多个节目,弘扬了中华民族的传统文化,讴歌了自己的家乡,赞颂了新时代的新变化,也陶冶了情操,丰富了生活,受到居民和各级领导的一致好评。多个节目参加社区、街道、区委办局组织的演出,受到奖励和表扬,大家尊称她为"演出教头"。

"书法教头"——赵国庆

赵国庆,苏庄三里社区文联书画院的"书法教头"。他从书画院成立之日起,每个星期二的下午,都坚持到书画院教授书法。7年时间从未间断,被会员们称为"不缺勤的老师"。他的学生有上到80多岁的老人,有年轻人,也有七八岁的儿童,达七八十名。他带领这些学员学文化、学知识、学书法,综合施教,使他们的书法水平有了大幅度的提高。教授书法,要耐得住性子。学员中,有些老人、孩子基础较差,得从基本功练起,一撇一捺,横平竖直,需要反复教，反复学。一次、两次、三次……手把手地教，有时候一两个月也看不到起色。这个时候，赵国庆没有急躁，没有责备，而是千方百计地鼓励这些老人、孩子，坚定他们学习的信心。他的耐心，收到了效果，经过几年的努力，学员们的书法取得长足的进步。其中有1名加入了北京市书法家协会，4名加入了房山区书法家协会，大部分学员可以参加各种类型的笔会，活跃在房山区的各层次文化活动中，赵国庆现在也"桃李满房山"了。

社区风采录6-5

谢芳唱起了《百姓托起中国梦》

一天午后，苏庄三里社区文联喜气洋洋，大厅里坐满了文联的顾问名人，有身着戎装的马子跃将军，有著名音乐家伍嘉冀先生，还有大家十分喜爱的电影表演艺术家谢芳、张目夫妇，他们都是应邀来观看苏庄三里社区文联的联欢晚会的。

谢芳、张目夫妇来到苏庄三里社区已经不是一次了，他们对苏庄三里社区有感情，熟悉这里的一草一木，把这里当作他们的家一样，看到社区百姓幸福的生活和日新月异的变化，二老十分高兴。谢芳、张目夫妇，年过八旬，却丝毫不显老态，精神矍铄、心态年轻。大家谈兴正浓时，谢芳老人忽然看到了墙上挂着《百姓托起中国梦》这首歌的词曲，很有兴致，走过来看，伍嘉冀先生也陪着走过来，谢芳老人就问起这首歌的作曲过程，伍嘉冀先生详细地做了介绍。谢芳老人看着这首歌的词曲，嘴里就哼出了曲调，开始还是哼着唱，大概是里面的词句感动了她，就忘情唱起来，一直把整首歌唱完，那声音是清亮的，那感情是真挚的，在场的人报以掌声。谢芳老人说，自己从小就喜欢音乐，很早就学会识谱，因此，不论什么曲子，只要试一两遍，就能演唱了。因为这首《百姓托起中国梦》曲谱流畅，歌词优美，所以，一遍就唱了下来。

晚会开始了，几个节目之后，该谢芳、张目两位艺术家登台表演了，全场观众报以热烈的掌声和欢呼声,大家都盼望一睹两位老艺术家的风采。二老走上舞台,唱了他们早年有名的《小二黑结婚》选曲,一曲唱完,台下掌声、欢呼声不断,并请求再唱一首。盛情难却,一再谢幕也不准,二老就又唱了《九九艳阳天》。两位老人又歌又舞,荧屏上还回放出谢芳在《青春之歌》中饰演林道静的年轻的面孔,气氛更热烈了。仿佛台上站着的,是他们当年年轻的身姿。观众们热烈的掌声和喝彩声,既是对二老精彩表演的赞许,也是对两位艺术家的祝福。有人为二老的这次精彩演出献上诗作。因为谢芳老人82岁,张目老人87岁,戏称二老为"80后":

    欢声热捧八零后,台上飞歌台下颠。
    一对寿星追旧影,青春又在舞翩翩。

苏庄三里社区的老百姓,衷心祝愿谢芳、张目二老永远具有年轻人的朝气,永葆青春!

图 6-1　苏庄三里社区文联成立大会

第六章　抓群团管理　体现多样性

图6-2　文联顾问、著名画家张培公老师指导社区书法班成员练习书法

图6-3　著名播音艺术家张文星为孩子们讲课

图6-4　文联原创歌曲《百姓托起中国梦》获北京市文联优秀节目一等奖

第二节　巾帼撑起半边天

导　读

本节内容通过记述苏庄三里社区党建带妇建，充分发挥妇女"半边天"作用，展现了新时期妇联工作的精神风貌。全心全意为妇女服务，激发广大妇女的积极性与创造性，参与社区各项建设，成为苏庄三里社区妇联工作的亮点。

谁说女子不如男，请看咱村花木兰。
慧雅之家施大爱，心舒气爽喜空前。

党的十九大报告强调："增强群众工作本领，创新群众工作体制机制和方式方法，推动工会、共青团、妇联等群团组织增强政治性、先进性、群众性，发挥联系群众的桥梁纽带作用，组织动员广大人民群众坚定不移跟党走。"可以说，做好新时代群团工作特别是妇联工作意义十分重大，对于成长中的苏庄三里社区来说，显得更为重要而迫切。为此，社区党组织加大对妇联等群团组织工作的支持力度，支持妇联组织广大妇女姐妹学习文化知识和手工技能，发展文艺爱好，丰富精神文化生活。广大妇女参与社区建设的积极性越来越高，充分发挥了"半边天"作用。

一、健全工作机制，切实把妇女组织起来

苏庄三里社区的2000多名妇女，是社区的一个大群体，她们贤淑善良、持家有方，是孝老育幼的主力军，更是促进家庭和睦的"黏合剂"。她们好学上进、热心公益，社区依托妇联组织，积极把广大妇女组织起来，使之成为社区建设的一支重要力量。

苏庄三里社区妇联在社区书记兼妇联主席的领导下，首先从制度机制入

手,积极落实群团改革工作要求,把妇联建设成为社区姐妹们身边的"妇女之家"。社区妇联先后健全完善了"日常管理、宣传培训、代表联系、志愿服务、维权保障、家庭建设"等6项制度机制,使各项工作更加规范。"妇女之家"明确专人负责日常管理,结合妇女现实需求,合理安排各类活动,并做好整理归档工作;严格落实妇女代表联系妇女群众制度,每名妇女代表通过日常工作接触、走访谈心等方式联系10名以上妇女群众。社区妇联每月召开一次工作例会,每半年召开一次妇女代表议事会议,对巾帼志愿服务队服务项目、服务流程、志愿者管理进行规范,拟定妇女儿童权益保障工作计划,加强妇女法制宣传和维权服务。

这些工作机制的健全完善,为社区妇联各项工作提供了保障,也使社区妇联运行更加顺畅高效,并更好地为妇女同志们服务。一方面,在保障妇女权益上,妇联为广大妇女搭建了学习、活动、展示平台,发展了她们的兴趣爱好,增强了她们的"获得感";另一方面,在凝聚妇女力量上,妇联通过组织志愿服务、开展文明家庭创建活动等载体,搭建了妇女发挥作用的舞台。同时,社区妇联干部通过上门走访、座谈交流、网上联系,加深了与妇女姐妹的感情,计生入户宣传、志愿者服务,以及社区文艺演出等活动中都有了妇女同志活跃的身影。

二、强化阵地建设,让妇女感受到"家"的温馨

几年来,通过社区党组织的示范引领、社区妇联的积极工作,广大妇女姐妹参加社区活动的积极性也越来越高,社区党组织在社区办公用房比较紧张的情况下,优先支持社区妇联阵地建设,将90平方米的办公用房打造为"慧雅妇女之家",建设了党建带妇建宣传区、活动培训区、旧物改造区、厨艺展示区、瑜伽练习区和钢琴学习区等几大功能区,配备了桌椅、培训设施,使妇女有了自己的新天地。

"慧雅妇女之家"一经投入使用，就受到广大妇女的热烈欢迎。有了专门的活动空间，有了专人运行管理，以前就开展的钢琴、瑜伽、歌唱、厨艺等培训课程，如今不仅坚持得更好，而且项目得到拓展，内容更加丰富了。"慧雅妇女之家"结合广大妇女的兴趣和需求，制订科学的课程计划，举办剪纸、旧衣物改造环保袋等手工制作培训，开设健康大讲堂、"优生优育"知识讲座，组织唱歌、演讲、文艺创作等活动，妇女姐妹们一有空，就相约来到"慧雅妇女之家"练练歌、做做手工，大家有了更多的共同话题、兴趣爱好，心里甭提有多美了。

通过这些兴趣活动，妇女姐妹们的业余生活得到了极大丰富，生活品质得到了提升，她们发挥了特长，找到了自信，增强了获得感、成就感和满足感。与此同时，社区妇联的凝聚力、影响力也不断加强。

三、发展志愿服务，为社区建设贡献力量

广大妇女通过社区妇联搭建的平台提升了自己，获得了成长。为了共同维护社区平安建设成果，她们积极投身到志愿服务活动中来，尽己所能、奉献社会。社区专门成立了社区志愿服务工作领导小组，2012年8月，妇联"巾帼妇女志愿者"服务项目正式启动。几年来，服务队队伍不断壮大，已达120余人，队员们在家严格教育子女、传承良好家风，在社区内大力弘扬志愿精神，积极参与到扶贫济困、普法宣传、创建平安社区等事务中来。同时，她们还学以致用，把在社区举办的老年护理、环境保护、防灾救援等相关讲座上学到的知识，良好地运用到志愿者服务中，定期为家庭困难、行动不便的残疾人、特困老人打扫卫生、料理家务、理发、洗头等，累积服务时长超4万小时。

2018年，社区妇联又紧跟社区建设的新形势，以"新时代 新担当 新作为"学习教育活动为契机，积极组建了巾帼维权服务队、巾帼扶贫济困服务队、巾帼文化宣传服务队、"剪·爱"志愿者服务队等志愿服务组织，这些服务队紧

贴社区居民需求，开展针对性的志愿服务，赢得了广泛好评。巾帼维权服务队聚焦保障妇女在社会中的权利，提出了不少维权的合理化建议。巾帼扶贫济困服务队配合社区干部，为孤寡老人洗衣做饭、送油送米，出资出力帮助社区中的困难户，被称为"信得过的女子帮扶队"。巾帼文化宣传服务队坚持责任到户，宣讲党的政策和法律法规，利用露天大舞台，通过歌舞等形式宣传先进人物，赞颂好人好事，传递正能量。"剪·爱"志愿者服务队定期在社区内开展免费理发服务。志愿者们责任意识、大局观念强，只要哪里有需要，她们就冲到哪里。她们勇于担当、甘于奉献，积极参与社区活动，全面助力社区建设，成为苏庄三里社区一道靓丽的风景线。现在，只要听说是巾帼志愿者，社区的干部群众都会交口称赞。

四、开展特色活动，擦亮"慧雅"品牌

妇女同志们在社区各项活动中都扮演着重要角色，发挥着重要作用，社区坚持树立"智慧高雅"新型都市妇女形象，围绕维护权益、提高素养、家庭建设等内容，积极开展各类活动。目前，妇女骨干力量达到200余人。这些骨干参加了社区、西潞街道等多项文体活动，展现了巾帼风采。此外，社区还持续开展寻找"最美家庭"活动，不断提高"慧雅"品牌的影响力。

社区妇联结合社区实际，制定家庭工作规划，明确具体措施，并持续跟进推动。结合不同时间节点，常年开展"晒照片、议家风、讲故事、展风采、秀梦想、树典型"等群众喜闻乐见的家庭文化活动，使"最美家庭"的创建和展示贯穿全年。通过开展创建活动，进一步强化家庭成员健康卫生意识、居住环境优美意识、爱护公共环境意识。同时加强典型宣传，使寻找"最美家庭"真正成为群众天天看得见、随时能参与、不断受教育的常态化活动。每年推出一批社区"最美家庭"，并用事迹宣讲等多种形式传播家庭文明正能量。2013—2019年，累计开展"最美家庭"评选活动7次，评出"最美家庭"24户，

"最美家庭"起到了很好的榜样示范作用。

此外，社区妇联还有针对性地开展家庭教育指导服务。紧扣苏庄三里社区家庭的实际需求，围绕家长关心的热点难点问题，举办家庭教育讲座、亲子阅读指导、家长沙龙交流、未成年人道德教育实践等各类家教活动，传播科学的教育理念和教育方法，提升家长科学教子能力，教育引导未成年人养成良好品行。在一系列活动中，"妈妈家长"更为负责，她们带着孩子参加活动，也积极与子女互动。有不少"妈妈家长"总结出好经验与大家分享。

五、初步效果

苏庄三里社区通过党建带妇建，提升了社区妇联服务意识，也使广大妇女自身素质不断提高，推动苏庄三里社区妇联工作在新时代开创新格局，激发巾帼之志，奉献巾帼之力，彰显巾帼之美，唱响巾帼之歌，为社区建设提供了重要支撑。

（一）党建带妇建，带出好家风

习近平总书记指出："家风好，就能家道兴盛，和顺美满；家风差，难免殃及子孙，贻害社会。"社区党组织引领社区妇联通过寻找"最美家庭""好家风好家训"等宣传展示活动，引导妇女更好地承担起家庭责任，用自身模范行为感染孩子、带动家人、影响社会。她们尊老爱幼，促成家庭和睦；她们勤俭持家，杜绝奢靡的风气；她们团结邻里，形成各个家庭祥和安乐的良好氛围；她们管教子女，协助丈夫忙事业，成为家庭中的"贤内助"；她们践行孝道，尽心伺候公婆，传递道德正能量。她们以身作则，把好的家风继承下来，传递下去，有力地推动了社会主义核心价值观在苏庄三里社区的一个个家庭中落地生根。

（二）党建带妇建，带出好社风

苏庄三里社区带领妇联组织妇女同志深入学习贯彻习近平新时代中国特色社会主义思想、党的十九大精神及法律法规等知识。通过学习，广大妇女思想政治觉悟不断提高，集体荣誉感不断增强。许多妇女从关心个人利益的小圈子走到关心社区建设的大家庭，走出了"小我"，走向了"大我"。在社区各项工作中形成人人争当模范，个个树立典型的良好局面。邵雪松书记作为社区巾帼团队的优秀代表，被评为社区"新时代，新担当、新作为"优秀带头人、西潞街道先进志愿工作者、房山区党建工作模范人物，还被推选为北京市第十五届人大代表、房山区第八届人大代表，并荣获北京市"三八红旗"奖章。

（三）党建带妇建，带出好民风

"慧雅妇女之家"开展的一系列活动，提升了广大妇女的生活品味，骨干分子得到全方位的锻炼与学习，也促进了民风建设。巾帼志愿者团队在社区中处理各种矛盾纠纷，传递了互助友爱、真诚待人的好风尚，促进了社区的和谐发展。她们积极投身到"参加环境整治，共建美好家园"活动中，社区环境保持得干净整洁，居民的精神面貌焕然一新。她们还积极参加社区安全巡逻，邻里守望，消除了安全隐患，促进了社区的安定和谐，净化了民风。妇联通过组织宣传活动、开展思想教育，帮助居民提高认识，明辨真、善、美，假、恶、丑。每逢节日，"女声合唱队""广场舞队""交际舞队"给居民带来欢乐，展现出喜庆祥和的民风。"慧雅妇女之家"通过讲故事、说快板等文艺形式，教育群众，团结居民，形成了讲道德、学先进、做好人的文明新风。

社区风采录 6-6

学习先进收获多

2018年3月29日下午，苏庄三里社区妇联在刘艳辉副书记的带领下，组织妇联主任、妇女代表到通州区于家务乡仇庄村参观学习妇联建设工作。

活动当天，仇庄村妇联干部带领苏庄三里社区参观团参观了仇庄村百姓俱乐部、老年聊天站、村史馆和孝道馆等家庭建设活动阵地，详细地了解了仇庄村近年来的发展情况及村内老年人的娱乐活动状况。

妇联干部结合自身实践也跟大家分享了仇庄村妇联在推进仇庄村家风家训工作中的宝贵经验及仇庄村以后的发展方向。

通过此次活动，苏庄三里社区参观团对家庭家风建设工作有了更加深刻的理解，也认识到家庭建设对本社区精神文明建设的重要性。社区党组织结合社区实际带领社区妇联深入调研，制定社区"最美家庭"评选方案，挖掘社区"好家风""好家训"，全面推进了苏庄三里社区家庭建设工作。

社区风采录 6-7

关爱贫困群体　传递爱的力量

"慧雅妇女之家"不仅在苏庄三里社区深受广大妇女姐妹的喜爱，而且还走出社区做好事，传递志愿精神。

2019年5月18日，邵雪松书记带领"慧雅妇女之家"的志愿者服务队和"吾心为爱"的志愿者一行11人驱车前往张家口涿鹿县古佛堡村、三道沟村开展爱心捐书和帮扶活动，社区副书记、妇联副主席等妇女干部也参加了志愿服务。

他们克服路途上的困难，为古佛堡村幼儿园的孩子们送去新被褥和玩具，为小学的孩子们送去图书和书架，并现场安装书架，将2000余册图书按照不同的种类摆放整齐。

他们还为三道沟村捐赠了10个书架和3000余册图书。村党支部书记感动地说:"你们为这个村子送来的不仅是图书、知识,更重要的是你们送来了北京市民对三道沟村民的深情厚谊!"

随后,在村党支部书记的带领下,志愿者们先后慰问了3位孤寡老人,一位82岁的老爷爷拉着社区妇联主席邵雪松的手说:"感谢你们从北京大老远地来看我们,虽然我们没有子女,但是有你们这些志愿者还关心着我们,我们感到心里暖洋洋的!"

社区风采录 6-8

舌尖上的邻里情

葛志同是一名退休党员,他是社区蓝盾治安志愿者,也是交谊舞队的骨干,更是一名厨艺志愿者。在苏庄三里社区举办的厨艺培训活动中,他凭借年轻时获得的"二级厨师"被推荐为社区妇联"慧雅妇女之家"的厨艺培训老师。作为一名男同志,他成为妇女活动中唯一的"党代表"。从培训班开班至今,每周五上午9点他都会准时为妇女同志上课,为了方便学习,他运用播放视频的形式为居民讲解多种菜品的制作方法,并现场指导实操练习,让大家品尝自己亲手制作的美味佳肴。经过一段时间的培训,妇女同志们学会了如何做出更美味的油条、馒头、千层饼、盘丝饼等各种菜肴,妇女同志们边吃边聊,彼此交流经验,大家现场互动有问有答,气氛十分热烈。

通过厨艺培训,进一步密切了社区干部和居民的关系,交流了厨艺,同时倡导了科学健康的饮食方式,推进了健康饮食理念。每期教大家做几道精致美食,完成几道美味佳肴,供大家分享,居民走出了小家庭,融入了大家庭,感受到了舌尖上的邻里情。

怎样做才是一个合格的厨艺老师和厨艺志愿者?他的体会有以下几个

方面。

一是要有创新意识，要考虑如何把厨艺融会贯通，取长补短，结合理论与实际操作聚新思路、新观念、新材料、新技法于一体形成新厨艺。

二是要有博大胸怀，把经验和好的做法毫不保留地传授给广大居民，作为一名优秀的厨艺工作者，必须具备高品位的人格，优秀的操作能力，丰富的专业知识。

三是要有优良的厨德，遵守食品安全的要求，精益求精，为就餐者提供安全卫生科学合理的饮食。

社区风采录6-9

新时代 新作为 新生活

不知道从什么时候开始，周红感到苏庄三里社区生活变得越来越多姿多彩，有滋有味起来。这让她感觉一切都是新鲜的，日子是新鲜的，生活是新鲜的，连社区的天和地都是新鲜的，甚至连唱歌跳舞这些她以前做梦也不敢想的生活，也成了常态。

周红是社区有名的敬老孝星模范，2016年，她荣获房山区敬老孝星模范称号。仅仅初中学历的周红，1992年嫁到苏庄，她种过地，干过粉刷工，对她来说，生活就是养家糊口。但自从2009年苏庄村转为苏庄三里社区以来，她的工作在改变，生活在改变，一切都在改变。周红逐渐由传统型的农村家庭主妇转变成为苏庄三里社区的学习活动先进分子。

周红的婆婆是新中国成立前的老党员，今年已经88岁了，但身板硬朗。这与周红的精心照料是分不开的。老人家于2014年、2017年跌倒两次，第一次摔断了大胯，第二次胸椎粉碎性骨折。送到医院，医生都不敢收留。抬到家里后，周红想方设法找偏方治病，不分黑白昼夜的伺候，经过半年多的调理，80多岁的老人终于站了起来。为了让老人恢复健康，她每天都要扶着老人锻炼身体，从 2014 年起，天天给老人补钙。老人逢人就说有一个好儿媳。

周红自 2017 年参加社区无土栽培养花学习后，回家就养了两盆，绿植至今仍然生机勃勃，绿意盎然，成为家中靓丽的风景。她每次回家看到就很兴奋，也很自豪，就感到一种收获，一种成果。这些都带给了她说不出的喜悦，让她有收获感与成就感。

过去对她来说，唱歌跳舞都是一件遥远的事情，她认为那都是"闲人"吃饱了没事撑的，多多少少都含有不务正业的成分。现在却已经成为她生活的乐趣，成为不可或缺的部分。现在，她热衷于社区组织的各种各样丰富多彩的活动。

许多妇女都像她一样，生活丰富多彩。她们纷纷告别过去，融入了社区崭新的生活。

社区风采录 6-10

愿我身边的姐妹都健康快乐

李淑慧是苏庄三里社区的一位居民，喜欢运动和文艺，她积极参加社区的各项活动，并被居民推选为楼门长。

她在几年前接触了瑜伽，从而也喜欢上了瑜伽，通过几年的学习，她掌握了一些要领，进而成为一名瑜伽爱好者。

2019 年 3 月，苏庄三里社区成立了瑜伽培训班，社区领导找到她，让她担任瑜伽培训班的队长，当时她非常担心，怕担当不了这份重担，因为她的情况有所不同，公婆一直和她一起生活，今年都 86 岁高龄，家务事情比较多，但她看到领导对她的信任，并且社区为瑜伽培训班购买了瑜伽垫、瑜伽砖和伸展带，提供了非常好的条件。在社区领导的大力支持和鼓励下，她同意带领大家一起练习瑜伽，克服自身困难，把家务活放到早上和晚上去做，挤出时间带领姐妹们一起练习瑜伽。她从最基础的动作开始教起，带领姐妹们开展锻炼，几个月下来，姐妹们的身体更加健康，精神更加愉悦，她也更加有信心配合社区开展各项健康活动，发挥余热，让喜欢瑜伽健身的姐妹们健康快乐每一天！

社区风采录 6-11

社区文化我先行——用爱心传承孝道

苏庄三里社区妇联工作的创建过程带动和影响了越来越多的妇女同志，她们用爱心传承孝道，争做典型，崔秀琴就是其中的一个。

崔秀琴家住苏庄三里社区三里院，是良乡经济开发区内制药厂的一名普通职工。她善良贤惠，结婚20多年，一直和公公婆婆生活在一起，公婆一年四季的衣服也总是安排得齐全周到，她以拳拳之心、眷眷之情，无怨无悔地侍奉公婆双亲，给予他们无微不至的照料。

崔秀琴的婆婆一直身体不好，血压高，1980年得了心脏病，1994年因心肌梗死住院，1999年又得了半身不遂，生活不能自理，照顾老人的任务就责无旁贷地落在了崔秀琴两口子身上。她白天工作了一整天，非常累，每天晚上还要照顾卧床不起的婆婆。给婆婆喂水喂饭，给老人洗澡擦身，还要给她做按摩促进血液循环……可以说，老人卧床不起10多年从来没有得过褥疮。由于婆婆半身不遂，卧床时间长了以后半夜经常气喘，她每天晚上睡觉都是提心吊胆的，一听见老人动静不对，崔秀琴就赶紧起来给老人喂药吸氧。尽管婆婆身患多种疾病，在她的精心照顾下，仍活到了83岁高龄，于2011年去世。时至今日，崔秀琴仍忘不了婆婆临终前拉着她的手，从眼神中流露出的不舍与信任。尽管婆婆嘴上已经说不出话来，但她心里早已把崔秀琴当作了自己的亲女儿。她暗下决心，一定要照顾好公公的晚年生活，让婆婆在地下安息。

在日常生活中，崔秀琴大事小事也都依着老人的性子来，从不惹老人家生气。对公公的孝敬最大程度地表现在她的细心上。她的公公如今已经85岁高龄了，生活虽然能够自理，但是毕竟年岁大了，行动十分缓慢，性格又内向不愿和其他老人聊天。为了让公公能够在婆婆走后安度晚年，健康长寿，老人的体温高低、卧室的冷暖，她都时刻挂在心上。近两年，崔秀琴的工作特别忙，中午不能回家。她就每天上班前给公公准备好中午饭，中午11：15再给他打个电话，提醒他吃饭，叮嘱他注意休息，跟他聊上几句，免得他一个人在家孤独寂寞。有一天工作繁忙，到了中午12点才想起给老爷子打电话，电话里老人的一句：「我一直等着你的电话呢！」说的她眼泪直流，心里暗想以后不管工作多忙都不能误了给老人打电话。

有一年冬天，公公生病住院，崔秀琴和老公每天轮流陪床照顾。有人说，儿媳妇照顾公公不方便，她从来没有这样的想法，就是把公公当作自己的亲爹来照顾。她时常想，公公现在都80多岁了，为了儿女操劳了一辈子，多不容易啊，我们做儿女的，理应多照顾一些。老人要是去医院检查，一些检查项目不能吃早饭，她会提前在包里放好面包、牛奶，等检查完了，赶紧给老人吃点东西。病友们都问："这是您闺女吧?"老爷子总是骄傲地说："这是我儿媳妇!"医生竖起大拇指说："老爷子，您好福气啊!"公公乐呵呵的不住点头，幸福和喜悦都写在了脸上。

崔秀琴无微不至地照顾公公婆婆，给自己的女儿当好了榜样，现在女儿在外省市上大学了，每次打来电话都要询问爷爷的身体怎么样，陪爷爷聊聊天。每到寒暑假回来，都主动给爷爷剪指甲洗脚，陪爷爷散步聊天，继续传承着孝道。崔秀琴怕性格内向的公公感到孤单，2018年的父亲节，她给老人买了个音箱，女儿下载了老人喜欢的京剧、评书。公公去哪都带着，逢人便说："这就是幸福!"

图 6-5 "慧雅妇女之家"旧物改造环保袋活动

图 6-6 "慧雅妇女之家"美食厨房烹饪培训

图 6-7 "慧雅妇女之家"健康大讲堂

第六章 抓群团管理 体现多样性 | 治理之行

图 6-8　"巾帼妇女志愿者队"入户走访贫困母亲

第三节　社区科普结硕果

导读

本节介绍了苏庄三里社区认真学习习近平总书记"打造共建共治共享的社会治理格局"的重要思想，从提高认识、加强领导、队伍建设、设施保证、开展活动、初步成效等方面开展基层科学普及工作的有效实践。

社区科普绽新花，老幼皆宜众口夸。
逐梦路上同携手，龙腾盛世展风华。

苏庄三里社区是一个管理有序、环境优美、治安良好、人际关系和谐的中型社区。根据社区实际，因地制宜、扎实有效地开展了一系列科普宣传和丰富多彩的科普活动，提高了社区科普工作的群众性、经常性，使科技知识在社区得到推广普及、居民的生活品质得到有力提升。

一、提高思想认识，健全组织机构

习近平总书记指出：满足人民日益增长的精神文化需求，必须抓好文化建设，增加社会的精神文化财富。

而科学普及是一种社会教育，是一种量大面广的社会性工作，同时也是科学技术通往人类社会的桥梁。

社区党组织通过反复学习，提高了科学普及意识，在社区居民中倡导用科学方法提高生活质量，利用多种形式传播科学思想、弘扬科学精神，提高全民科学素养，对实现民族复兴具有重大意义。

为此，社区成立了科普工作领导小组，社区副书记亲自抓，安排专人负责科普工作，整合辖区内北京工商大学附属小学、北京工商大学附属中学、良乡地区疾病控制中心等单位资源，设立科学教育基地。并以此为依托，从社区中抽选出一些文化程度高、热心科教事业的大学生社工和居民代表等20余人组成了社区科普宣传志愿者服务队，承担起为辖区居民普及科学知识、传播科学方法、宣传科学思想的职责，有效地保证了科普宣传工作有条不紊的开展。

二、完善硬件设施，加强基地建设

工欲善其事，必先利其器。为确保科普示范社区创建有实效，社区积极完善硬件建设，先后投资90余万元，保障科普活动阵地更好地发挥作用。一是建成科普体验厅和科普活动室，共计200平方米，分别配备了模拟飞行体验设备、投影仪、电脑、电视、音响等。二是因地制宜建设了"科普画廊"，并于2014年上半年，在社区小公园内设立了7块科普宣传橱窗。2016年，再次投资15万元，建设了包括规格为3.6平方米×2.7平方米的LED显示屏及全套电脑控制设备，以及"科普教育基地"广告牌、科普常识宣传提示栏、科普宣传长椅等设施。宣传橱窗由专人负责，展示的科普内容每季度更换一次。新奇的科普内容吸引着社区居民驻足观看。三是购置各类科普书刊、杂志等

1000 余册，充实"社区科普活动室"和"社区科普图书室"。活动室和图书室常年向社区居民免费开放，让社区居民随时"充电"，丰富科学知识，及时获得新的社科信息，为普及居民科学知识创造了有利条件。

三、搭建科普平台，开展多种活动

苏庄三里社区以创建科普示范社区活动为契机，以《科普法》为依据，紧紧围绕社区工作重点，实施"社区科普益民计划"，通过组织活动，开展形式多样、富有成效的科普宣传。

（一）开展科普体验

2015 年，苏庄三里社区建设以"模拟飞行互动体验"为主要内容的科普体验厅，使科普知识更生动、形象、具体地进入家庭生活，进入学校、社会，为居民、学生、残疾人、福利院的孩子们普及科学知识开辟了广阔天地，极大地激发了居民爱科学、学科学、用科学的积极性。

（二）举办健康科普讲座

随着生活水平的提高和生活节奏的加快，如何拥有一个健康的身体，已成为社区居民越来越强烈的需求。怎样才能做到科学健身、及早预防疾病、科学减轻病痛，拥有一个强健的体魄？针对居民有病乱投医，无病瞎保健的困惑，社区开设了健康科普讲堂：举办骨关节健康讲座、甲状腺健康讲座、预防脑卒中专题讲座、女性健康科普知识讲座、中医养生讲座和温馨修脚进社区等。大讲堂倡导科学健康的生活方式，把科学保健知识带到居民身边，让社区居民每个月都能听到科学养生知识。

（三）做好科普培训

用科普知识反对邪教。社区举办了反邪教系列宣传活动，使广大居民更加深刻地认识到邪教组织的本质和危害，进一步提升了居民的防范意识。举办人口计生宣传咨询服务活动，使广大社区居民学习、了解优生优育与科学生育基本常识。举办"普及防灾减灾知识，掌握防灾减灾技能"的宣传活动，引导广大社区居民了解自然灾害的发生原理，掌握相关的自救知识，提高防灾减灾自救能力。

四、科普促进环保，美化绿色家园

科普活动的展开，给社区居民增添了活力，特别是环保理念的宣传，深入到社区的每一个家庭。因此，社区在科普活动中，同时倡导绿化美化小区，建设整洁优美的家园，开展了倡导"绿色生活"系列活动，深入推行绿色环保工程。

（一）开展阳台种植活动

社区联合专业绿色种植公司，为社区居民免费发放花苗并讲解了绿植培育方法，受到了居民的欢迎。阳台种植净化了空气、美化了居住环境。居民喜气洋洋，感慨之余，赋诗一首：

> 红黄翠绿满阳台，心系泥盆巧剪裁。
> 康乐人家添雅趣，小天地种大情怀。

（二）开展垃圾分类处理宣传普及活动

社区联合建鑫园物业公司开展垃圾分类宣传，为社区居民讲解垃圾分类方法、废物科学再利用的好处，并为居民免费发放垃圾箱和垃圾袋。

（三）开展净化绿地活动

开展争做"社区文明小使者"活动，"春苗"志愿者走进社区捡拾白色垃圾活动，持续维护社区优美环境。

（四）开展节约能源活动

社区科普志愿者深入居民生活小院讲解节水小窍门，讲解空调的清理方法，使他们对节水节电有了新的认识。积极倡导绿色理念，居民积极参与，提高了节能减排意识，培养了节约资源、减少污染、保护环境的良好生活习惯。

科普活动，给生活增添乐趣，给居民带来健康，使社区环境得到美化。居民说："这都是因为学习了科普知识，我们认识到绿色环保的重要性，才取得了绿化美化的新成果。"

五、普及科技网络运用，创新意识显著增强

面对科学技术的迅猛发展，居民掌握电脑、手机等信息技术及即时通信软件使用方法的需求十分迫切，为此，社区开展了科技动手能力和网络知识的运用培训。

（一）推进"科普进社区"活动

苏庄三里社区联合区科协、西潞街道科协共同举办"科普进社区"活动。区科协的工作人员通过平面演示科普知识、立体展示科技产品、现场体验科技产品等方式，让社区居民更加深入地了解科技产品的制作过程及科学原理。社区小朋友亲自动手制作简单的手工作品，在制作过程中掌握了科学知识，激发了他们对科技的兴趣，培养了他们的动手动脑能力，提高了他们的创新意识。

（二）推动网格化社区建设

苏庄三里社区结合实际操作，讲解网格化对社区管理的重要性，比如：实现"网络办公、网格管理、后台处置"的智慧治理方式，通过社区网格化建设，完成了老旧小区改造登记，成功处理了社区居民反映的卫生死角、井盖丢失等问题，及时解决了居民关注的热点难题，提高了社区管理的效率。

（三）带动老年人参加科普培训

为了满足社区老年人学习电脑的迫切愿望，社区联合西潞街道成人教育中心对老年人进行电脑培训，为他们讲解电脑基础知识、基本操作方法和上网技巧。老年人学会了以前想都不敢想的电脑知识，他们觉得跟上了时代，通过电脑、手机的使用，开阔了眼界，增长了更多的知识。

科普工作与居民日常生活密不可分，科普内容涉猎范围广，内容丰富多彩。为了抓好队伍建设，苏庄三里社区邀请房山区信息中心专家，开展科技网络技术讲解和网格化 PDA 设备的使用培训，有效地提高了大家的科学知识水平和科普辅导能力，同时也提高了居民的实践能力和操作水平。

六、初步效果

（一）提高了党员干部对党建引领社区科普重要性的认识，组建了领导班子，制定了各项制度

抓好科学普及提高居民素养，是新时代的要求，是广大居民的需要，是基层党组织的职责。党组织和全体党员认识统一，步调一致。书记主抓，副书记分管。制度健全，责任到人，有力地保证了社区科普活动的开展，收效良好。

（二）形成了党建引领社区科普的一支队伍，开展了形式多样的活动

通过共建共治共享，使群众对科普活动由被动接受转变为主动参与，参加人员由社区居民扩大到社会各界，由成人群体发展到不同年龄段，优化了科普环境，提升了科普素质，惠及了广大群众，使社区逐渐形成了人人讲科学、用科学、爱科学的良好氛围。苏庄三里社区逐步成为一个环境优美、管理有序、治安良好、人际关系融洽、崇尚科学的和谐社区。

（三）扩大了党建引领社区科普的有效覆盖面，收到了明显效果

几年来举办了各类活动，共有万余人次参与。其中，科普宣传 30 余次，健康讲座百余次，大型科普活动 15 次，科普体验 6000 余人次。

2018 年 8 月，《科普时报》头版刊发了苏庄三里社区科普工作纪实。房山区总工会、房山区科委共同授予苏庄三里社区"房山区职工创新工作室"称号，并现场挂牌。社区还荣获由北京市科学技术协会及北京市财政局共同颁发的 2015 年度北京市社区科普益民计划"优秀科普社区"荣誉称号；2016 年 9 月，荣获"北京市科学技术普及工作先进集体"荣誉称号。

社区风采录 6-12

举办"科普进社区"活动

为了大力普及科学知识，提高居民科学素养，2014 年 8 月，由房山区科协、西潞街道经济发展科、苏庄三里社区联合举办的"科普进社区"活动在苏庄三里社区 18# 楼院内火热开展，63 位社区居民参加了活动。

活动中，区科协的工作人员现场讲解演示，社区居民零距离亲身体验，感受着科技产品为居民生活带来的节能、环保、卫生、安全、便捷等新体验，真正达到普及科技知识惠及百姓生活的目的。随后，现场的工作人员还邀请了社区儿童自己动手制作简单的手工作品，让他们在制作过程中寻找知识及原理，最终达到激发科技兴趣、培养动手动脑能力及提高他们创新意识的目的。

最后，区科协还为参加体验的儿童赠送了 4D 电影票及他们制作完成的小作品。虽然是在炎炎的夏日，但是孩子们似乎丝毫没有感觉到炎热，一直沉浸在欢快的体验、制作过程中，此次活动为暑期的学生、儿童们增添了一抹科学的色彩。

宫网聚智
北京房山苏庄三里党建引领社区社会治理探索与实践

社区风采录 6-13

迷人的模拟飞行互动体验厅

2015 年 12 月，苏庄三里社区建设的以"模拟飞行互动体验"为主题的科普体验厅正式落成。体验厅刚对外开放，就受到居民热烈欢迎。

该体验厅是面向居民开展的一项科普体验项目，借助计算机和网络技术将飞行驾驶体验放在室内进行，突破了时间、场地、气象、身体因素、飞行风险等限制，使人们能随时随地、足不出户享受到飞行驾驶带来的愉悦和刺激，从而达到普及科技知识和提高居民素质的目的。

除了模拟体验厅之外，安全出行、文明驾驶体验区也充满趣味。体验者用手触摸屏幕就能了解安全出行科普知识，观看文明驾驶科普视频短片，体验安全出行、文明驾驶、小游戏等多个方面，增长安全出行科普知识。科普书吧还为居民提供 1000 余册科普图书和杂志，方便居民阅读。

经过几年的建设，科普体验厅迎来了 6000 余名模拟体验者，体验厅已经成为苏庄三里社区的科普阵地，为社区居民探索科学打开了窗口。

社区风采录 6-14

培养科普兴趣　感受科学魅力

2018 年 8 月 10 日，苏庄三里社区暑期青少年"培养科普兴趣，感受科学魅力"科普活动在社区党群活动服务中心举行。社区的小朋友们兴高采烈，在家长的陪同下提前到达现场。

活动分为 3～5 岁的幼儿组，6～12 岁的小学组和 12～15 岁的初中组。活动内容为科普小故事（有趣的地心吸引力）、模拟飞行体验、交通标志连连看竞赛、水雾魔珠拼接与模块拼车 5 个部分，每组 10 人。分别在社区图书室、社区科普体验厅、社区文联书画院 3 个地点进行。

在图书室，北京工商大学附属小学教师王婧彬作为科普志愿者前来助阵，她为孩子们讲述地心吸引力的故事，并以不同的颜色来表示地心状况，开展了生动有趣的科普启蒙教育。科普体验厅和文联书画院则"兵分两路"，体验厅内小学组的一部分学生体验飞机驾驶，在宽大的屏幕上，飞机在蓝天上飞翔，在崇山峻岭、江海湖泊、茂密的原始森林之间穿梭。他们非常用心地操纵着设备。另一部分学生则是进行交通知识连连看的竞赛，面对屏幕中不同标识的选择题，他们按顺序到屏幕前按键答题，按答题速度、正确率评出名次，第一名仅用了138秒。文联书画院内中学组的学生们做手工拼车，幼儿组的孩子们做水雾魔珠，实现了智力和动手能力的大比拼。此后又组织小朋友们观看了科普动画片《别惹蚂蚁》，精彩的画面与曲折动人的故事不仅吸引着孩子，也吸引着在座的家长。

丰富多彩的活动充分激发了孩子的科普兴趣。小朋友们兴高采烈，为一点点小成绩而欢呼雀跃。活动结束后，活动的组织者——社区科技创新工作室的工作人员为孩子们举行了隆重的颁奖仪式，并送上了精美的礼品。

社区风采录 6-15

房山区儿童福利院的孩子们体验模拟飞行

2018年2月，春节的脚步悄悄来临，苏庄三里社区飞行模拟体验厅迎来了一批特殊的体验者，他们是来自房山区儿童福利院的孩子们。

体验现场虽然只有7名身体残障的孩子，但是社区却派出3名工作人员边讲解边耐心辅导孩子们动手操作。看到孩子们怯生生的样子，科普体验厅的工作人员主动向孩子们询问起了他们平时的爱好，启发他们要像著名物理学家斯蒂芬·霍金一样，虽然身体残疾，也照样能够搞科研。孩子们似乎听懂了叔叔的启发，慢慢试着自己操控键盘，当他们看到自己的飞机，自由翻转，徐徐落地，一张张天真稚嫩的脸上洋溢出无比灿烂的微笑。"快看！我的飞机翻跟头了！""我的直升机可以倒着飞行啦！"孩子们不清晰的发音和惊喜的感叹，充满了整个体验厅。儿童福利院的老师说："这次飞行模拟体验太有意义了，孩子们不用坐长途车，在家门口就能学到航天知识，了解我国高端的飞行技术。这是对残疾儿童最温暖的关怀。今后，我们还会带着更多的福利院孩子来参观体验，从小培养孩子们对科学的兴趣，增强他们爱自己、爱家园、爱祖国的情感。"

为了让孩子们享受更多的关爱，苏庄三里社区两委为儿童福利院的孩子们送上了新年礼物表达祝福。孩子们在这里度过了愉快的一天，留下了美好的记忆。

社区风采录 6-16

苏庄三里社区科普体验厅迎来西潞街道残联参观团

2018年3月，苏庄三里社区科普体验厅迎来了西潞街道残联组织的20余名残疾人参观，参观过程中，科普体验厅工作人员向残疾人朋友们进行了详细讲解，同时邀请他们进行了模拟飞行体验。"飞起来了！飞起来了！"一名残疾人兴高采烈地对着身边的友人说，"我们虽然身有残疾，但我们用一颗纯真的心对待着身边一切的新鲜事物。对于飞行模拟器，可能一开始不得要领，不知道怎么操作，但是我们会认真地去学，认真地去听，认真地去完成每一次的模拟飞行。"

参观者通过实际操作科普体验厅的先进模拟设备，丰富了精神文化生活，提升了对科普技术的兴趣，加深了社区与这些残疾朋友们的感情，增强了他们追求美好生活的信心。

社区风采录 6-17

孩子们的科普体验感受

今天，我和小伙伴来到苏庄三里社区的科普体验厅，听那里的指导老师说我们今天要模拟开飞机，我特别好奇，开飞机是什么感觉呢，太让人兴奋了！

我们跟着指导老师一起走进体验厅，首先映入眼帘的是并排摆放在一起由3台显示器组成的模拟飞行器。指导老师打开模拟系统，哇！3台显示器组成了一个整体的画面，上面显示着各种机型和背景，老师让我们选择了自己喜欢的机型，听完指导老师强调的操作步骤和注意事项，我和小伙伴们便迫不及待地坐到了模拟机前面，按照指导老师的指令操作。按动按钮，推动操纵杆，慢慢地，我们驾驶的"飞机"驶上了跑道，加速、起飞、盘旋、冲上了天空，开始自由地翱翔，真是太激动了。

这次的体验操作让我心情激动，印象深刻，同时也学到了驾驶飞机的一些知识，而且感觉自己更喜欢探索科学的奥秘了。以后，我更要好好学习，掌握更多的知识，长大后也为科学技术的发展做出自己的努力和贡献。

（北京工商大学附属小学　杨粲宸）

刚一踏进科普体验厅，一股科技的时代感就扑面而来。庞大的飞机模型悬在头顶上，地面上还有机场的起飞线，我站在体验厅中，就仿佛置身于飞机场。左右两侧是两排飞行模拟器，它是用来模拟飞机飞行的设备，给设备通上电源，3面显示屏就一起亮了起来。接着我进入了飞行界面，在管理员王阿姨的精心指导下，我谨慎地驾驶着飞行器，经过多次地飞行尝试，逐渐地我掌握了飞行器的操作方法和操作技能，在我的操纵下飞行器一会儿上升一会儿下降，有趣极了。操纵杆在我的控制下愈加灵活，我随心所欲地在"天空"中驰骋，自由翱翔。即使时间已到黄昏也不愿意离开。

科普体验厅的活动让我释放了压力、放松了心情,让我体验到了如今科技发展的迅猛,科普体验厅浓厚的科技感触动了我的内心,我励志要努力学习科学文化知识,插上知识的翅膀,去探寻无穷的奥妙世界。

(良乡二中　张　璨)

图 6-9　小学生体验模拟飞行

图 6-10　"科技创新富国强民"科技周

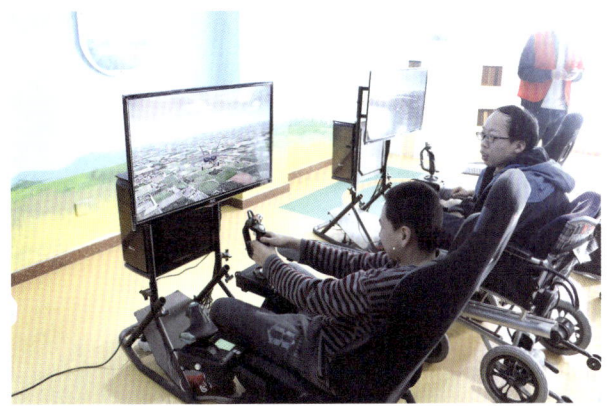

图 6-11 残疾人操作模拟飞行器

图 6-12 社区科普体验厅建设项目终审验收

第七章　房山区西潞街道苏庄三里社区党建引领社区社会治理模式研究

——像绣花一样将社区社会治理做精、做细、做实

习近平总书记要求："城市管理应该像绣花一样精细。城市精细化管理，必须适应城市发展。要持续用力、不断深化，提升社会治理能力，增强社会发展活力。"习近平总书记强调城市管理应该像绣花一样精细，就是要求城市治理工作必须做实，必须做到无忽略，无死角，这为社区社会治理工作指明了方向。

中共北京市委书记蔡奇指出，当前，北京正处于城市转型期。在功能定位上，要更加注重"城"向"都"的转变；发展方式上，要继续由聚集资源求增长向疏解功能谋发展转变；发展动能上，要从要素驱动向创新驱动转变；城市治理上，要从政府主导型向精治、共治、法治转变，这为今后全市的社会治理工作提出了明确要求。

一、苏庄三里"113"社区社会治理模式的特点

北京市房山区西潞街道苏庄三里社区近年来从实际出发努力探索党建引领社区社会治理的"113"（一核、一网、三变化。其中一核，指党建引领，方向正确；一网，指精细治理，做法务实；三变化，指组织力获得提升，社区创新促发展，地区和谐保平安）模式，取得了显著成绩，积淀了特色经验，市、区领导多次视察并给予高度评价。本书所介绍的十几个案例就是具体的

印证。

总结苏庄三里"113"社区社会治理的模式主要有几个突出的特点。

（一）党建引领社区社会治理方向

社区党组织始终站在社区社会治理的前沿，系统、科学地统领社会治理工作。党组织发挥战斗堡垒作用，党员敢于担当，勇于负责，在社会治理中发挥了先锋、带头作用，营造风清气正的良好政治生态，为社会治理工作顺利开展打下了坚实的社会基础。

（二）社区社会治理做得精，做得实，而且做得细

所谓精，是指问题摸得准，所采取的对策精准而有效。所谓实，是指所有治理工作坚持以社区居民为中心，一切以居民满意为目标。所治理的内容力求方便居民生活，利于社会稳定。所谓细，是指在治理的同时，加大社区梳理的力度，在建立和谐社会关系上下功夫。

（三）强化制度建设，形成务实有效的长效机制

社会治理不能只强调"治"，还要注重"建"，力求形成稳定的长效机制，让机制保障社会治理工作的成果落地、扎根。

二、抓住关键一核——党建引领，方向正确

苏庄三里在社区社会治理实践中始终坚持党建引领，并注意将党建引领有机渗透到社会治理的每一个环节，做到横到边、纵到底、全覆盖。突出的特点有以下几个方面。

（一）社区领导班子带头学习，不断提高理论水平和思想修养

近年来，社区领导班子不断学习社区社会治理的基本理论，经常研讨社

区社会治理的问题及对策，明确了"党建引领、学习助力、干部带头、系统谋划、资源整合、整体推动"的社区社会治理的基本思路。

（二）从实际出发，组织党支部、党小组长和积极分子的学习与引导，提高社区骨干的党建意识和引领能力

几年来，多场高水平、接地气的专家主题讲座受到社区骨干的青睐与认同。社区骨干们知角色、明责任、有能力、会工作、聚合力，他们在社区社会治理中发挥着不可替代的作用。

（三）建成 1950 平方米的苏庄片区党群活动服务中心

设立了品牌展示区、志愿者服务区、区域化党建展示区、科普体验区、党员承诺区、片区联合党委工作室、"许顺"人民调解工作室、党员活动室、党代表工作室、图书室等"五区五室"，发挥了"政策宣传咨询、党员培训教育、组织活动安排、志愿队伍服务、党员日常服务、党组织孵化培育、社区居民服务、党建展示平台"的功能职责定位，吸引了大批党员、群众来中心参加各种学习、观摩及体验活动，市、区各级领导先后多次来中心视察指导工作。

（四）在房山区社工委及西潞街道工委的指导下，苏庄片区联合党委率先成立，开创城市基层党建新模式

片区联合党委把加强城市基层党的建设、巩固党的执政基础作为贯穿社会治理和基层建设的一条主线，积极探索城市党建工作新路子，对解决社会治理中资源不足、协调不利、作用不突出、效果不明显的问题，对整体推进社区社会治理起到了积极的推动作用。

（五）落实"街乡吹哨、部门报到"工作，成立片区级城市管理指挥子中心，发挥片区联合党委的引领作用

按照"党建引领、区域联动、共享共治"的思路，以党建引领社会治理，初步形成了"五抓好五提升"区域化党建新模式，实现了基层党建引领社区治理创新从单一到区域、从封闭到开放的有效转变，取得了良好成效。将回社区报到的党员作为社区社会治理的重要人力资源，使报到党员不仅岗位明确，而且在社区社会治理中能有的放矢地发挥特长，成为社区社会治理的一支重要力量。

（六）制度监督两把剑，造就了廉洁新局面

贯彻"为民、务实、清廉"的总体要求，两委干部分工明确，责任到人，层层抓落实，把加强党风廉政建设作为推进社区各项工作的重要保障措施，针对群众反映强烈的热点、难点问题，坚持靠制度约束，靠群众监督，工作中注意整改，摸索出了一套目标清、易操作、效果好的成功做法，取得了显著的效果。

（七）组建政治素质好、理论水平高、指导能力强的党建专家队伍

几年来，党建专家们不仅指导社区干部们提升党建情怀、政策理论水平和工作能力，而且帮助社区干部们总结经验，形成特色，深化工作模式，扩大工作影响。在党建专家的指导下，苏庄三里社区社会治理工作始终做到在高起点、高站位上有效推进。

三、抓住关键一网——精细治理，做法务实

苏庄三里社区有一张网，但不是普通意义上的一张网，而是以培育网格作为特色的一张高效的网。这张网不仅使社区管理严谨、通畅、有序，而且真

的像绣花一样做到了管理精细化，工作务实到位。抓好网管、带好网员、支好网点、建好网格、修好网规5项基本职能，把党建的管理与服务工作全部纳入网格，解决了社区治理的种种短板，实现了社区党建新发展的目标。坚持"以网管带网员，以网线铺网面，以网点定网格，以网规管网项"的途径与方法，管理由粗变细，由偏到全，由浅入深，实现党组织对社区管理与服务的全面推进。"育网式"工作法以其独特的魅力受到社会各方面的关注，赢得了市、区各级领导的充分肯定，成为社区社会治理百花园中的一枝独秀。苏庄三里社区这一张不寻常的网格，主要聚焦在以下的"五抓"中。

（一）抓网管培育，使社区治理落实处

从思想、组织及作风方面使领导先受教育，增强网管的引领带头作用。将社区领导在社区社会治理建设中的作用具体化、规范化、制度化，从源头上将社区社会治理落到实处。

（二）抓网员培养，使先锋作用得彰显

从定岗定责、志愿服务当先锋等方面，增强网员的骨干带头作用。将社区网员的作用体现在社会治理的每一个楼门、每一个角落、每一个环节，使党员的先锋作用找到最佳的舞台。

（三）抓网点夯实，使居民生活更丰富

思想支撑、道德支撑、法治支撑、文化支撑及民生支撑的建设，使社会治理的工作更加扎实，更入人心。实现了社区居民思想追求有高度、道德示范有标准、法治手段有保障、文化生活有兴趣、生活解忧有体现。

（四）抓网格覆盖，使社区活力更凸显

党员活动阵地、文体活动阵地等建设覆盖全社区，使服务居民生活最后

一公里的问题得到较好的解决，居民生活、休闲变得更加方便、灵活和有序。为此，社区在活动资源的整合、开发、利用上做了大量积极、务实的工作。

（五）抓网规修订，使社区治理更规范

各项规章与制度保证社区社会治理各项工作能够落地。有了网规，就有了规范；有了网规，就有了规则；有了网规，就有了监督；有了网规，社区和谐稳定就能顺利实现。

苏庄三里社区的"育网式"工作法有高度，高就高在了党建方向的引领上；有深度，深就深在了群众基础上；有广度，广就广在了横到边、纵到底的落实上。社区社会治理如果都能像苏庄三里社区那样，就会使治理的"花儿"越来越美，人们的生活也会越过越美。

四、实现3个变化——组织力获得提升，社区创新促发展，地区和谐保平安

变化一，组织力获得提升。靠什么来激发社区治理的活力？苏庄三里社区党建引领社区社会治理模式使党组织的号召力、吸引力、向心力及凝聚力明显提升。十九大精神在社区党员、群众中往深里走、往实里走、往心里走。党员参与社区社会治理的积极性被充分调动，社区志愿者们的主动性被充分激发，社区居民参与社区治理的热情得到激励。党组织在党员、群众心中的威信更高，引领带动作用更强。

变化二，社区创新促发展。党建引领社区社会治理改变着社区干部的思维方式及工作方式，促进了社区工作的不断创新，近年来取得了多项创新成果，受到党员和群众的好评。"育网式"工作法的广泛推行、社区文联的率先建立、"慧雅妇女之家"的成功打造、"许顺"人民调解工作室的有效调解、"12345蓝盾"治安志愿者队伍保平安的实践、社区自治的施行、塔式养老的尝试、安

馨学堂的解忧、科普教育的普及及智慧消防的探索等都是突出的标志。这些创新有的侧重居民的学习与提升，有的侧重社区平安与和谐，有的侧重社区管理与协调，还有的侧重智慧社区的尝试。这些创新点集中在一点，那就是社区社会治理在苏庄三里深入家庭、深入社区、深入人心，已经成为北京一道亮丽的风景线，成为居民幸福生活的护身符。

变化三，地区和谐保平安。社区社会治理归根到底是要保一方平安，有了平安才有了一切。居民们想要的生活有求、生活有序、生活安定和生活有趣的目标达到了，人们才会体会到什么是幸福，而苏庄三里社区想要通过治理达到的正是这个目标。

点评人：北京市学习型城市研究中心特邀研究员、
房山区党建智库专家，马成奎

第八章　一个基层党建创新的生动实践

——西潞街道苏庄三里社区党建引领社区社会治理的探索与思考

党的十八大以来，以习近平同志为核心的党中央把全面从严治党纳入"四个全面"战略布局，全党上下奋力开启新时代党建新征程。实践中，北京市房山区西潞街道苏庄三里社区紧扣时代主题，立足自身实际，创新工作方法，坚持"以人民为中心"的发展思想，聚焦党建引领提升基层社会治理能力，探索实施"育网式"工作法，同时有效发挥区域化党建的资源整合功能，满足社区群众对美好生活向往，取得了实实在在的成效，赢得了群众的掌声。

一、村庄的蝶变——房山新城建设的一个缩影

苏庄三里社区地处房山核心城区，在城市建设过程中，原苏庄村就地城市化，于2009年实现村转居。社区管辖面积0.9平方公里，有常住人口近6000人，机关单位近10家，商户200余个，居民主要包括苏庄村原住民及购房迁入人员。原苏庄村集体资产由经济合作社负责管理，并接受西潞街道监管。

农村变城市、农民变居民，社区居民的生活环境和生活方式都发生了深刻的变化，物质文明、精神文明等各方面需求层次也不断提高。在房山区推进产业转型、城市转型、社会转型的大背景下，地处城乡接合部的苏庄三里社区需要完成好改善居住环境、维护和谐稳定、增进居民福祉等现实任务，而新成立的社区党组织和居委会治理的精细化水平不够，同时，居民的思想观念，"市

民"意识还有滞后性,党员、社区居民参与社区管理的积极性也不高。

如何把居民动员起来、把人心凝聚起来,让社区建设、社区发展这个众人的事众人干,是摆在苏庄三里社区管理者面前的重大课题。这几年,苏庄三里社区从党建上找思路、想办法,将网格化管理方法引入社区管理实践,聚焦社区精细化治理,通过党建引领,逐步培育、完善社区网格化管理机制,不断提升社区服务能力,解决好群众的操心事、烦心事、揪心事,打造了共建共融共治共享的社会治理格局。

二、治理的温情——基层党建创新的生动实践

近年来,苏庄三里社区深耕社区基层党建领域,坚持从"育"上入手,培养社区党员干部群众的精细化管理理念,用网格化管理方法指导社区治理实践,特别是发挥区位优势,巩固提升区域化党建工作成果,深化与辖区内各单位的共建关系,促进资源共享。注重发挥党员先锋模范作用,通过榜样带动和示范引领,逐步唤醒居民的"家园"意识,提升社区的凝聚力和居民的幸福感。

"育网式"工作法是路线图。党建引领社区社会治理,首先要明确一个治理架构和体系,苏庄三里社区在党建专家的指导下,探索实施"育网式"工作法,以社区支委班子为"网管",党员骨干为"网员",以市民文明学校、社区公益法律工作站、社区文联等服务组织为"网点",全方位搭建服务居民的平台。同时,以制度为"网规",促进规范化建设。苏庄三里社区坚持"一张蓝图干到底",把"育网式"工作法作为统领社区工作的一条主线,在实践中不断优化和完善。2018年,我市提出构建党建引领"街乡吹哨、部门报到"工作机制,房山区西潞街道是首批实施党建引领"街乡吹哨、部门报到"改革的试点单位。在推进吹哨报到改革及落实市委关于新时代街道工作意见的实践中,苏庄三里社区进一步扩充网格员队伍,注重调动党员、志愿者积极性,建立了划分更加精细、功能更加完善的社区服务网格,使这张网更密、更实、更

有情。有了这张网，社区治理的力量被最大限度地组织起来，社区班子、全体社区工作者、党员、群众层层带动、全员发动，他们分工合作、密切配合，在这张网上忙碌着、奔波着，有条不紊地推动着社区治理的各项工作。

区域化党建是黏合剂。苏庄三里社区辖区范围内的机关单位、企业组织资源丰富，因与社区地缘关系亲密，且履行社会责任、回馈社区居民、参与共建意愿较强。为此，社区党组织因势利导、借力使力，在街道工委的大力支持和指导下，通过区域化党建工作机制，探索建立片区联合党委，将辖区内机关单位、企业、社会组织及党员群众的资源有效整合，努力实现全员参与社区共建。在片区联合党委的带领下，相关单位积极融入社区建设，主动共享学校操场等设施及医生、教师等专业资源，联合开展主题党日活动，使资源突破了单位围墙的限制，更好地服务社区居民，发挥了更大的价值。在养老、青少年教育等领域也吸纳社会力量参与，满足了群众的现实需求。区域化党建把散落在各处的宝贵资源汇集起来，积沙成塔、聚木成林，丰富了社区服务的内涵，并使之在共享中升华了价值。

社区党员是领跑者。社区服务群众每一项事务的落实，仅靠社区干部是不够的，苏庄三里社区面向内部挖潜，激发居住在社区的离退休老党员老干部的参与热情。他们有的发挥自身专业特长，为居民排忧解难，如从燕山法庭退休的许顺，在社区发起成立了"许顺"人民调解室，积极帮助群众化解矛盾纠纷，促进了社区和谐。有的发挥文艺特长，用艺术创作讴歌新时代、感恩新生活，还推动成立了社区文联、"慧雅妇女之家"等群众组织，把更多的居民组织动员起来，这些组织成为苏庄三里社区的独特名片。有的主动认领志愿服务岗位，在社区群防群治、环境建设、小区管理等方面以身示范，带了好头。一个个身边的榜样用行动诠释着党员的担当，引领了苏庄三里社区建设"人人为我，我为人人"的主旋律，折射着感恩和奉献的光芒。

居民参与是根本点。苏庄三里社区从解决群众的操心事、揪心事、烦心事入手，实施老旧小区改造、社区环境整治、家庭适老化改造、科普教育基地建设等工程,这些看得见、摸得着的变化和实惠,使居民对社区的认同感、责任感和光荣感不断增强,他们由之前的"观望"到"点赞",再到主动参与、主动融入。在这种社区文化的良性驱动下,社区治理的各方面力量得到进一步激活。如,依托社区塔式养老模式,解决老人日常生活、健康养生、精神文化等多层次、多方面的需求,特别是社区志愿者积极参与,为老人提供打扫卫生、理发、剪指甲、情感陪伴等服务,实现了"老有所养""老有所乐"。安馨学堂为小学生提供就餐、课业辅导、兴趣培养等托管服务,成为众多家长的"好帮手"。孝老爱亲、尊老爱幼的美德得到传承和发扬,让居民暖了心、温了情,并自觉成为一个个传递爱的使者,打造了苏庄三里社区治理的人文底色。

三、时代的呼唤——社区社会治理的路径思考

苏庄三里社区的治理工作在探索中不断创新完善,赢得了社区居民、党建专家和各级领导的肯定,成为房山区基层党建创新的一个典型,为北京郊区党建引领基层社区社会治理、深化社区精细化管理工作提供了参考和范本。打造共建共融共治共享的社会治理格局,是党中央对新时代完善和发展中国特色社会主义制度,推进国家治理体系和治理能力现代化的重要内容,也是广大人民群众的美好愿望和热切期盼,苏庄三里社区的实践启示我们,加快推动党建引领社区精细化治理,要着眼于抓好以下几个方面工作。

精细化治理要摸清家底抓共建。就是弄清楚自身"有什么"的问题。要强化社区党组织的政治功能及其在基层治理中的领导地位,充分发挥总揽全局、协调各方、服务群众的战斗堡垒作用,通过完善社区党建、单位党建、行业党建多方联动体系,深化党建带群建促社建,深入分析、挖掘整合社区各类服务资源,把一切可以利用的服务力量都汇聚起来。在此基础上,形成"资源清单""服务清单",用党建"绣花针"穿起基层治理"万根线"。近年来,房

山区狠抓基层组织建设，注重党建创新，支持各级党组织通过党建品牌培育，探索出适合自身特点，具有较高辨识度和较强引领性的党建品牌，初步形成了"多点开花"的良好态势。通过党建品牌的打造，既强化了党建引领，搭建了"穿针引线"的共建平台，又把"万根线"的丰富资源拧成了"一股绳"，有效凝聚了工作合力。

精细化治理要着眼精细抓共治。就是弄清楚群众"要什么"的问题。社区无小事，事事连民心。提高社区治理水平，关键是要在精细上下功夫，就是要关注并精准对接现代社会居民对美好生活的多元需求，建立"需求清单""治理清单"。要依托网格化管理方式，在信息沟通、问题发现机制上不断创新，拓展、延伸社区管理的"触角"，实现问题发现在基层。要建立健全密切联系群众的长效机制，并善于利用微信、微博等新媒体社交方式，精准摸准群众的需求，进而匹配精准的服务。要坚持民有所呼、我有所应，提高12345市民服务热线"接诉即办"工作水平，既"接诉即办"又"未诉先办"，广泛开展满意度调查评价，让居民真正成为社区建设的"主人"。只有摸清群众的真正需求，才能用精准的服务取得群众的信任，换来社区居民更加深切的获得感和幸福感。

精细化治理要以情驱动抓共融。就是弄清楚基础"是什么"的问题。社区是大家庭，既要讲治，也要讲情，要把治与情有机结合，以治育情、以情促治，这是社区精细化治理共建共治的情感基础。一方面，要抓好社区文化建设，提高驻区单位、物业公司、业主委员会、"双报到"党员、社区志愿者等社区各个单位和群体参与社区治理的责任认同、文化认同，调动其参与社区建设的积极性，持续激发社区治理的活力。另一方面，要通过治理，提升社区家的"温度"，让居民看到变化，得到实惠，进而从"心动"到"行动"，形成社区治理"人人参与、人人尽力、人人共享"的良好局面。特别是要积极培育社区社会组织自治力量，动员其共同参与，发挥好居民公约、楼道公约等社会规范的积极作用，形成更大的共治，积极构建既"充满活力又和谐有序"的基层社会治理新格局，实现治理的自我驱动和良性循环。

　　精细化治理要心中有民抓共享。就是弄清楚治理"为什么"的问题。社区精细化治理的核心在于提高基层治理水平，目的在于顺应人民群众对美好生活的向往，用党员干部的"辛苦指数"换来的百姓"幸福指数"。因此，要通过运用"街乡吹哨、部门报到"机制，推进城市治理重心下移、力量下沉，着力解决一批以往"看得见，管不了"的服务群众"最后一百米"问题，实现问题解决在末梢。要凝聚各方力量，从改善社区生活环境入手，逐步延伸到背街小巷、老旧小区环境整治提升，再到教育、医疗、养老、公共文化、平安建设等方面公共服务的一点点改善，让社区治理在"微变化"中带来人居环境和城市品质的"大提升"。只有围绕"七有"要求做好民生工作，在满足"五性"（便利性、宜居性、多样性、公正性、安全性）需求上狠下功夫，着力解决一批"痛点""难点"问题，让社会建设发展的成果由人民共享，才能切实增强基层党组织的凝聚力、向心力和感召力。

点评人：房山区委党建办副主任，张伟

附 录

附录 A 媒体之声

苏庄三里社区党委带领党员和群众所做的一项项工作，顺民意、暖民心，不仅深受社区广大居民的好评，而且受到市、区各类媒体的关注。几年中各媒体报道高达 30 余篇。本书选出一部分文章录入其中，从不同侧面印证社区党建引领社区社会治理的成绩和效果。

报道 1 房山区苏庄三里社区成立了北京市第一个社区文联

首都文明网　2012 年 7 月 6 日

北京市第一个社区级文联——苏庄三里文学艺术界联合会，于 7 月 5 日在房山区西潞街道苏庄三里社区挂牌成立，并选举产生了第一届理事会。大会聘请了著名播音艺术家方明、虹云、曹灿、张悦、张文星，著名表演艺术家谢芳、张目、马子跃、东方子等为名誉主席。虹云、谢芳、曹灿等老艺术家亲临现场。北京市文联组联部主任、北京音协副主席陈卫东和房山区委常委、宣传部长赵佳琛为苏庄三里文联揭牌。房山区文联、区民政局、区社工委、西潞街道和驻苏庄三里学校、部队等单位的领导及代表 200 余人参加了会议。

为贯彻落实党的十七届六中全会精神，推动社会主义文化大发展大繁荣，弘扬"爱国、创新、包容、厚德"的北京精神，展示苏庄三里社区文化建设的硕果和广大社区居民的精神风貌，苏庄三里于 2011 年 10 月在全社区发起"爱党、爱国、爱家园"主题征文活动，编辑、出版了 26 万字的《阳光　大

地　家园》征文集，得到众多文化名人的关注；2011 年 12 月 18 日举办了"爱党、爱国、爱家园"主题征文颁奖作品朗诵会，邀请著名播音朗诵艺术家方明、著名表演艺术家谢芳、张目夫妇、著名朗诵表演艺术家曹灿、中央人民广播电台播音艺术家张文星参加朗诵会；2012 年 3 月，苏庄三里社区中老年大学正式揭牌。

赵佳琛在讲话中指出，苏庄三里文学艺术界联合会的成立，标志着苏庄三里的社区文化生活已经有了相当深厚的基础，迈上了新台阶，这为本区社区文化发展打开了新局面。今后，苏庄三里文联要发挥桥梁和纽带的作用，牢记责任，为群众服好务、做好工作，把群众生活中的发光点记录、积累下来，推动区域文化繁荣发展，为房山文化建设事业增添新色彩。

报道 2　北京房山：文艺创作"顶天立地"

新华每日电讯　2014 年 12 月 18 日

在北京房山区，大伙儿早上爱买谢春起的烧饼。为什么？因为谢春起一边卖烧饼，一边打着板子唱京剧。卖完烧饼，围裙上还沾着芝麻，他就跟票友们泡在一起了。

烧饼与京剧，看似风马牛不相及，但再平凡的职业，也不阻碍对艺术和美的追求。在房山，这样具有"文艺范儿"的故事还有不少：村里办摄影展、村民创作剧本、老头老太登台演出……

房山在北京西边，是歌曲《没有共产党就没有新中国》创作地，也是唐代以"苦吟"和"推敲"著称的诗人贾岛的诞生地。在北京区县中，房山经济并不发达，但为何文化如此繁荣？

房山区委常委、宣传部长赵佳琛给出的答案是：群众文化"铺天盖地"，文艺创作"顶天立地"。

苏庄三里原来是一个"问题社区"，拆迁改造农民住上楼房获得补偿款后，很多人赌博。2012 年，苏庄三里成立了北京市第一家社区文联，风气为之一变。苏庄三里社区党总支书记兼文联主席邵雪松说，越来越多的居民参与到文化活动中，感受文化带来的喜悦。

房山的"文艺范儿"不仅体现在有群众文化，更因为涌现出一群扎根大地、静心创作的知名作家、画家、音乐家。

房山区文联主席史长义是一位著名作家，他出版了长篇小说《慢慢呻吟》《大猫》《玄武》等 8 部，著有散文集《以经典的名义》《风声在耳》等 12 部，曾多次获得全国性文学奖，被誉为目前北京农村题材文学创作的代表性作家。

多位文艺评论家指出：房山文艺家作品突出本土特色，体现"故乡永在"，在这些作品里望得见山，看得见水，看得见乡愁。

报道 3　党员进网络服务心贴心

《北京日报》　2017 年 7 月 4 日

本报讯　怎样发挥党员的先锋模范作用？怎样才能更好地为社区居民服务？最近，记者了解到，房山区西潞街道苏庄三里社区推出"育网式"工作法，开创了党建新思路。

"育网式"工作法即以精细化管理，通过有效的培育方式，将社区党建融入网格化管理服务新模式。其具体有"抓好网管、带好网员、支好网点、建好网格、修好网规"5 项基本职能，把党建的管理与服务全部纳入网格，推动社区党建新发展。

苏庄三里社区的"育网式"工作法框架图显示：党总支书记邵雪松及 5 名成员任"网管"，分抓"思想""道德""法治""文化""民生"5 个方面的工作。社区按照"蝶翠苑""小佳士苑"等 5 个生活小院，分为 5 个大网格，30 余栋住宅楼按照楼宇位置远近被组团分进 15 个小网格，社区共 132 名党员，70 余名中青年党员便成为各个小网格中的"网员"，按照"育网式"工作法要求，与自己所负责的小网格中生活困难的居民"一对一"结成帮扶对子。

"网管"如何发挥职能?"我们专门聘请了'党建顾问团'培育'网管'。"邵雪松称,她及党支部内5名成员做"网管",直接联系每个网格中的党员骨干即"网员","网员"直接接受来自居民的服务需求:"每个网格都公示了党员姓名、身份及联系方式。居民的问题'网员'能解决的直接解决,不能解决的上报'网管',负责的'网管'解决不了,5名'网管'联动沟通协商。若社区问题重大,在整个'网管'层面仍难解决,再由'网管'上报街道,一级一级加大力量解决。"

"育网式"工作法规定,每个同居民结成"一对一"帮扶对子的"网员",每年最低不能少于两次入户探访,询问并帮助居民解决相关问题,"上不封顶。哪怕是去和老人聊聊天,为老人读读报,或是打扫下卫生做做饭。"

最近,今年84岁乔俊菊老人的4个子女便联名给苏庄三里社区写来了一封感谢信。信中称,自从老人在苏庄三里落户,子女感到特别温暖。"夏天为老人安上空调、医务人员上门为老人检查身体,更让人感动的是,还专门安排了党员张淑莲对老人进行'一对一'帮扶。"

张淑莲俨然已是老人口中的"亲闺女","帮忙买菜、做饭,收拾家务,到家还把外面的新鲜事儿讲给老人听。老人的子女让她搬走同住,老人都舍不得离开。"提起张淑莲,居民没有不竖大拇指的。

该社区还设有一支全天候运行的"12345蓝盾"治安志愿者服务队,团队分有12个组,每组4人,组长也由党员骨干担任。社区会将服务时长积分,每个月总结一次,并根据服务积分发放相关奖品。"志愿服务也是'育网式'工作法的一环。1就是我们培育的一个志愿者服务之家,2即志愿者管理、服务两支队伍,3即对等式、反哺式、储蓄式3种志愿服务激励方法,4即统一服装、标识、管理、考核,5即根据志愿服务进行评比,最高为5星。"邵雪松介绍。

"育网式"工作法有效提高了党组织凝聚力,并将党员和居民紧紧编织在一起。该社区还建立了房山区首家模拟航空科普体验厅和科普基地,并成立了本市第一家社区文联,平均每天有 300 余名居民聚在社区开展各项文体活动。

(引自:2017 年 7 月 4 日《北京日报》 记者　张淑玲)

报道 4　村改社区聘艺术家当顾问

《北京日报》　2011 年 12 月 22 日

本报讯(实习记者 李祥)在日前举行的房山区苏庄三里社区"爱党、爱国、爱家园"主题征文颁奖作品朗诵会上,苏庄三里社区党总支、居委会聘请著名播音朗诵艺术家方明、曹灿等人作为该社区文化顾问。这个在北京市城乡一体化进程中由村庄改制的居民新区文化建设又有了新的专业力量。

西潞街道苏庄三里社区由原苏庄村改制,是一个由传统农村向现代城市化转型的城郊小区。改制后人口由原来苏庄村的 700 余人猛增到现在的 5900 余人,社区居民的构成发生了巨大变化。社区居民一改过去单调的生活方式,对精神生活提出了更高的要求。苏庄三里社区党总支和居委会从构建社区文明、提升社区文化入手,从 2009 年起投入近 2000 万元,建了社区文化广场和文化活动中心,相继完善了各种文体配套设施。苏庄三里社区文化体育活动搞得有声有色,社区有自己的合唱队、舞蹈队、曲艺队、秧歌队,每逢重要节日都要举行社区联欢演出,节目都是社区居民自编自演的。

社区党总支书记邵泉告诉党员班子,"说一千道一万,一个社区精神文明建设提升不起来,物质生活再高也得变味儿。"居民不但兜里有了钱,而且在文化上有了更高的追求。社区党总支、居委会聘请国家级文化名人入社区指导文化建设,使社区文化活动更加丰富多彩。今年"八一"建军节,社区举办的驻军和居民共建红色家园联欢晚会得到了中央人民广播电台的著名主持人张文星的指导。节目紧紧围绕拥军爱民,取得了很大成功。

今年 10 月,社区党总支和居委会在全社区发起"爱党、爱国、爱家园"

主题征文活动。在两个多月的活动期间，社区广大居民和驻军官兵、驻区学校师生、公司职工热情拿起笔踊跃参加征文活动。苏庄三里社区党总支、居委会从全社区几百篇应征文稿中遴选出优秀作品，由社区干部自己编辑、出版了26万字的《阳光 大地 家园》征文集。

房山苏庄三里社区通过近年来长期的引导教育和多种形式的活动，居民的道德素质、文明程度显著提升，居民的思想观念、创业意识有了明显转变，新居民、新生活、新风貌成为社区精神文明建设的主体，文明、健康、民主、和谐的社区特色逐步形成。

报道5　房山：打造群众安居乐业的幸福家园

《北京日报》节选　2019年3月5日

西潞街道片区联合党委凝聚力量引领基层治理

"坚持党建引领。以基层党建引领基层治理创新，强化街道社区党组织在基层治理中的领导地位，充分发挥总揽全局、协调各方、服务群众的战斗堡垒作用，夯实党的执政基础。"

不仅如此，"片区联合党委工作制"还与"街乡吹哨、部门报到"工作有机融合。在街道级城市管理指挥分中心基础上，成立片区级城市管理指挥"子中心"，整合片区党组织力量，由片区联合党委书记任"子中心"指挥长，强化基层党组织城市治理职能。城市管理指挥"子中心"，主动对片区上报信息进行汇总、分析，找出片区内城市治理的主要问题和症结，统一"吹哨报到"，变被"吹哨"为主动治理。与此同时，片区各单位之间共同协商、共同出力、共同治理。苏庄片区"吹哨"房山区水务局，改善片区水质，获得居民一致好评；苏庄一里社区污水管堵塞跑水，提请片区子中心予以解决，苏庄三里社区通过集体经济组织，迅速予以帮助解决，做到小事片区内部解决。

报道 6　苏庄三里反邪教打造五阵地

京郊日报　2017 年 11 月 22 日

本报讯（通讯员 肖楠）打造网格阵地、群防阵地、法治阵地、思想阵地、文化阵地，房山区西潞街道苏庄三里社区通过 3 年来的努力，实现了"无邪教组织、无邪教人员、无邪教苗头""三无"目标，社区居民成为反对邪教的支持者、弘扬法治的践行者、文明创建的参与者。

在网格阵地建设上，该社区将无邪教社区建设纳入党组织建设、法治建设、精神文明建设中，打造了以党总支 5 名支委委员为横线，6 个委员会和 164 个居民楼门长为纵线的"育网式"工作法。针对反邪教法治教育，社区公益法律服务站的公益律师们每周轮流服务，调解家庭矛盾和纠纷，举办社区普法大课堂。为打造思想阵地，社区开展了家庭拒绝邪教和防邪教知识讲座，举办以"弘扬法治、崇尚科学、繁荣文化、反对邪教"为主题的笔会活动，提高居民对反邪教工作的知晓率。

报道 7　市人大代表热议在职党员"双报到"成效——"建议在职党员更深入参与社区治理"

《北京青年报》节选　2019 年 1 月 20 日

去年，北京市集中开展驻地党组织和在职党员回街乡"双报到"活动，在职党员回社区（村）报到并开展服务活动，把在职党员活动"触角"延伸至 8 小时以外。活动开展近一年来，在职党员参与社区建设的积极性大幅提高，社区活动也更加丰富了。

正在召开的十五届人大二次会议上，在职党员"双报到"活动引起了市人大代表的热议，也对下一步发展提出了建议——在时间安排上更加灵活，同时充分挖掘和发挥在职党员的优势，让他们能够更加深入地参与到社区治理当中。

社区利用周末组织的主题活动,使在职党员增强了参与社区建设的积极性。市人大代表、房山区西潞街道苏庄三里社区党总支书记兼居委会主任邵雪松在讨论时说,社区在职党员不仅以个人身份回社区服务,还以支部共建的形式参与社区共建。

"比如,房山区税务局机关第十五党支部、第二税务所党支部与苏庄三里社区党总支结成共建支部,18名在职党员自发捐款成立志愿帮服务基金3600元,回社区帮助重残户李大成、困难户张艳清,定期到家中帮助打扫卫生、做饭、心理辅导等,如今已经入户8次,与帮扶对象结下了深厚的感情。"

报道8 "科普之翼"翱翔社区

《科普时报》 2018年8月7日

这个社区有些"特别"!

当笔者走进北京市房山区西潞街道苏庄三里社区(以下简称"苏庄三里社区"),就被眼前的景色所吸引:满眼郁郁葱葱绿植的掩映下,是各式各样的宣传展板、宣传挂图。细看后,笔者发现,这些看似纷繁的宣传标语与宣传画背后都有一个共同的主题——向居民普及各类科普知识。

他们用群众喜闻乐见的形式把科学知识、国家政策、法律法规、行为规范、健康理念等宣传给居民;他们在社区创新性地建立了科普体验厅,以"模拟飞行互动体验"为主要活动形式,运用模拟飞行相关的设施、器材和工具,启发科学思维能力和想象力,达到增长科学知识和科学启蒙的目的……

科普成了苏庄三里社区的基调,虽说有点不可思议,但是却和苏庄三里社区多年来积极推进科普工作的努力分不开。

社区科普的魅力

"以前一听说'科普',完全是不明就里。如今社区把科普通过我们能够理解的形式展现出来，大家也能够参与进去，寓教于乐。这不，我们社区都快成了科普基地了。"家住苏庄三里社区的张大妈告诉笔者。

张大妈所说的一点都没有夸张。

多年来，苏庄三里社区以党的十八大、十九大精神和"党的群众路线教育实践活动"为指导，以科学发展观为统领，以《科普法》和《科普条例》为准则，以服务社会主义和谐社会建设为宗旨，弘扬科学精神，普及科学知识，传播科学思想和方法，倡导科学、文明、健康的生活方式，提高广大居民的科学素质。

现如今，在苏庄三里社区，大大小小的科普活动可不少。

他们以学校为依托，围绕医疗保健、消防安全、网络知识普及、电脑班培训、小制作小发明、法律常识、食品安全、环境卫生、低碳生活、爱科学反邪教等内容举办讲座。

与此同时，他们还根据不同人群的特点，通过观看电教片、开办老干部学习班、举办文体活动等形式寓教于乐，让居民在轻松的环境中学习到更多的科学知识。

从不甚了解到略知一二，在丰富多彩的科普活动的潜移默化下，苏庄三里社区的居民们渐渐开始体会到科普魅力与实际作用。

除了自己举办科普活动，开展科普工作，苏庄三里社区也动员居民积极参与苏庄村的科普系列活动。

无论是"北京市房山区农产品质量安全宣传周活动"，还是科普进村活动，你都能够找到苏庄三里社区居民的身影。

"通过这些特别有意思也特别有意义的互动，我学习了解了很多在日常生活中接触不到的知识，比如了解了有机食品的种植、生产过程，知道了如何选取有机食品等。"对于科普活动对自己的影响，居民刘女士高兴地对笔者说。

在苏庄三里社区，科普成了一种有效的工具，能够让居民更好地认识世界、认识环境、认识自己，也让他们在认识之后，能够更好地爱护环境、珍视健康。

所以，不论是世界水日、世界无烟日，还是世界肺结核日、世界健康日，你都能够在苏庄三里社区了解到更多相关的科普知识。

可以说，科普给苏庄三里社区的居民们打开了一扇能够透过现象了解本质的窗口，也让"科普之翼"在社区里日渐丰满。

但是，苏庄三里社区在科普领域所做的，还不止于此。

模拟飞行的乐趣

"苏庄三里社区有个科普体验厅，据说特别有意思，还是免费开放，什么时候我也过去体验一下。"

"我前几天带孩子去体验了一下，还真是很特别，能够模拟飞机飞行，孩子也喜欢，还能学到知识。很不错。"

说话的两人都是附近社区的居民，而他们口中的科普体验厅，正是苏庄三里社区在社区科普之路上一次突破性的实践。

苏庄三里社区飞行模拟体验厅始建于 2015 年 9 月，该项目投资 60 万元，由北京市科委、房山区科委进行资金支持。作为房山区第一家飞行模拟体验厅，配置高性能、高技术含量的智能系统，配置 500 册科普图书为青少年普及科技知识。

从开放之日起，苏庄三里社区飞行模拟体验厅就吸引了附近的大朋友和小朋友。而第一批访客就是社区老年文艺活动队、太极队、毛巾操队的 40 余名中老年人。

这些人大都是退休在家或者为子女接送孩子的老年人，他们带着几分惊喜和好奇听着社区工作者的详细介绍，小心翼翼地触摸键盘。

当他们通过自己的操作驾驶着飞行模拟器遨游在天空时，不禁流露出自豪和满足："哇！我飞过了沙漠——又飞过了草原——哇！又飞过了大海！"

活动结束后老人们兴奋地说："没想到这辈子还能亲自驾驶飞机游遍全

球，不出门也可以实现年轻时当飞行员的梦想，等孩子放学，休息的时候，可以带着大孙子来体验了！"

对于飞行的乐趣，孩子们最有发言权。

在六一儿童节，苏庄三里社区党总支在社区党群活动服务中心科普体验厅，为北京工商大学附属小学200余名学生举办"科学庆六一"活动。

对于科普体验厅，有的学生是第一次来，有的学生已经来过几次了。"我来我来，该到我了，我要飞跃大海！"在社区工作人员的指导下，小学生紧张地操作着飞行器，虽然一开始还不熟练，但经过几次的尝试后，孩子们能够慢慢地将飞机平稳飞上了空中。孩子们一步一步地按照模拟器提示进行操作，飞过设定的关卡，飞过蔚蓝的大海，最后平稳降落。

体验结束后，小朋友们围着社区干部说："阿姨，这里太好了，能看书、能开飞机，还能学到知识，我还想带我的朋友们一起来，让他们也学学！"科普工作的核心是让更多的人感受未来生活、感受高科技生活，体验先进科学技术给生活带来的乐趣和便捷。充满暖意的苏庄三里社区也将这份乐趣带给了一群特殊人群。

今年2月6日，春节的脚步悄悄来临，苏庄三里社区飞行模拟体验厅迎来了一批特殊的体验者，他们是来自房山区儿童福利院的孩子们。

体验现场虽然只有7名身体残障的孩子，但是社区却派出3名工作人员边讲边耐心辅导孩子们亲手操作。孩子们慢慢试着自己操控键盘，当他们看到自己的飞机，自由翻转，徐徐落地，一张张天真的笑脸洋溢出无比灿烂的微笑。

"快看！我的飞机翻跟头了！""我的直升机可以倒着飞行啦！"孩子们不清晰的发音和惊喜的感叹，充满了体验大厅……

儿童福利院的老师说："这次飞行模拟体验太有意义了，让孩子们在家门口就能增长航天知识，了解我国高端的飞行技术，这对残疾儿童来说就是对他们最温暖的关怀。今后，我们还会带着更多的福利院孩子来参观体验，从小培养孩子们对科学的兴趣，增强他们爱国的信心。"

科普的暖意还在继续。

3月13日，西潞街道残联组织街道25名残疾人到苏庄三里社区参观科普体验厅。

社区工作人员耐心地向他们介绍如何使用操作键盘及飞行常识、操作技巧，鼓励他们大胆尝试。半个小时后，他们开始熟练操控模拟飞行，先后进行多种形式、多种气候下的飞行体验。

科普工作任重道远，而苏庄三里社区以飞行模拟体验厅为有效的载体，让"科普之翼"翱翔社区，让"科普之花"悠然绽放。

报道9　房山区苏庄三里社区离退休干部党支部建设"三化"打造坚强战斗堡垒

房山区委老干部局网　2018年11月28日

房山区苏庄三里社区党总支离退休干部党支部成立于2012年，共有党员53人，最高年龄86岁，平均年龄64岁，支部委员3人，设立2个党小组。

近年来，支部在区委老干部局的指导和街道工委、社区党总支的正确领导下，深入贯彻党的十九大精神，以"两学一做"学习教育常态化、制度化为重要依托，紧紧抓住提升党员意识这条主线，围绕"三化"建设，拓思路、创载体，积极开展各项工作，引导老党员带头保持共产党人的本色，不忘初心，牢记宗旨，坚定理想信念。牢固树立党的一切工作到支部的鲜明导向，切实把政治建设、思想建设、组织建设落到支部，把从严教育管理党员落到支部，把群众工作落到支部，使支部成为团结群众的核心、教育党员的阵地、攻坚克难的堡垒。

1. 围绕一个"建"字，实现支部建设规范化

离退休干部党支部是党的基层组织的重要组成部分，承担着教育管理、组织引导离退休干部党员发挥先锋模范作用的职责。要承担起这样的工作职责，抓好党支部规范化建设是关键。支部按照全面进步、全面过硬的要求，以提升组织力为重点，坚持问题导向，突出重点，补齐短板，从严加强支部建设。认真分析部分老党员中存在的思想不积极、参与度不高等实际情况，严格按照"三会一课"制度要求，确保把老党员的思想和行动统一到党的十九大精神上来，统一到落实社区建设中来。支部按照年度工作计划，做到"三会一课"认真落实，党员活动形式多样，主题党日内容丰富。充分发挥老党员理论功底深厚、理论学习热情比较高的特点，以社区"育网式"工作法为载体，先后开展了"我是党员我带头，担当有为做先锋"、"服务融入'四个中心'发挥党员先锋作用"、"学理论、重实践、促行动"共产党员志愿服务暨喜迎十九大环境整治、"不忘初心强党性　牢记使命跟党走"等每月一次的主题党日活动。老党员们一起重温入党誓词、参观红色教育基地、上党课，成为支部规范化建设的一道靓丽风景。

2. 增强一个"学"字，实现党员教育常态化

支部针对实际情况，综合考虑老干部党员身体状况、思想状况，合理的设计学习载体和学习专题，把支部的政治功能放在首位，对学习教育、组织活动等进行分类指导。一是认真学习十九大精神，入脑入心。支部深刻认识到习近平新时代中国特色社会主义重要思想是新时期政治思想的指南，在第一时间组织支部党员集中收看党的十九大开幕会，畅谈感想，书写心得体会。开展了"新时代开启新征程、新思想引领新房山"主题党日活动、"新思想·我学新党章"等专题学习活动，学习了《关于新形势下党内政治生活的若干准则》《中国共产党党内监督条例》。支部通过对十九大精神的学习，强化了政治引领，强化了思想武装，把学习十九大精神作为提高老干部党员政治素质的良好学习过程。二是积极开展党建培训，突出实效。在认真学党的十九大精神基础上，邀请北京市党建专家马成奎老师为党员上"社区党员意识及角色定位""网格建设中党员的角色与作用"的党课，通过学习老党员对党员身份有了新定位，对怎样发挥党员先锋模范作用、做合格党员有了新体会，老干部党员们在会上、在培训过程中,积极发言,结合自己的亲身经历、亲身感受,表达了要发挥党员先锋模范作用和为社区建设贡献一分力量的决心。三是精心组织理论学习,形式多样。支部开展集中学、个人学、上门学等形式,开展"一帮一""多帮一"活动,对不能参加组织学习的老党员送学习材料上门、送语音材料上门。老党员孟福清的老伴卧床多年,儿女都在国外,所以照顾老伴的重任都在他的身上,因此也经常不能参加组织活动和学习,但在支部开展"一帮一"活动后,与孟福清家住一个小区的隗淑银每次参加完支部学习,都会把最新的学习材料送到他的家中,并向他传达会议内容。在党的十九大召开之后,党支部又为常年不能参加组织活动的老党员购买了半导体,将十九大报告辅导及新党章修订的语音材料拷到优盘中,让老党员通过收听半导体进行学习,也解决了他们因岁数大不方便阅读的问题,让老党员们足不出户就能接受组织教育,真正做到了支部党员学习十九大精神"一个也不能少",十九大要求"一句也不能丢"。

3. 突出一个"亮"字,实现社区服务优质化

老干部党员忠于党的事业,退休后仍坚持带头发挥党员的模范作用,为社区的建设增添正能量。几年来,支部成为传承红色基因、支持社区建设、维护社会稳定、促进社会和谐的一支生机勃勃的队伍,在广大群众中树立了共产党员的良好形象,亮出共产党员品牌。一是把老党员先锋队的旗帜竖起来。社区有一支"12345蓝盾"治安志愿者服务队,连续3年常态化服务。特别是老党员陈玉水,自2015年5月加入社区蓝盾治安志愿者以来,每天坚持治安执勤,还在社区的6个生活小院内用小喇叭义务宣传,"锁好门,关好窗,防火防盗不能忘"成了小喇叭回旋在社区的治安民谣。支部其他老党员也积极加入社区志愿者队伍,担任小组长,带领其他志愿者长期上岗执勤,并多次带头参加社区的环境整治工作。二是把共产党员品牌亮出来。许顺是一名退休法官,退休后组织关系转回社区。2014年年底,在社区成立了"许顺"人民调解工作室,调解室的口号是"省时、省力、不花钱"。几年来,经过他调解的社区居民、辖区商户及邻里社区的矛盾纠纷超过了 300 余件。实实在在地把矛盾化解在基层的"第一道防线",居民们亲切地称他为"化法理为甘霖的人民调解员",该调解室 2017 年被评为"北京市优秀品牌调解室"。三是把弘扬正能量的劲头鼓起来。支部有很多充满正能量的党员服务在社区建设各条战线上。苏庄三里社区 16#17# 楼是个十几年没有物业管理的小院。2016 年,支部党员陈国庆以一名共产党员的责任感挑起了"小院自治管理"的重任。在社区"党组织服务群众项目——16#17# 楼环境改造工程"中,半年间他无数次入户走访,磨破嘴,跑断腿,最终配合项目圆满完成。当居民们看到旧貌变新颜的小院,都亲切地叫他"小院总理"。四是把社区文化活动带起来。社区文化活动是居民生活重要的部分,文化活动需要骨干带动。社区文化骨干绝大多数都是共产党员,因为他们党性强、甘于奉献、不计得失,把发挥特长服务居民作为一名老党员的承诺,王淑珍就是其中一员。王淑珍自 2012 年 7 月社区文联成立后,便成为不可缺少的骨干力量。6 年来,王淑珍把社区舞场视为传播文化的窗口,在重塑当代人文精神、促进社区稳定、实现和谐社区方面起到了积极的作用。

苏庄三里社区党总支离退休干部党支部通过"三化"建设,探索了新时期离退休干部党支部建设的新方法,彰显了离退休干部党支部建设的勃勃生机,体现了老干部党员的精神风貌、时代风采,为新时期老干部工作注入了新的活力。

报道 10 人民意愿即心声——北京市人大代表邵雪松事迹

房山人大 Funhill 代表之家　2018 年 12 月 4 日

邵雪松,女,1977 年生,苏庄三里社区党总支书记、居委会主任兼苏庄片区联合党委书记,房山区第八届人大代表;北京市第十五届人大代表。

人大代表,倾听群众的呼声,履行代表职权,是履职者必做的。但是,

附录 A 媒体之声

邵雪松书记在没有荣任人民代表之前，就已经做了大量不平凡的工作，履行着一个人民代表的责任。她的模范事迹，要从 2013 年她担任苏庄三里社区党支部书记讲起。

不在代表席位上的"人大代表"

邵雪松书记当年做了大量有益于社区的事迹，应该说是一位不在席位上的"人大代表"。

2013 年春，邵雪松接任苏庄三里社区党支部书记伊始，听得群众呼声，认为苏庄三里社区文联作为北京市创建的第一个社区文联（2012 年建立），应该让百姓活跃起来。新书记敏锐地认识到，要按照习近平总书记的教导，加强社区文化、文艺建设。她亲任社区文联主席，搭建群众文艺和文化活动的大舞台，成立舞蹈队、秧歌队、合唱队、太极拳队和文艺创作组，举办国学大讲堂，一时间，苏庄三里社区文联搞得热火朝天，群众真正成了文化和文艺的参加者、主力军。2015 年，邵雪松又主编《阳光苏庄》画册，展现了在习近平总书记领导下的社区群众的幸福生活。短短数年，社区文联参加大型文艺联欢会 28 场；原创歌曲《百姓托起中国梦》获 2015 年北京市文联原创歌曲创作一等奖，《吼一声山梆子赞家乡》获 2017 年北京市文联原创歌曲创作二等奖。在北京市及周边地区起到文艺进社区的引领作用。

虽然当时不是人大代表，她却做着人民代表应做的事情。2014 年年初，群众反映社区群众法制观念淡漠，经常出现一些矛盾纠纷。邵雪松书记认识到问题的严重性，马上延请法律专家，成立了"许顺"人民调解工作室。短短 5 年中，调解各类矛盾纠纷 246 件，调处成功 241 件，调处成功率 98%；进行法律援助 2 件，法律代书 123 件，法律公益咨询 209 件，使社区内外居民得到实惠，确保了社区的和谐稳定。她亲任法治社区建设领导小组组长，主持制定了《法治社区建设计划和方案》等一系列文件，亲自带领律师上门为求助的老人代书遗嘱及房产遗赠书等，被求助人称她是"用法律为社区百姓服务的知心人"。"许顺"人民调解工作室也因此成名，2017 年在北京电视台科教频道被重点宣传。

也是这一年,邵雪松书记顺应民意,成立了社区自治组织——"12345 蓝盾"治安志愿者服务队。有队员 48 名,轮流上岗,白天维护社区治安,夜晚防盗防火,全年服务 10 个月,3 年来累计服务 24 000 小时。志愿者维护社区治安,整治社区环境,杜绝了乱堆乱放、乱停乱靠、乱种乱扔的现象,各个楼区道路整洁,公共设施管理有序。居民遵守社区公约,道德水准不断提升。"12345 蓝盾"治安志愿者服务项目受到了市、区、街道领导的高度认可和社会好评,2015 年荣获"首都社区志愿者服务组织之星"荣誉称号。

前几年,邵雪松书记实实在在做了大量解忧济困的好事,是一位心系社区父老的忠实的勤务员。

人民意愿即心声

邵雪松书记 2017 年上半年当选房山区第八届人大代表;2017 年下半年当选北京市第十五届人大代表。

于是她更是一头扎进人民群众,连续做出了一件件顺民意、得民心的工作。

作为人大代表,为解决老年人生活料理的问题,邵雪松书记推出塔式养老模式,提出"五个满足服务",即老人的养生、保健、学习娱乐、沟通感情、悉心照顾。社区成立"金晖餐厅",提供就餐环境,让老人吃饱吃好。照顾到高龄老人,实行流动餐车,上门服务;开发了"时间银行",社区志愿者为老年人理财。截至目前,为社区老人服务达 4600 次。老人们各个喜笑颜开,夸赞他们的人大代表将解决老人的生活问题做到了实处。

上为老,下为小。为解决放学后社区学生无人照管的问题,邵雪松书记及时成立安馨学堂,解除家长无暇照管学生的后顾之忧,还承担起协助学校教育的责任。数个月来,安馨学堂全托、半托社区内外的学龄儿童 40 多名,确保孩子放学后能吃饱吃好,同时对这些儿童进行素质培养,补充了学校教育的不足。安馨学堂组织实践教育活动,吸引了 320 人次的学生和 30 多名家长参与互动，引导孩子动手做事，树立理想，长大后服务社会。

作为人大代表，邵雪松书记主抓"老大难"小区，建成"花园式"小院。16#17# 楼是一个无物业管理小区，环境脏乱差，居民怨声载道。邵雪松书记组织召开党员大会，一致通过把党组织服务群众的 20 万元经费用于对这两栋楼的改造。施工半年，修复了破损地面，修整了绿化带，规划了停车位，粉刷了围墙，重新建设了北大门，安装了监控系统和隔离带，成立了自治小组，组织居民维护公共环境卫生。取而代之的是美丽的小院环境，鲜花绽放，绿树成行。居民们拍手称快，都说这一整治，大得人心。邵雪松书记为百姓在这样好的环境里幸福生活而高兴。

作为人大代表，邵雪松书记推行网格化管理的新模式。设定社区干部和党员为网员，网格中的横线网员是"3 个党支部 + 6 个党小组"，纵线网员是"5 名支委 + 65 位党员楼长"，担任网员的党的干部和党员与困难户、高龄户、空巢户共 78 户居民结对子，及时了解他们的生活困难、实际需求，联络感情，爱心服务，递送温暖，救助弱势群体，得到了群众的真心拥护。网员累计入户服务达 1200 户次，受到社区居民的普遍好评。他们认为，邵雪松书记推行的新模式，使网员贴紧社区，办实事，服好务，党员干部服务社区贴得铁，做得实。

邵雪松书记就是这样一位人大代表，她在班子中狠抓廉政建设，使得人人自律，各个清廉；她提升居民思想修养。主编画册《人间正道》，开展"弘扬法治、崇尚科学、繁荣文化、反对邪教"笔会；向居民家庭征集 100 余份反邪教手抄报，得到居民积极响应；她担任片区联合党委书记后，乘势拓展引领格局，代表苏庄三里社区，投资 50 万元，打造了 1950 平方米的苏庄片区党群活动服务中心，携手片区成员单位，设立"五区五室"，形成了片区党组织开展党建、文化、科普、阅读、学习的一条龙。

2017 年 10 月 28 日，北京市委书记蔡奇莅临房山区宣讲十九大精神并同基层干部座谈，邵雪松书记代表社区汇报工作，说到十九大召开，干群喜悦时，高声诵读社区一位老党员作的打油诗："感动十九大，说出心里话。逐梦一条心，携手大步跨"。话音刚落，蔡奇书记就立即高兴地报以掌声，会场顿时掌声四起。

近年来，邵雪松书记赢得了一大堆荣誉：先后被评为北京市法治宣传教育先进个人、北京市五星级志愿者之星、首都优秀治安志愿者、北京市同邪教斗争先进个人；北京市先进社区居民委员会主任。"人民选我当代表，我当代表为人民"。她不骄傲，更奋发，倾听群众呼声，想群众所想，急群众所急，忧群众所忧，乐群众所乐。人民的意愿，就是她的心声。现在，邵雪松书记正遵循习近平总书记"人民对美好生活的向往就是我们的奋斗目标"的教诲，继续不辞辛劳的工作，做一个人民拍手欢迎的称职的人大代表。

报道 11　房山区西潞街道苏庄三里社区挂牌成立"老党员之家"

房山区委老干部局网　2019 年 12 月 12 日

日前，房山区西潞街道苏庄三里社区"老党员之家"正式挂牌，成为辖区内老党员开展学习活动的新阵地。房山区委老干部局、西潞街道工委主管领导、有关工作人员、苏庄三里社区党组织负责人和居住地范围内的 40 余名老党员代表参加了此次活动。

挂牌仪式上房山区委老干部局副局长栗春寒同志、西潞街道工委副书记王新华同志、苏庄片区联合党委书记邵雪松同志，分别就苏庄三里社区"老党员之家"的成立表示热烈祝贺，希望在今后的活动中多多看到老党员的身影，也勉励老党员继续为党的伟大事业和国家改革开放发展助力添彩。挂牌仪式后，结合"不忘初心，牢记使命"主题教育，"老党员之家"举办了第一次学习活动，组织社区老党员观看视频资料《如何纪念三大战役》，老党员们纷纷表示受益匪浅。

成立苏庄三里社区"老党员之家"，是房山区积极推进党建引领老干部工作向基层延伸的务实举措。今后，房山区委老干部局将进一步加强"老党员之家"精神，不断凝聚老党员力量，激发老党员热情，引导老党员发挥余热，在加强基层党建和基层治理中贡献自己的力量。

报道12 防控一线！房山这里的党员坚守岗位践承诺，筑牢社区疫情防线！

房山区官方微信 2020年2月10日

新冠疫情出现后，房山区西潞街道苏庄三里社区党总支高度重视，立刻部署，群防群治战疫情。方方带您去看看，他们是如何用实际行动守牢疫情防控第一道防线的？

按照西潞街道工委办事处部署，苏庄三里社区党总支以前所未有的力度，全力以赴投入到防控新冠疫情的阻击战中。社区党总支成立应对疫情工作领导小组，把广大居民生命安全和身体健康放在第一位，构筑了群防群治的严密防线。

1月22日以来，苏庄三里社区党总支统一思想认识，牢记初心使命，对疫情防控工作进行了安排部署。党总支支委分别带队，带领入户摸排组、信息报送组、综合办工组、物业保障组等开展工作，社区在辖区6个小院和1个商务楼等重要位置设立服务点，100名工作人员投入战斗，24小时全天候在岗，核查、测温、登记、上报、消毒等以高度的政治责任感和饱满的工作热情深入防控一线。

社区党总支广大党员听从指挥、迅速行动，切实做好疫情监测、排查、预警、防控等工作。社区其他党员树党旗、亮身份、践承诺，以多种形式主动报名积极投入到防疫宣传、喷洒消毒液、站岗执勤等工作中。

同时，稳定居民情绪、增强社会信心，全方位、多角度持续高压推进防控工作，守牢疫情传播第一道防线。苏庄三里社区党总支的疫情防控工作，让辖区内的居民生活更加安心，坚定打赢疫情防控阻击战的信心。

方方为他们点赞！

报道 13　苏庄三里社区党建引领做好"关键小事"

房山区融媒体中心　2020 年 6 月 29 日

近日，苏庄三里老党员们来到社区垃圾驿站开展主题党日活动，一大早，苏庄三里社区的 30 余名老党员来到建鑫园三里小院开展垃圾分类监督宣传主题党日活动。原来，他们在党总支的动员部署下，组成了推动垃圾分类工作的"老党员先锋队"，带动社区居民积极践行垃圾分类新时尚。

这次活动的主要任务是监督和宣传。他们分为 12 个组，其中的 11 个组在 11 栋楼前进行巡查，查看居民是否存在垃圾未分类、随处乱扔等现象，并向过往居民宣传垃圾分类知识，号召居民在家中将垃圾分好类，并投放到垃圾驿站相应垃圾桶中。

另外 1 组老同志负责在垃圾驿站前监督、指导居民按照垃圾分类要求正确投放垃圾。老党员和垃圾分类指导员们还对不熟练或不会使用智能垃圾箱的居民，耐心指导操作流程。

"总书记说了，垃圾分类是新时尚，咱们党员就得打头阵、带好头。我们虽然年龄大了，也要当当'时尚人'。"老党员赵永聪说道。

生活垃圾分类这个"关键小事"，涉及千家万户、方方面面，开展起来不是易事，不是政府一家就能完成的，需要全社会参与、共同努力。为此，苏庄三里社区按照街道工委"党建引领、以点带面、社会动员、全民参与"的工作思路，做足党建引领文章，发挥基层组织的战斗堡垒作用，充分调动各级党员的积极性，同群众拧成一股绳，把人心聚起来、垃圾分起来。

党员带头做表率

为充分发挥党员的示范带头作用，苏庄三里社区党总支召开党员大会，对党员进行培训，要求党员带头，先做好自己家里的垃圾分类工作，再带动其他居民。党员带头签订《垃圾分类承诺书》，并在会上郑重宣读。

垃圾分类工作在配齐硬件设施的同时，需要组建一支由楼门长、宣传员、指导员、分拣员、监督员组成的"一长四员"工作队伍。人从哪里来？苏庄三里社区党总支依然依靠党建引领，动员社区党员和在职党员奉献参与。他们每天在做好疫情防控工作的同时，入户宣传、征求意见、在垃圾驿站指导居民分类投放，带动全社区居民践行垃圾分类新时尚。我们开头看到的老党员们就是他们的代表。

党建引领聚合力

垃圾分类靠政府一家不行。苏庄三里党总支紧紧抓住党建引领这个"牛鼻子"，总结疫情防控工作积累下来的经验，再一次团结好物业这个亲密战友，实现同抓共管，顺利推动垃圾分类工作。党总支、居委会负责宣传发动，做好人的思想工作和解决志愿队伍问题；与物业公司召开联席会，明确物业工作职责，由物业公司派出垃圾分拣员，帮助居民做好垃圾分类投放。每天派人在小区内巡查，捡拾散落垃圾，并进行分类处理。要求保洁员在开展清洁的同时，对垃圾进行分类处理。

生活垃圾管理是社区治理的重要课题，考验着基层党组织的领导力、组织力和凝聚力，党组织动员部署党员带头，执行企业个人齐行动，让垃圾分类从难点变为社区共治的有力支撑点。

报道 14　北京市房山区苏庄三里社区有个"台阶型居委会"

《北京日报》　2020 年 12 月 14 日

垃圾分类难吗？"不难！"房山区西潞街道苏庄三里社区 73 岁的居民王淑珍回答得爽快。这份自信有依据——该社区厨余垃圾分出率达 34%，超出平均水平近 15 个百分点。地处远郊的老旧小区如何交出比商品房小区更优秀的答卷？王大妈一笑，"因为我们有个'台阶型居委会'。"

居民们给苏庄三里社区居委会的这个"昵称"，源于社区里那15厘米高的"标志性台阶"。

苏庄三里有6个院，30栋楼，3000余户，老年人口多。社区生活垃圾分类起步早——挂横幅、送手册、微信宣传、社区干部上门手把手教……条例实施之前就"吹"起了"垃圾分类风"。

4月初，社区干部拿着两套桶站选址方案挨家挨户征求意见。之后，9个灰色的箱房式分类垃圾桶设在了每个小院最显眼的位置。可桶太高，扔时手得抬到胸口以上，有时袋一洒，汤直顺袖口流。

这件事，被来调研检查的区人大代表耿建光、王美南看在眼里。之后，一张"整改通知单"被送进居委会。

怎么改？装台阶。多高？社区干部试，居民试，一块砖不够再垫一块，让大家都得劲儿。

15厘米！手抬到腰就能扔垃圾，老人、孩子都够得着。

物业站了出来。"钱我们出。"物业邵经理说，"之前是社区拿自己的党组织服务群众经费装了桶站，这回我们不能掉链子。"

找工人、买材料、施工……社区帮忙，居民搭手，不到一个月，9组台阶装好了。

"这次我们很受启发。"社区书记邵雪松说，"怎么把'关键小事'办好？台阶就是榜样——服务要细致、贴心，让老百姓更方便，才能调动大家的积极性。"

于是，一个又一个"台阶"来了——

扔完垃圾手脏？装洗手池；厨余垃圾容易产生异味？远离居住区的地方设"中转站"；大件垃圾占地不美观？投放点围挡手绘上一幅幅风景画……

一来二去，苏庄三里有了变化——

曾经忙前忙后的桶前指导员，告别了繁重的"二次分拣"，变成了对偶有分错居民的上门指导；厨余垃圾分出率，短短的 5 个月，从 9% 变成 34%；居民们还给居委会起了这个"台阶型居委会"的昵称……

"这是表扬。"邵雪松笑着说，"更是激励，不能愧对这个名字，我们就要做服务居民的'台阶'。"

"台阶"，还在不停地垒高。这不，社区有的小院成立了业委会，居民们正商量着适时提高物业费呢。

记者手记

服务居民的"台阶"不止于垃圾分类

小小的台阶，是苏庄三里社区党组织为民服务的初心。

生活垃圾分类要坚持服务为先，紧紧依靠群众、发动群众。社区治理，考验的也是基层干部的"服务能力"。

苏庄三里社区党总支的 152 名党员干部就是最贴心的"社区服务员"：动员宣传要挨家挨户敲门，桶站摆哪儿要意见到人，扔完垃圾要能洗手，厨余垃圾"中转站"要远离居住区……千头万绪的垃圾分类对苏庄三里的居民来说，不难，因为都穿在了"服务"这一根针上。

物业管理、环境卫生改善、基础设施改造……社区里的事，都需要时时处处为居民多想一步，哪怕只是多一个"台阶"、少一次抬手。

苏庄三里不仅有"台阶型居委会"，基层治理也从来不是单方面的行动。

物业企业不推诿扯皮，人大代表监督及时校准坐标，居民把社区的事当成自己的事……大家心往一处想、劲往一处使，"台阶"越垒越高，"共建共治共享"的治理格局才能最终实现。

报道 15 大件垃圾投放点美化后成了社区一景

北京日报客户端　2020 年 9 月 29 日

家住房山区蝶翠苑小区的居民最近发现，小区里的小公园东南角多了一处新景观——一个四周画满薰衣草花海的"铁盒子"。这是苏庄三里社区为解决大件垃圾和装修垃圾乱堆乱放问题,新设置的大件垃圾投放点,并绘制了彩色图案,使垃圾投放点成了社区一景。

"旧沙发、床垫、装修换下来的马桶、塑料泡沫等非生活垃圾的清运问题,是困扰不少老小区的'老大难',每到装修季,小区的绿化带、单元门口经常看到成堆的大件垃圾和建筑垃圾,既影响居民出行,还影响小区环境的美观整洁。"苏庄三里社区党总支副书记刘艳辉说。

为解决这一问题,社区通过入户征求意见、民主决策表决,在社区各个生活小院选址,分别设置了 5 个大件垃圾和装修垃圾投放点。这 5 个大件垃圾投放点,有的设在小公园旁,有的设在空地上,还有的建在生活垃圾驿站旁,都是居民们选出来的。不仅如此,社区干部还集思广益,结合各小院的环境特点,请大学生彩绘团队在围挡上绘制了田野、花海、山川、河流等一幅幅美丽的风景画。

记者在蝶翠苑小区看到,占地约 30 平方米的大件垃圾投放点四周,五颜六色的花朵彩绘与小公园里的花草相得益彰,一眼望去令人赏心悦目,还吸引了不少居民前来拍照。巧思妙想的背后显示出了社区对垃圾分类、小区环境这些事的用心和智慧。

"左侧是大件垃圾投放区,右侧是装修垃圾投放区,居民只需要通知一下物业,然后把要扔的大件垃圾和装修垃圾运到垃圾投放点就行。垃圾积累到一定量后,由物业请第三方公司来清运。如果有零星的装修垃圾,4 天左右就会清理一次。"刘艳辉介绍道。

居民刘大妈说:"灰色围挡和小区环境不搭调,现在围挡上画了这么好看的画,完全看不出来是存放垃圾的地方,还把周围环境衬托得更美了!"

报道 16　亲子交通安全体验课走进苏庄三里社区

房山区融媒体中心　2020 年 12 月 11 日

12 月 2 日是"全国交通安全日"。日前,"知危险会避险 安全文明出行"社区亲子交通安全体验课走进西潞街道苏庄三里社区,为亲子家庭带来了生动有趣的交通安全教育活动。

活动中,来自公安部道路交通安全研究中心宣传教育研究室的工作人员为家长及孩子们讲述了《不容忽视的交通安全小细节》,房山交通支队良乡大队民警通过"交通安全八句话"为大家讲解交通安全知识,并引导孩子们进行现场互动体验。

"交通安全体验课"系列公益示范活动旨在动员社会力量,形成交警、教师、爱心志愿者、家长、少年儿童共同参与交通安全教育的格局,促进少年儿童及家庭的交通安全意识培养、行为养成及能力提升,为少年儿童安全成长保驾护航。

报道 17　西潞街道苏庄三里社区深入学习贯彻党的十九届五中全会精神

房山区融媒体中心　2020 年 12 月 30 日

学习宣传贯彻好党的十九届五中全会精神,是当前和今后一个时期的重要政治任务。连日来,全区村和社区深入学习宣传贯彻党的十九届五中全会精神,进一步武装头脑、指导实践、推动基层工作科学高效开展。

西潞街道苏庄三里社区党总支组织开展党的十九届五中全会精神集中学习,要求社区两委班子和党员干部以实际行动学好、学懂、学通全会精神,自觉将其作为工作的行动指南,扎实做好社区工作,切实提升群众幸福感。

报道 18 北京市人大代表邵雪松：守护居民健康，绝不松劲儿

《北京日报》 2021 年 1 月 27 日

一年来，人大代表履职情况有什么新意亮点？26 日晚，4 位市人大代表亮相"履职新时代"代表专访，畅谈立法监督履职故事。

市人大代表邵雪松是房山区西潞街道苏庄三里社区的党委书记。面对新冠疫情，她积极履行人大代表职责，带领社区同事迅速行动，在小区门口设立检查服务岗，为困难居民配送生活物资……她说，守护居民的健康，我们绝不松劲儿。

去年 6 月，新发地聚集性疫情发生。一天凌晨，邵雪松接到了西潞街道办事处的紧急会议通知：早晨 6 时前完成辖区餐馆、商超的消杀，完成上述单位从业人员的核酸检测统计。

职责所在，即刻行动。"凌晨 4 点，完成了全部商户的消杀和 200 多名从业人员的信息统计。当天，所有从业人员完成核酸检测，结果均为阴性。"邵雪松说。

目前，苏庄三里社区未出现一例新冠确诊病例和无症状感染者。邵雪松说，自己深刻感受到了作为人大代表的光荣职责与使命。疫情防控还没有结束，她将带领同事们继续把各项防控措施落实、落细。

（原标题：4 名市人大代表畅谈履职：亲力亲为，为民发声）

报道 19 九旬老党员的两个遗愿

《北京日报》 2021 年 4 月 13 日

"我走后，你们一定把我的遗体捐给医院做科学研究，再从遗产中拿出 2 万元钱，作为党费交给支部。这是我的两个心愿，算是为党做的最后一次贡献。"

记者前天在房山区西潞街道苏庄三里社区，聆听到了这样一堂生动的党

课——社区党委老干部、党支部九旬老党员杜士全,曾在遗嘱中写下上面这段话。老人今年年初不幸离世,他的家人遵从遗嘱,完成了老人的两个心愿。

"父亲在世的时候经常说,自己是个苦孩子,有了中国共产党才过上好日子。"杜士全的四子杜文广说,父亲出生在1932年,本该欢乐的童年正赶上战争年代,生活很苦,新中国成立后,他当了兵、入了党、参加了工作,命运发生了巨大转变,"他非常关心国家大事,最爱看新闻联播。虽然视力不好,但拿着放大镜也要读书看报。"

在孩子们眼中,杜老是个很要强的人,除了过年,他从不要一分钱生活费。保姆的工资、家里的日常开销,全都靠自己每月不到5000元钱的退休金,家中陈设简单,生活过得并不富裕。"这2万元钱,老人应该攒了很久,这说明,他早就有交大额党费的想法,只是没告诉支部。"苏庄三里社区工作人员臧小洁说,之前每次支部组织党员献爱心,杜老都是第一时间赶到,把钱投到捐款箱里。2002年,为了给社区秧歌队做影像留存,杜老还个人出资为队伍捐赠了一台摄像机。

杜家四世同堂20多口人中,受杜老影响,超过一半人入了党。当老人生前提出要从遗产中拿出2万元交党费时,全家都赞同。但对于另一个心愿,家人的意见难以统一,吵得不可开交,"您有四个儿子,都挺孝顺,捐遗体这事儿传出去,别人以为您没人管了。"杜文广回忆,面对反对的声音,父亲说:"我已经老了,捐献遗体,是我为党、为国家、为社会做的最后一次贡献。"说罢,便回屋休息去了,刚刚还有些喧闹的屋子,一下子安静了,家人们有的低着头,有的望着天花板,努力不让眼泪流下来。杜老去世后,家人一起将遗体送到了医院,遵从老人想法,没有搞遗体告别仪式,家中也不设灵堂,只在墓地做了个衣冠冢,便于日后纪念。

"我的父亲是在党旗下成长起来的,他对党的感情很深,现在,遗嘱中的两个心愿完成了,他应该很欣慰吧。"几天前,杜文广将2万元党费送到社区党支部时,红着眼圈说,"永远听党话、跟党走、不忘初心、方得始终的家风,要一代代传下去。"

2015—2019 年北京电视台、房山融媒体中心关于苏庄三里社区的新闻播报

2015 年 6 月 8 日　房山电视台《房山新闻》栏目

苏庄三里"12345 蓝盾"志愿者新闻报道

2015 年 6 月 26 日　房山电视台《今日关注》栏目

苏庄三里"牢记党恩、凝聚力量、共抒红色情怀"庆七一文艺演出活动专题报道

2015 年 7 月 2 日　房山电视台《Funhill 面对面》栏目

塔式养老新模式　情谊暖暖夕阳红专题报道

2015 年 12 月 28 日　房山电视台《房山新闻》栏目

苏庄三里社区"育网式"党建创新品牌总结会新闻报道

2016 年 6 月 11 日　房山电视台《房山新闻》栏目

苏庄三里向阳花党员志愿者队伍成立新闻报道

2016 年 7 月 5 日　房山电视台《房山新闻》栏目

苏庄三里社区"两学一做"——"同坐板凳　结对帮扶"活动新闻报道

2016 年 7 月 22 日　房山电视台《今日关注》栏目

苏庄三里向阳花党员志愿者服务队后续报道

2016 年 8 月 23 日　房山电视台《房山新闻》栏目

苏庄三里社区邀请北京市党建专家马成奎讲党课新闻报道

2016 年 9 月 16 日　房山电视台《房山新闻》栏目

苏庄三里社区贯彻区委七届九次全会精神新闻报道

2016 年 9 月 28 日　房山电视台、电台采访

苏庄三里社区安馨适老工程专题采访

附录 A 媒体之声

2016 年 9 月 29 日　房山电视台《今日关注》栏目

苏庄三里社区无物业居民自治环境专题报道

2016 年 10 月 10 日　房山电视台《Funhill 面对面》栏目

苏庄三里社区优秀共产党员陈玉水的事迹专题报道

2016 年 10 月 25 日　房山电视台《今日关注》栏目

苏庄三里社区重阳节活动专题报道

2016 年 11 月 23 日　房山电视台、电台采访

苏庄三里社区"互联网＋资源回收"新闻报道

2017 年 6 月 20 日　北京电视台《北京新闻》栏目

苏庄三里社区收听收看北京市委第十二次党代会新闻报道

2017 年 6 月 20 日　房山电视台《房山新闻》栏目

苏庄三里社区收听收看北京市委第十二次党代会新闻报道

2017 年 7 月 20 日　房山电视台《Funhill 面对面》栏目

"社区养老'适老'才是最好"专题报道

2017 年 10 月 18 日　房山电视台《房山新闻》栏目

"服务保障十九大　志愿者在行动"新闻报道

2017 年 10 月 31 日　房山电视台《电台 1 小时直播节目》栏目

苏庄三里社区优秀共产党员陈玉水专题报道

2017 年 12 月 10 日　房山电视台《法治与生活》栏目

社区的"有心人"专题报道

2018 年 2 月 2 日　房山电视台《今日关注》栏目

苏庄三里社区文联原创歌曲《百姓托起中国梦》专题报道

2018 年 8 月 20 日　房山电视台《今日关注》栏目

培养科学兴趣　感受科学魅力专题报道

2018 年 9 月 17 日　房山电视台《房山新闻》栏目

"苏庄三里社区设立智能消防数据监管平台　保障居民生命安全"新闻报道

2018年10月2日　房山电视台《房山新闻》栏目

"苏庄片区联合党委'五联五共'区域化党建新模式　实现基层党建领导体制新转变"新闻报道

2018年11月19日　房山电视台《Funhill面对面》栏目

40年我身边的变化西潞：回忆身边故事感受社区发展专题报道

2018年11月27日　房山电视台《房山新闻》栏目

"街乡吹哨　部门报到"整治环境服务民生新闻报道

2019年1月29日　房山电视台《Funhill面对面》栏目

创新工作方法 强化社区党组织

2019年4月16日　房山电视台《Funhill面对面》栏目

实施四大文化示范工程 提升公共文化服务水平

2019年5月3日　房山电视台《Funhill面对面》栏目

"城市管家"让人们身边更美丽专题报道

2019年5月27日　房山电视台《房山新闻》栏目

西潞街道举行深入推进扫黑除恶专项斗争专场文艺演出新闻报道（苏庄三里社区承办）

2019年6月15日　房山电视台《房山新闻》栏目

西潞街道苏庄三里社区：党建带妇建 带亮半边天新闻报道

2019年7月25日　房山电视台《今日关注》栏目

"快乐手工　乐趣无穷"专题报道

2019年8月1日　房山电视台《房山新闻》栏目

"八一"建军节各单位走访慰问驻区部队新闻报道（苏庄三里社区开展书画进军营活动）

2019年10月13日　房山电视台《今日关注》栏目

永不退休的老党员——葛志同专题报道

附录 A　媒体之声

2019 年 12 月 2 日　房山电视台《房山新闻》栏目

倾力为民办实事　惠民之举暖人心

2020 年 2 月 6 日　房山电视台《房山新闻》栏目

党建引领聚合力，群防群治战役情

2020 年 4 月 27 日　房山电视台《房山新闻》栏目

西潞街道苏庄三里社区垃圾分类试点驿站试运行

2020 年 10 月 3 日　北京日报客户端《党报进社区》栏目

垃圾分类顺利实施，北京这个村转居社区怎么做到的？

2020 年 10 月 17 日　房山电视台《今日关注》栏目

党建引领垃圾分类新时尚

2021 年 1 月 25 日　房山区融媒体中心

垃圾要分类　生活有品位

2021 年 4 月 6 日　北京电视台《北京您早》栏目

垃圾分类，我们在行动——"台阶"居委会便民心思助垃圾分类

2021 年 4 月 12 日　房山电视台《房山新闻》栏目

西潞街道打造"文明银行"系统，推行文明行为积分制，引领共建幸福家园

附录 B　精彩瞬间

品牌培育篇

党建品牌提升转化研讨会

党建专家马成奎给社区党员上党课

附录 B 精彩瞬间

"严肃纪律 明确责任 改进作风"工作大会

社区党委召开党史学习教育部署会

社区党委书记讲党课

"党建品牌培育和基层党建试点创建"再深化会议

张坊镇领导到苏庄三里社区调研基层党建工作

社区党员接受爱国主义教育

附录B 精彩瞬间

社区庆祝中国共产党成立97周年纪念大会

歌唱家马子跃老师为社区党员上党课

老干部党支部为高龄党员上门送课

社区与北京日报联合举办"庆祝改革开放40周年"座谈会

活动篇

学习十九大精神主题笔会

"不忘初心　牢记使命"主题党日活动

社区优秀共产党员表彰会

"不忘初心　牢记使命"党建知识竞赛

苏庄片区联合党委举办庆祝建党 98 周年诗歌朗诵会

在职党员积极参与社区环境整治活动

社区举办消防安全演练

社区居民积极报名安装天然气紧急切断阀

社区举行消防安全知识讲座

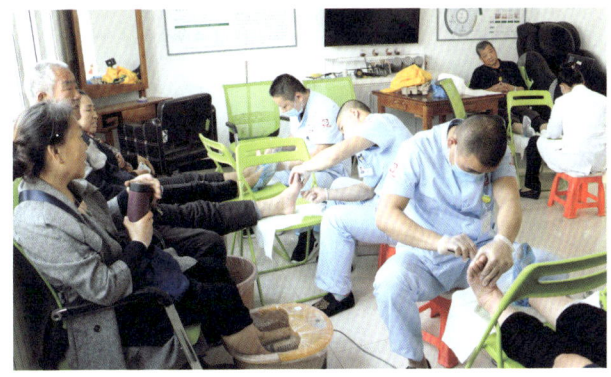
辖区商户免费为社区老人修脚

育网聚智　北京房山苏庄三里党建引领社区社会治理探索与实践

重阳节活动中，社区儿童为老人送上红围巾

"剪爱"志愿者为社区老人免费理发

社区戏曲艺术团参加社区迎新春联欢会

附录 B 精彩瞬间

著名电影表演艺术家谢芳、张目参加社区文艺演出

社区文联顾问伍家冀为合唱队进行指导

西潞成教中心老师为居民上钢琴课

育网聚智
北京房山苏庄三里党建引领社区社会治理探索与实践

社区活动班自编自演扫黑除恶小品

社区举办趣味运动会

社区举办火绘葫芦活动

附录
附录 B 精彩瞬间

社区举办青少年科技模型组装活动

社区举办 2020 年新春民俗系列活动——包饺子

社区举办 2020 年新春民俗系列活动——编中国结

291

社区举办"亲子交通安全体验课"

社区开展小学生传承雷锋精神志愿活动

社区修缮小区路面

附录 B 精彩瞬间

蝶翠苑小区海绵工程改造破损道路

接入市政再来水工程,改善居民饮用水

小佳世苑老旧小区改造

修复苏庄大街两侧辅路破损路面

疫情防控期间，社区开通银行办理业务专用通道

疫情防控期间，快递人员扫描健康宝进入社区

附录
附录 B 精彩瞬间

社区老党员参加疫情防控值守

社区加大疫情防控力度,居民扫描健康宝

辖区商户为社区捐赠消毒液等用品

育网聚智
北京房山苏庄三里党建引领社区社会治理探索与实践

社区居民为疫情防控值守人员送姜糖水

社区为外地返京居家观察人员代购生活物资

社区居民将垃圾分类并投放到垃圾驿站中

附录

附录 B 精彩瞬间

社区党员桶前值守,指导居民垃圾分类投放

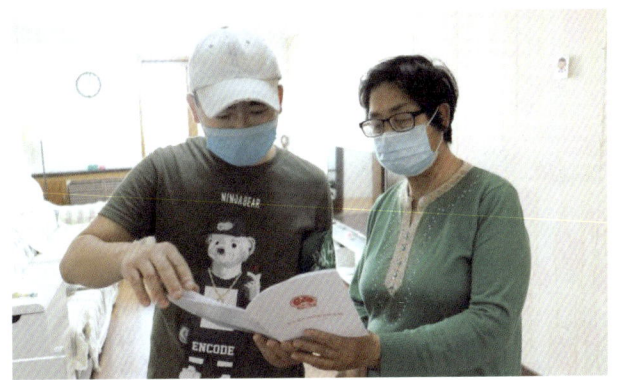

社区楼门长向居民宣传垃圾分类知识

社区大件垃圾及建筑垃圾暂存点换新装

育网聚智
北京房山苏庄三里党建引领社区社会治理探索与实践

社区开展垃圾分类自查自纠行动

社区在职党员开展桶前值守志愿服务

社区居民自导自演垃圾分类音乐小品

社区开展环境整治活动

获奖篇

被中央精神文明建设指导委员会评为"全国文明单位"

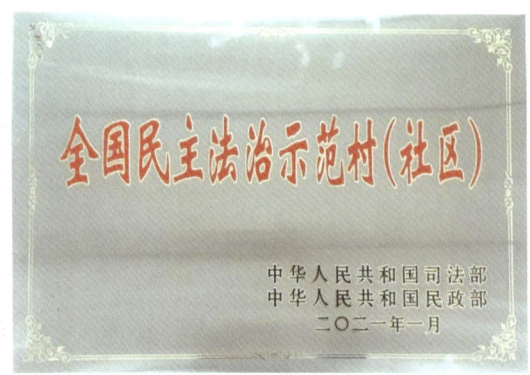

被中华人民共和国司法部、民政部评为"全国民主法治示范村（社区）"

被国务院防范和处理邪教问题办公室评为全国"创建无邪教示范社区"

被中共北京市委评为"北京市先进基层党组织"

附录 B 精彩瞬间

被中共北京市委社会工作委员会北京市民政局评为"北京市先进社区党组织"

被北京市委社会工作委员会北京市民政局、北京市人力资源和社会保障局评为
"北京市先进居委会"

被北京市城市管理委员会、北京市人力资源和社会保障局评为
"北京市生活垃圾分类推进工作先进集体"

被北京市委员会评为"第十三届北京市思想政治工作优秀单位"称号

被首都精神文明建设委员会评为"首都文明社区"

被北京市民政局评为"先进社区居民委员会"

附　录
附录 B　精彩瞬间

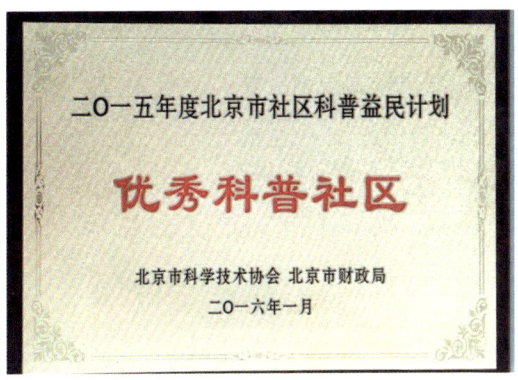

被北京市科学技术协会、北京市财政局评为北京市"优秀科普社区"

被北京市科学技术委员会、中共北京市委宣传部、北京市人力资源和社会保障局、北京市科学技术协会评为"2016 年北京市科学技术普及工作先进集体"

被中共北京市房山区委评为房山区"先进基层党组织"

被中共北京市房山区委员会评为房山区"五星社区党组织"

被中共北京市房山区委员会评为房山区"五好社区党组织"

被中共北京市房山区委员会、北京市房山区人民政府评为房山区"文明社区"

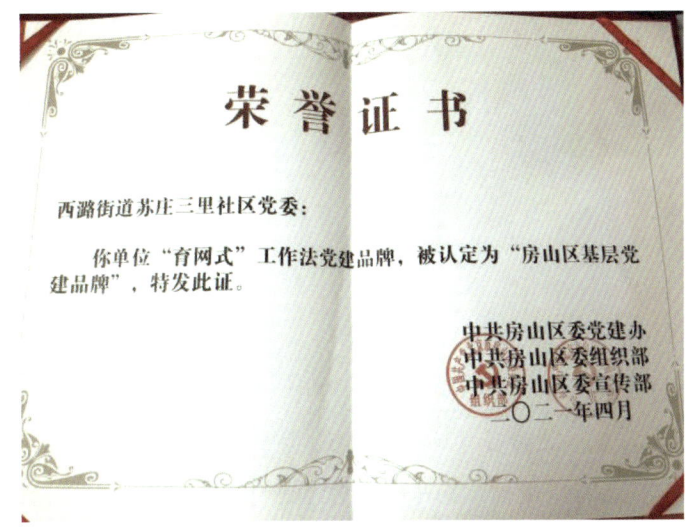

苏庄三里社区"育网式"工作法党建品牌被认定为"房山区基层党建品牌"

附录 C 他山之石

社区社会治理的特色模式

模式，指事物的标准样式。例如，社区社会治理模式。成为一种模式后，这种模式就有一定的可模仿性和可借鉴性，也就具有了一定的推广普及性。模式具有一定的地域性、局限性，需要进行完善。社区社会治理形成的模式，可供其他系统或单位学习和效仿。多年来，各地在社区社会治理上形成了众多的模式，这些模式有很多相似之处，但更多的是积淀了各自的特色，这些特色模式中有各地区的独特思考，有自己不同的理念，更有从各自实际出发所创造出的有效方法。学习、模仿、借鉴这些模式对我们进一步做好社区社会治理工作带来启迪。以下我们从全国众多的社区社会治理模式中选择了几个鲜活的案例，目的是给大家带来更丰富的思考。

模式 1
"枫桥"模式——矛盾不上交、平安不出事、服务不缺位

"发动和依靠群众，坚持矛盾不上交，就地解决，实现捕人少、治安好。"20 世纪 60 年代初，浙江省绍兴诸暨市枫桥镇干部群众创造了依靠群众化解矛盾的"枫桥经验"。

今年是毛泽东同志批示学习推广"枫桥经验"55 周年，也是习近平总书记指示坚持发展"枫桥经验"15 周年。浙江各地公安坚持"矛盾不上交、平安不出事、服务不缺位"，创新实践打造"枫桥经验"新样板，进一步提升人

民群众的获得感、幸福感、安全感。

一是坚持以人民为中心，推动形成共建共治共享的社会治理新格局。为了群众、依靠群众是"枫桥经验"的核心要义，也是其不断创新发展的基本点，要以新时代人民群众新需要为导向，善于在加强与群众的沟通联系中增进与群众的感情，善于在真心为群众办实事、解难事中赢得群众的信任，打牢社会治理的民心基础。要把依靠群众解决群众身边的问题作为着力点，尊重人民主体地位，引导群众增强自主意识，积极参与社会治理，让社会治理深深扎根于群众中。

二是坚持以善治为目标，推动创新城乡基层社会治理新模式。坚持自治、法治、德治相结合，是新时代"枫桥经验"的精髓，也是新时代基层社会治理创新发展方向。要强化自治的基础作用，健全以群众自治组织为主体、社会各方广泛参与的新型社区治理体系，促进民事民议、民事民办、民事民管。要强化法治的保障作用，引导社会成员养成在法治轨道上主张权利、解决纷争的习惯，发挥好法律服务、法治宣传教育在崇法尚德、移风易俗中的积极作用，努力使循法而行成为全体公民自觉行动。要强化德治的引领作用，充分发挥中华优秀传统文化优势，大力弘扬社会主义核心价值观，引导人们行为、规范社会秩序、平息矛盾纠纷，把社会和谐稳定建立在较高的道德水准上。

三是坚持以预防为基点，构建社会矛盾风险综合防控新体系。新时代"枫桥经验"的重心是预防。要完善落实社会稳定风险评估机制，做好专家论证、公众参与、第三方评估等工作，把决策过程变成尊重民意、化解民忧、维护民利的过程，从源头上防止矛盾风险产生。要构建调解、仲裁、行政裁决、行政复议、诉讼等有机衔接、相互协调的多元化解纠纷解决体系，努力做到矛盾不上交、平安不出事。要总结推广"网上枫桥经验"，推动社情民意在网上了解、矛盾纠纷在网上解决、正面能量在网上聚合，努力使社会治理从单向管理向双向互动、线下向线上线下融合、单纯部门监管向社会协同转变。要以社会心理安全为目标，加强社会心理服务体系建设，培育良好社会心态。

四是坚持以党建为引领,筑牢社会和谐稳定新防线。新时代"枫桥经验"的优势在党建。要发挥好基层党组织的作用,增强感召力、影响力,使其成为服务群众、凝聚人心、化解矛盾、促进和谐的坚强战斗堡垒。要坚持社会组织发展与党建工作深度融合,在党的领导下,把社会成员组织起来,将适合社会力量承担的公共事务让社会去做。要以综治中心为依托,完善机制、搭建平台、深化网格化管理,形成社会治理工作合力。

(选自《2018年1月22日在北京召开的中央政法工作会议,中央政治局委员、中央政法委书记郭声琨传达了习近平总书记对政法工作的长篇指示》)

模式2
北京市东城区龙潭街道街巷长制及"小巷管家"模式
——小管家 大作用

北京市东城区龙潭街道位于东城区东南部,辖域面积3.06平方千米,有社区11个,中央、市、区及无主管单位1880个,户籍人口22 202户60 870人,常住人口70 975人,流动人口11 666人。自开展"百街千巷"环境整治提升专项行动以来,龙潭街道根据地区街巷特点,通过进一步健全党组织领导下的居民自治机制,有效化解了推进城市精细化管理过程中的治理难题。街道在狠抓环境整治的同时,注重环境提升,建立街巷长制"1443"工作模式,创造性地开展"小巷管家"工作。

目前,按照"一街多管家、一巷一管家"的原则,龙潭街道10条主要大街、86条背街小巷均已配备"小巷管家",实现了地区全覆盖。通过"小巷管家"随手做,先后解决各类事项4452件,由街巷长协调解决事项1900件;基础台账全部建立,其中522处违法建设和199处开墙打洞已分别建立一户一档。

北京市委书记蔡奇到东城区调研,充分肯定了龙潭街道的做法,他强调说:"街道就是要改变机关化倾向,把干部推到一线,推到胡同,推到群众家门口去察民情、解难题","胡同、街巷才是街巷长的工作岗位,街巷长要走街串巷,登门入户,只有与居民面对面,才能及时了解情况,帮助解决问题"。

创新体制机制　夯实基层治理基础

背街小巷环境整治提升行动的重点在街道、在社区。精细化管理目标的提出,对街道现有的治理体系提出了创新要求,对街道城市管理能力提出了更高标准。龙潭街道通过街巷长制"1443"工作模式和"小巷管家"的探索,有效回应了如何动员群众,化零为整,将治理的触角延伸至街道的"末梢神经",使小管家发挥大作用。所谓街巷长制"1443"工作模式,即"成立1个领导机构,整合4种工作力量,明确4项工作职责,建立3项工作机制",全力保障各项工作任务落实落细。

成立"1"个领导机构,把工作做到街巷上。成立街巷长工作领导小组。区里联系街道的局级领导任总指挥,街道工委书记、办事处主任任副总指挥,处级干部任街长,科级干部任巷长。领导小组下设办公室,与街道分指挥部办公室合署办公,具体负责领导小组日常工作和会议组织,贯彻落实相关决策部署,做好相关工作的组织实施和监督检查。此外,在11个社区分别成立社区共治委(环境理事会),统筹辖区社会治理和环境建设工作。社区党组织书记任共治委主任、社区党组织副书记和街道牵头科长担任共治委副主任;成员由"两代表、一委员"、街长、巷长、执法人员、驻街单位代表和居民代表组成。各街(巷)组建由街长(巷长)、副街长(副巷长)、执法人员、"小巷管家"及部分单位代表为成员的街(巷)共治小组,落实街巷治理和环境建设工作。

整合"4"种力量,健全工作机制。一是机关干部力量。街道处级领导干部担任地区10条主要大街的"街长";全体科级干部,共53人担任辖区86条背街小巷的"巷长"。二是社区工作者力量。社区党组织书记分别担任主要大街的"副街长";67名社区工作人员担任86条背街小巷的"副巷长"。三是执法人员力量。派出所、工商所、城管执法队、食药所等单位和部门,共选派44名执法人员下沉到各街、巷,参与街巷整治工作。四是"小巷管家"力量。

按照"一街多管家、一巷一管家"原则，面向社区党员、居民、地区单位、社区社会组织公开招募"小巷管家"，作为"街巷长制"工作的延伸，参与街巷治理和环境建设。

明确"4"项职责清单，实现协同效用最大化。一是"三包"，明确街长和巷长工作职责。街长、巷长贯彻落实领导小组和社区共治委的各项工作部署，以"十有"为抓手，按照"十无"的标准，统筹街巷社会治安、环境治理、人文生态建设，即包治安、包环境、包生态。街巷长要熟悉掌握街巷内四至范围、管理标准、环境现状、经营业态、人口情况、居民需求、网格案件、整治进度等基本情况。结合实际，宣传、动员、组织区域内各种力量，参与街巷治理，引导社会力量参与组建各具特色的街巷治理自治组织，协调解决整治过程中的突出问题。二是"三助"，落实副街长和副巷长工作职责。副街长、副巷长协助街长、巷长、社区共治委主任、"小巷管家"工作。协助街长、巷长统筹好街、巷各类人员力量，对街巷每日进行巡查，定期更新各类基础台账，监督事项处理结果的落实和反馈。协助共治委主任，开展定期走访，收集意见建议，以公益活动、居民会议为载体，运用社区议事厅、开放空间讨论等，宣传、引导居民发现问题、协商议事、参与解决，为共治委主任全面了解掌握地区实际和服务需求，进行科学决策提供依据。帮助"小巷管家"做好日常巡访，为其开展工作提供必要的指导和帮助，带领"小巷管家"组织居民制定《居民公约》。三是"三定"，强化执法员工作职责。四类执法人员，按照定岗、定人、定责的"三定"原则，依据各自的工作职责，到所主管的街巷开展日常巡查和执法。全力配合街长、巷长完成工作任务，第一时间处置街、巷内各类违法行为。同时发挥各自优势，宣传、动员辖区单位主动参与社会治理和环境建设，促进地区和谐共治。四是"六字"，理清小巷管家工作职责和奖励方式。"小巷管家"在街长、巷长的具体指导和副街长、副巷长的组织协调下开展日常巡访工作。通过"巡、访、做、报、记、刷"六字真经，宣传社会公德、动员公众参与、劝阻违法不文明行为、及时发现上报各类问题。

附录C 他山之石

深化"3"个工作机制，释放各类主体活力。一是坚持党建引领。完善党委领导、政府主导、社会协同、公众参与、法制保障的工作体系。建立街道工委、社区党组织和辖区单位党组织的"三方"联动机制。特别是发挥基层党组织的示范引领作用，号召地区党员主动参与，用党建工作和党员发挥带头作用教育带动广大群众，营造环境整治提升的良好氛围。二是突出社会共治。围绕"五好"文明街巷创建，组织居民建立街巷居民公约，提炼街巷文化内涵，营造良好的文化氛围；引导多元主体运用参与式协商治理的方式解决突出问题；培育志愿服务团队，调动居民参与小区建设热情；分类施策，指导有物业单位的小区有效发挥物业管理作用，失管缺管的小区根据居民意愿探索物业管理加居民自治的管理模式。三是完善制度保障。形成了工作例会制度、履职巡查制度、监督反馈制度、参与协商制度、评价激励制度等5种工作机制。

整合居民自治力量，小管家也有大作用。"百街千巷"环境整治提升工作的出发点和落脚点都是惠及群众。如何在环境整治中切实提升居民群众的归属感和获得感，维护和保持整治效果；如何结合辖区实际，补足现有治理力量在发现问题、反馈需求方面的短板。龙潭街道认为，打通这些问题的关键在于解决好社会治理过程中政府自上而下的管理与居民群众自下而上的参与之间的有机结合。"小巷管家"作为政府联系居民群众的"中转站"，一方面，创新了居民自治的形式，对现有的治理力量进行了补充；另一方面，其中的党员管家又可以随时化身为及时传播党的最新政策的宣传员，扩大党在基层群众中的影响力，密切党群关系，干群关系。

来源于群众，服务于群众。在畅通背街小巷治理的"毛细血管"，将街道的治理工作落实到户，具体到人方面，"小巷管家"具有天然的优势。一是群众基础好。"小巷管家"作为街巷的原住民或周边居民或企业职工，对街巷十分了解，是街巷的"自家人"，开展工作时能得到居民的支持，常常成为柔化冲突、化解矛盾的助力。二是带动力强。和过去"自扫门前雪"不同，"小巷管家"让街巷里的志愿者、热心人走出家门，极大地提升了街巷管理的参与度，也提升了居民的能动性。三是接地气的宣传员。"小巷管家"既能看得见小巷的特色，也能找得到小巷的"问题"，比较接地气。通过履行"管家"职责，"小巷管家"及时将街道社区最近工作动态带给普通百姓，同时，其中的党员管家还会在潜移默化中宣传党的政策，扩大党在基层群众中的影响力。自今年4月启动"小巷管家"以来，共招募149人，其中党员79人，地区单位30人，共开展街道层面"小巷管家"集中培训2次，各社区层面动员会、培训会、工作例会46场次。

明确职责，发挥保障作用。龙潭街道结合地区和人员实际特点，本着简便易行的思路，总结了"巡、访、做、报、记、刷"的六字工作真经，使其工作任务和标准要求进一步清晰。这"六字"分别为以下几个方面。每日巡：对照"十无"标准，对街、巷的环境卫生、违法违规设施、车辆乱停乱放、乱堆垃圾等环境秩序问题，每天进行巡视。经常访：对居民、单位、门店经常性走访，了解基本情况，收集意见建议和服务需求。对空巢老人、残疾人家庭、困难群众重点走访。随手做：对倚门售货、车辆乱停乱放、堆物堆料等不文明行为及时进行劝阻；遇乱贴小广告、路边狗粪垃圾、乱停乱放自行车时，随时进行清理和整理码放。实时报：针对自己力不能及的，如新生违法违规建设、开墙打洞、私装地锁、无照经营等事项，经劝阻无效，及时上报街巷长；市政、环境设施等出现危害公共安全的事项直接报告"分指"办公室，同时对所属街、巷长，副街、副巷长的工作落实情况进行反馈。及时记：对巡访情况进行详细的记录，并对已经记录在册的问题进行跟踪，及时对基础台账进行更新。按时刷：把"小巷管家"纳入街道志愿者队伍，配发志愿服务卡。在结束每日巡访工作后，携带巡访记录到所在社区进行刷卡和备案登记，享受日常志愿服务双倍积分奖励。积分可用于兑换街道购买便民服务项目或指定物品，实现"小巷管家"志愿行为的规范管理和公益激励。

建立管理和激励机制。为进一步规范"小巷管家"日常管理工作，街道制定了《"小巷管家"管理制度》和《"小巷管家"评价激励制度》。管理制度的内容涵盖了"小巷管家"的招募、日常管理、工作职责、工作流程、退出和调整机制。运用街道志愿者信息管理系统，建立"小巷管家"志愿反哺工作机制。年末评选"金牌管家"，对工作表现突出的个人进行奖励，对工作中的先进经验、典型案例及时进行宣传和推广，树立身边的榜样，调动居民参与热情，形成科学客观的评价机制和居民互动的良性循环。

除此之外，龙潭街道通过"小巷管家"随手做、实时报，利用"小巷管家"微信群，提高了发现问题，解决问题的时效性。实现了街巷长、副街巷长及"小巷管家"间的信息互通、相互促进和监督反馈的良性循环。截至目前，街道利用"两微一网一刊"（官方微博、微信、龙潭慧民服务网、《今日龙潭》报）等载体，运用专版、专栏的形式及时发布"小巷管家"专题微信14条、微博40条、简报16期，蔡奇书记先后两次对该项工作给予批示，并于9月2日以精细化管理为主题调研夕照寺西里南区环境整治及"小巷管家"工作情况。

如今，龙潭街道的小管家已成为北京城的大明星。

（选自2018年3月13日《前线》，记者：高斌、易艳）

模式3
石景山"老街坊"治理模式——交流更方便，润物细无声

北京市石景山区的"老街坊"，是继"西城大妈""朝阳群众""海淀网友""丰台劝导队"之后，在基层社会治理中逐渐发展壮大的新生群众力量。"老街坊"发端于石景山区八角街道。2013年年底，为实现"就近养老"，让老年人在家门口享受周到细致的养老服务，八角街道成立了石景山区第一家社区养老驿站。经过不断探索，逐步形成一种新型的居家养老模式，被冠以"老街坊"品牌。2016年，石景山区被确定为国家级居家和社区养老体制改革试点地区。如今的"老街坊"，是一个具有包容性的开放式社会组织，已成为石景山区志

愿服务团队的一张新名片。

"老街坊"的初心

石景山区是北京著名的老工业区，老旧小区多，基础设施不完善，违规违建现象比较严重。社区大部分是原工厂的宿舍楼，居民以产业工人为主，人熟、地熟、情况熟，且老年人居多。

守望邻里：互帮互助，助力社区居家养老。俗话说远亲不如近邻。邻里之间搭把手、帮个忙，这种自发式的志愿服务，在熟人社区居民养老中发挥着重要作用。八角街道辖区 7.6 万人，其中 60 岁以上老年人 2.28 万人，老年人口占社区人口比例均达到 29% 以上，个别社区甚至超过 40%，远超全市平均水平。这些老年人中，许多是空巢老人和高龄老人，对养老服务的需求十分迫切。2013 年，八角街道率先在居家养老工作中创造了"110 式"的"老街坊"居家养老模式。石景山区出台了《居家养老服务体制改革实施意见》，在全区 9 个街道建立街道"老街坊"养老服务中心及社区养老服务驿站。近千名"老街坊"志愿者在专业机构指导下，将家政、医疗卫生、精神文化等多种养老服务辐射到社区。

共建家园：在自律和互促中守护社区环境。"疏解整治促提升"专项行动为"老街坊"带来了施展拳脚的新舞台。随着拆违整治向社区延伸，仅仅依靠政府的力量就显得力不从心了。个别居民对拆除自家违建不理解、不支持，甚至产生了对立情绪，矛盾冲突日益增多。如何化解矛盾，减少冲突，通过有效的工作推动拆违整治，是"疏解整治促提升"专项行动的难点。关键时刻，街道社区动员老党员、老楼门组长、老街坊们组建了一批"老街坊"劝导队，通过带头拆除自家违建，带头宣传政策，在社区自发形成了劝拆、助拆的强大群众组织。今天，如何规划腾退空间，建设美好家园，又成为老街坊们建言献策的重点。

"老街坊"的内涵

坚持以人民群众的需求为出发点,八角街道不断完善"老街坊"利益表达、利益协调、利益保护"三项机制",健全基层民主制度,落实民生家园建设,实现社区共商共治共享。

共商:健全"老街坊"利益表达机制。"老街坊"采取多种形式收集意见,逐步形成一套平等合法、程序规范、科学公正、广泛参与的多元化群众利益诉求表达机制。一是深挖共商内涵。将"老街坊"参与事项由单一活动类拓展至街区环境治理、生产安全、食品安全等社会治理各方面,收集更多社会治理的"金点子"。二是拓宽表达渠道。"老街坊"可直接参与党建服务群众经费、民生家园资金等项目的立项、决定、监督等,既对接街道年度重点工作,又对接社区党员群众需求。安排机关党员干部到社区担任第一副书记,听民情、解民忧、惠民生。三是以重点造亮点。街道在2017年推出"老街坊"微心愿征集活动,了解"老街坊"所思所想所盼;结合无违建社区百日行动,启动"老街坊的畅想"暨房前屋后微治理创意征集活动。

共治:健全"老街坊"利益协调机制。坚持党建引领,强调融合共治,正确反映和兼顾不同群体利益。一是"聚智"老街坊。设立"老街坊"议事会作为社区常设机构,建立"老街坊"议事厅议事规则、规范决事程序。二是"聚力"老街坊。发挥"老街坊"在互帮互助、劝说疏导、矛盾化解等方面的骨干作用,组建"老街坊"消防队、巡防队、劝导队、爱心队等。三是"聚才"老街坊。充分发挥"老街坊"才艺特长,组建"老街坊"园艺会,帮助社区恢复绿地、美化家园。借力基层党组织和在职党员"双报到"充实"老街坊"队伍,开展志愿服务活动。

共享:健全"老街坊"利益保护机制。围绕医疗、养老、便民等民生问题,努力形成资源共享、文化共享、服务共享的社区生活共同体,不断提升"老街坊"的安全感、获得感、幸福感。一是完善养老设施。目前,已有1家街道养老照料中心、9家社区养老驿站投入运营(2017年累计服务近20万人次），率先实现居家养老服务设施全覆盖。二是增设文化设施。以创建"国家公共文化服务体系示范区""全国文明城区"为契机，首批建成7个集免费借阅、优惠购书、提前预约、中途转借为一体的24小时智能书店。三是丰富"菜篮子"。鼓励社会单位参与"老街坊"的"菜篮子"工程，以公益化、连锁化、综合性服务为方向，引入蔬菜直通车16个、社区便民菜站6个。

"老街坊"的温度

如今，"老街坊"已经不仅仅是邻里关系的代称，而是所有生活在石景山、工作在石景山、热爱石景山、关心石景山、建设石景山的石景山人的统称，成为邻里间守望互助的文化符号。

始终坚持基层治理的"自治"理念。调动群众积极性，组织居民有序参与社会治理是做好基层工作，避免"政府干、群众看"尴尬局面的重要途径。如何提升居民自我管理、自我服务的能力，让居民有热情、有动力"自治"，是基层治理的智慧所在。"老街坊"通过建立议事厅，为居民搭建建言献策平台，鼓励居民行使自我管理权力，成为自我化解基层社区管理矛盾的典型。

始终坚持基层治理的"协商"理念。基层治理既要注重规范的普遍性，也要让治理方式充满温度。"老街坊"一方面宣传党的政策，做通群众的思想工作；一方面了解居民实际困难，督促相关部门解决问题。在治理一处"开墙打洞"问题时，"老街坊"主动向有关部门反映，这户人家"开墙打洞"是为了家中的残疾人出行方便。核实情况后，街道出面为居民楼进行了无障碍改造，"开墙打洞"问题迎刃而解。

始终坚持"法治与德治结合"的理念。"法治"重在讲求规则和秩序，"德治"重在以情化人、以情感人。"老街坊"的工作理念是关照人情，致力于情感疏导，以柔性方式劝导居民。与其他人群相比，"老街坊"熟人熟面孔熟情况，交流更方便，解决问题更显"润物细无声"。

（作者：鄂爱红，中共北京市委党校工商管理教研部主任、教授）

模式 4
北京广内街道"党建+"统筹引领治理模式
——提升群众获得感和满意度

如今,创新社会治理已然成为政府行为的一项十分重要的工作,2016年以来,北京西城区广内街道积极探索以问题目标为导向的"党建+"工作模式,利用 358 万元社区党组织服务群众项目经费,持续打造提升环境品质、为老服务等四大类 23 个社会治理项目,以改革创新精神探索加强基层党的建设,引领社会治理的路径,提升群众获得感和满意度。

结合群众诉求,解决"问题和困难"

走进西便门内社区,映入眼帘的是平整的道路、整洁的环境、新修建的存车棚及刚规划完成的绿地,置身院内顿时感觉眼前一亮。然而谁能想到,一年前,院内的道路还坑洼不平,背街小巷内的杂物还是堆积如山。

西便门内 79 号院诞生于 20 世纪 50 年代,现有 1100 余户常住居民。岁月流逝,小区墙面早已斑驳,基础设施破烂不堪,但因产权方更迭,谁也没有出面治理。居民很大一部分都上了岁数,经常有人因路面坑洼而摔倒,怨声载道。

为改善 79 号院居民的生活环境,去年广内街道与 79 号院产权单位达成协议,多次征求居民意见,由街道、社区两级党委牵头对院内环境进行综合改造,使这个"年过半百"的老旧小区实现了华丽转身。

"小区的环境好了,可是今后怎么办,脏乱差现象会不会反弹?""没有物业,小区的事谁来管?"经多次征求社区民意,社区党委最终决定动员社区里广大党员群众,建立楼门长自管会,形成了环境卫生定期有人打扫、垃圾分类不落地,停车管理到位,社区秩序大家伙共同维护的局面。另外,利用有限的党群经费,给大家伙把打扫的家伙事儿置办齐全,取代了简单的购买服务,在实现了党建项目经费的撬动作用同时，增强了居民主人翁意识，让久未谋面的街坊在打扫中又重新相熟起来。

结合地区实际，满足"民需和民意"

上门安装居家虚拟养老 e 键通，让老人足不出户就可满足生活需求；发动志愿者，通过邻里互助的形式温暖老人心；整合辖区单位资源，丰富老年夕阳文化生活……一大清早，家住校场小七条的刘光明老人拉着小车，到离家只有 100 米的街道便民移动菜车上购买新鲜的蔬菜。她说："儿、孙工作忙，不能陪在我身边，多亏街道为我们提供的幸福工程。"

广内地区人口老龄化形势严峻，辖区共有 60 岁以上的老人 2.2 万人，占地区人口总数的 26.3%，占全区的 1/5。每年街道都会结合老年人的迫切需求，推出 10 个为老服务项目。近年来，街道不断加大为老服务设施投入，构建起基本的居家为老服务平台——"虚拟养老院"，比如，通过帮助失能老人理发、助浴、助洁、修脚、紧急救援、送餐及生活物品配送、精神关爱等服务，来解决老人生活中的最基本需求。

为满足孤寡、独居老人的午餐和日间照料等需求，街道党委特联合辖区单位，将公交保修三场一桩空楼改造成街道为老服务中心，切实为地区老人提供了包括用餐、娱乐、学习等多项优质服务，中心内所有娱乐活动均免费，让老人不仅老有所养，而且老有所乐。每年受益的老年人口超过 2 万人次。

搭建政民互动平台，服务大局

"特朗普当选总统对中国的影响""朝核危机""浅谈南海问题"……别误会，这可不是什么联合国大会的议题，而是由报国寺社区党委举办的"百姓论坛"引领活动的内容。"百姓论坛"的出现源于居民关心时事，经常在街巷议论国家大事、社区小情，道听途说难免有失偏颇。为了给大家创造一个聊天的平台，以正能量引领居民，自 2007 年 3 月报国寺社区创办"百姓论坛"至今，每个月的 20 日下午 3 点，居民们都会放下手里的事儿，三五成群地聚到社区会议室，或欢声笑语，或针砭时弊。

"现在,大家对社区的事儿可上心了,谁家有什么困难,就主动帮助,社区有什么活动,都招之即来。"报国寺社区书记马丽萍每天都要翻看居民在社区微信群里的发言。通过社区居民的参与,围绕社区建设核心即居民自治,充分发挥社区自治功能,对社区各类事务能积极面对协调解决,实现了党组织在社区的领导核心作用,引导居民自我管理、自我教育、自我服务、自我监督。

大家伙有了政民互动的平台,可以痛快表达民意,让百姓的事自己说了算;社区党员们、老干部们也凭借成为论坛的"引领人",发挥了党员的先锋模范作用,促进社区人际关系、人文环境和谐。通过"百姓论坛"创新机制,提升了社区居民的综合素质、提升了正确认识新情况、新问题的认知能力和解决问题的能力,探索了政治思想工作的新方法,增强了社区党组织的吸引力和凝聚力。

(《北京西城报》记者:王霄)

后 记

《育网聚智——北京房山苏庄三里党建引领社区社会治理探索与实践》在2019年付梓出版。这本书从一个普通的基层社区视角讲述了党建引领社区社会治理创新的"中国故事"。它记载了苏庄三里社区坚持党建引领创新社区社会治理的探索、助推发展的足迹；它证明了党建引领坚持"共建、共治、共享"原则，是建设和谐社区的坚强基石；它展示了苏庄三里社区学习习近平新时代中国特色社会主义思想实现中国梦的信心和风采。

编辑此书是一个严肃而精细的工程，苏庄三里社区党委在西潞街道工委领导下，专门组织以社区干部为主体的写作班子。聘请党建专家马成奎老师作为总策划，还聘请了6位老同志做顾问。在编写过程中，工作人员兢兢业业，认真负责，采用整理文件、梳理资料、召开座谈会、走访调研等方式，严谨地潜心编写。在实行"责任制"的基础上，群策群力，先后对书中重要章节及要事进行10余次研讨，去粗取精，删繁就简，求真求新，笔耕两年多，终于能和大家见面了。

《育网聚智——北京房山苏庄三里党建引领社区社会治理探索与实践》由邵雪松同志任主编。该书共分为2篇，治理之智由刘艳辉同志编写。治理之行分别由刘艳辉、臧小洁、白素玲、林宗源、颜景河、池云涛、谭泽、杨雪、徐上崴等同志编写。本书的附录包括媒体之声、精彩瞬间、他山之石，由康曼同志整理。康曼、陈爽同志做了资料整理编辑工作。全书由马成奎、刘水、颜景河、谭泽、林宗源、张伟、范明军共同统稿。最后由米忠诚、邵雪松同志审定。

此书的编辑出版，得到了各级领导和社会各界的关注与支持，姚桓教授、汪碧刚博士在百忙之中为本书撰写了序言。社区文联顾问刘水、颜景河、谭泽、林宗源 4 位顾问不辞辛苦、辛勤劳作，在此，表示衷心感谢。特别是马成奎老师周密策划、亲自撰稿、热情指导，在此，表示深深的敬意和感谢。还要特别感谢原房山区成人教育中心党委书记、主任兼房山区教委副主任任群先老师，他在本书编写过程中提出了许多宝贵而中肯的意见。特别要感谢房山区委组织部张伟及范明军同志，他们不仅对本书的内容及文字做了大量修改，还从研究角度对本书进行了认真点评。

2021 年是中国共产党建党 100 周年，谨以此书献给伟大的祖国。

编 者

2021 年 10 月